청년지성 총서 2

신세대를 위한 세계인권선언

인권을 찾아서

조효제 지음

한울
아카데미

이 도서의 국립중앙도서관 출판시도서목록(CIP)은 e-CIP홈페이지(http://www.nl.go.kr/ecip)와 국가자료공동목록시스템(http://www.nl.go.kr/kolisnet)에서 이용하실 수 있습니다.(CIP제어번호 : CIP2012000155)

책을 내며

필자가 2007년에 낸 『인권의 문법』은 그간 여러 쇄를 찍을 정도로 독자들에게 과분한 사랑을 받았다. 그런데 되도록 쉽게 쓰려고 노력했는데도 그 책이 조금 어렵다는 이야기를 자주 들었다. 또한 인권이란 무엇인가라는 기본적인 질문에 답하는 개설서가 있으면 좋겠다는 제안도 여러 번 받았다. "인권이란 무엇인가?" 이 질문에 답할 수 있는 가장 표준적인 방법은 '세계인권선언Universal Declaration of Human Rights'을 중심으로 인권을 설명하는 것이다. 지난 10년 동안 우리 사회에 인권 관련 도서가 상당수 나왔지만, 놀랍게도 1948년의 세계인권선언을 정면으로 다룬 책은 거의 없었다. 세계인권선언은 인권의 철학적 토대에 관한 질문, 인권의 정치적 기획성을 둘러싼 논쟁, 그리고 20세기 후반 인권규범의 확산을 불러일으킨 원천 등의 이유로 현대 인권론에서 가장 핵심적인 위치를 차지하는 문헌이다. 그런데도 세계인권선언을 독자적으로 다룬 단행본이 없었던 것은 다소 의외라 하지 않을 수 없다. 이 책 제목이 『인권을 찾아서』가 된 것도 이런 연유에서다. 이번 기회에 이 책이 세계인권선언의 실천적·학문적 의의를 우리 독서계에 환기하는 역할을 감당하고, 그리하여 인권에 조금이라도 더 가까이 다가갈 수 있는 계기를 만들어준다면 더 바랄 나위가 없겠다. 또한 이 책은 인권 증진이 곧 사회 진보를 의미한다는 메시지를 던진다. '사회 진보'라는 말은 세계인권선언에 나오는 표현이다. 인권을 통해 인간의 존엄이 보장되고 자유가 확대되는 것이 바로 사회 진보를 의미한다는 주장에 독자들이 공감해주기를 바라면서 이 책을 썼다.

이 책은 일차적으로 새로운 세대에 속하는 젊은이를 염두에 두고 집필했다. 그러나 '인권이란 무엇인가'라는 기초적이지만 극히 중요한 질문에 관심이 있는 모든 사람에게 열려 있는 방식으로 집필하기 위해 노력을 기울였다. 오늘날 국제 교류도 활발해지고, 지구시민사회와 국제기구를 통한 활동, 국제 발전 및 협력에 대해서도 관심이 높아진 시대적 현실을 감안해 세계인권선언의 작성 원어인 영어로 본문을 읽고 필자의 해설을 접할 수 있게 했다. 만일 국제기구나 국제 NGO에서 일하고 싶은 꿈이 있는 젊은이라면, 그 꿈을 실현하는 데 무엇보다도 먼저 세계인권선언을 원문으로 읽고 그것의 의미를 이해하려는 노력에서부터 출발해야 할 것이다. 또한 본서의 해설은 법률의 주해legal commentary가 아니라 사회과학적 설명과 분석을 일차적 목적으로 한다. 본문에 들어 있는 선언문의 번역은 공식 번역문이 아니라 필자의 번역문임을 밝혀둔다. 그리고 권리 항목 하나하나를 개별적으로 설명하는 것을 넘어 세계인권선언의 텍스트 전체를 '통으로', 유기적으로 이해할 수 있는 종합적인 안목을 키우는 데 중점을 두고 내용을 구성했다. 인권에 관심 있는 청소년, 대학생, 일반 독자, 인권 운동가, 인권 공부를 시작한 대학원생, 인권을 알고 싶어 하는 언론인, 국제기구에 진출하고자 하는 이들에게 이 책이 조금이라도 도움이 된다면 이 또한 필자에게 큰 보람일 것이다. 필자는 특히, 인권의 진정한 의미를 찾고 싶어 하는 사람들의 독서 모임에서 이 책이 토론에 유용하게 쓰이기를 희망한다.

세계인권선언을 다룬 책을 쓰려고 한 지는 꽤 오래되었다. 하지만 2011년 상반기에 스테판 에셀Stéphane Hessel의 『분노하라』를 읽고 개인적으로 깊은 감명을 받은 것이 직접적인 계기가 되어 이 책을 쓰기로 마음먹었다. 필자는 에셀이 특히 세계인권선언을 강조하는 것을 보고 인권을 공부하는 사람으로서 적잖이 부끄러움을 느꼈다. 이런 분이 세계인권선언의 중요성을 누누이 설파하고 있는데, 이른바 인권을 공부하는 사람으로서 필자가 그동안 시간 부족을 이유로 세계인권선언에 관한 책 집필을 미루고 있던 게으름을 용서할 수 없었다. 그러므로 필자는 『인권을 찾아서』가 스테판 에셀의 『분노하라』에 대한 일종의 오마주로 읽히기를 기대한다. 마침 책을 집필하는 동안 광주인권헌장을 제정하는 데 기초위원으로 참여하면서 세계인권선언이 오늘의 우리 사회에서도 인권의 중요한 출발점으로 계속 언급되는 것을 접하고 많은 인상을 받았다.

데모스 미디어의 김원식 대표님과 성공회대학교 조희연 교수님의 도움을 이 자리에 적어두고 싶다. 김 대표님의 권유와 조 교수님의 격려가 없었더라면 원고를 시작하기도 어려웠을 것이다. 두 분의 강권으로 여름방학을 오롯이 컴퓨터 앞에서 보내야 했지만, 그 덕분에 오래된 숙제를 마칠 수 있었다는 인사를 드려야겠다. 날카로운 질문과 토론으로 저자의 인권 수업을 풍성하게 해주었던 성공회대학교 사회과학부와 NGO대학원의 학생들에게도 이 자리를 빌려 고마움을 표한다. 편집과 관련해 좋은 제안을 해주신 도서출판 한울의 이교혜 편집장께도 감사를 드린다. 제안에 따라 토론거리의 내용을 고르면서 우리 주변에 인권침해 사례가 너무나 많고,

매일 새로운 사건이 일어나고 있음을 발견하고는 새삼 한국 사회에서 인권이 차지하는 중요성을 실감하지 않을 수 없었다. 깔끔하게 편집을 진행해준 최규선 선생의 수고도 기록해두고 싶다. 집필 도중 건강의 중요성을 깨닫게 된 것도 소득이라면 소득이라 하겠다. 마지막으로, 지금까지 늘 그래왔듯, 또다시 다음 방학 때 휴가를 계획해보자고 약속하는 신용 없는 사람이 되었는데도 변함없는 이해와 지원을 보내준 아내 권은정과 우리 명원이에게 이 책을 선사하고 싶다.

2011년 11월
북악산 자락에서
조효제

일러두기

_ 세계인권선언의 제1조부터 제30조까지 각 항목에 들어가는 삽화는 옥타비오 로스(Octavio Roth)의 작품으로, 뉴욕에 위치한 유엔본부에서 전시되었습니다.
_ 본문에 실린 선언문의 번역은 좀 더 정확한 이해를 돕기 위해 필자가 옮긴 것입니다. 공식 번역문은 부록을 참조해주시기 바랍니다.
_ 각 조항 해설 끝에 실은 '쉬운 영어' 버전은 제네바 대학의 마사렌티(L. Massarenti) 교수 연구팀이 1978년 '평화교육을 위한 세계학교협회'에서 발표한 것입니다. 이 버전은 2,500여 개의 어휘 범위 내에서 세계인권선언을 재구성한 것입니다. 연구팀은 세계 각국에서도 비슷한 시도를 해보라고 권하고 있습니다. 쉬운 영어 버전이 공식 텍스트는 아니지만, 유엔의 공식 웹사이트에도 참고용으로 실려 있습니다.

차례

세계인권선언이 지니는 효력이 그야말로 선언적인 것에 그칠 뿐 법률적인 것은 아니라 할지라도, 어떻든 이 선언이 1948년 이래로 강력한 역할을 한 것은 사실이다. 식민 지배를 받던 민족들은 이 선언에 힘입어 독립투쟁을 벌였으며, 이 선언은 자유를 위한 투쟁을 해나가는 그들에게 정신적 토대의 씨앗을 뿌려준 셈이었다. — 스테판 에셀

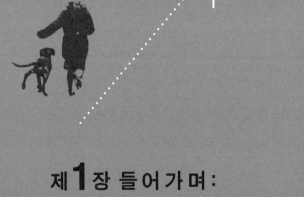

제 1 장 들어가며:

세계인권선언의 부활

세계인권선언의 재조명

세계인권선언이 갑자기 많은 주목을 받고 있다. 인권을 이야기할 때면 반드시 나오는, 인권의 바이블과 같은 문헌인 세계인권선언. 하지만 세계인권선언은 그것의 역사적 의미와는 달리 우리의 공적 담론 공간에서 그리 자주 토론되거나 인용되지 않는 문헌으로 남아 있었다. 물론 인권을 다룬 연구물이나 저술에서 한 번쯤은 세계인권선언을 언급하곤 한다. 그것도 맨 처음에. 하지만 그뿐이다. 상징적 권위에 대한 의례적인 인사치레일 뿐, 세계인권선언을 현대 인권의 출발점으로 삼아 진지하고 심각하게 다루는 일은 드물었다. 마치 집안의 큰 어른께 형식적인 대접은 해드리지만, 젊은 세대와 동떨어진 존재라고 생각해서인지 가까이하지는 않는 태도와 비슷하다고나 할까? 사실 이런 분위기가 무리도 아니다. 거의 70년 전에 만들어진 문헌, 얼핏 보아도 옛날식 문투와 도덕 교과서 같은 진부함이 한없이 묻어나는 문헌, 요즘의 인권론에서 빠질 수 없는 소수자나 성적 지향성에 대해 한마디도 언급하지 않는 문헌, 사회과학적으로 정교하고 첨단적인 이론에 익숙해진 이들의 입맛에 맞지 않게 인간의 존엄이니 평등이니 자유니 하는 케케묵은 이야기만 하는 문헌, 이런 문서에 21세기 새로운 세대의 감수성이 호응하기란 쉽지만은 않을 것이다. 그런데 이런 '구닥다리' 문서가 되살아나고 있다. 그것도 아주 강렬한 인상을 주면서 우리 곁으로 다가오고 있다. 필자처럼 인권을 공부하는 사람들조차 미처 예상치 못한 현상이다. 노장 스타의 현역 복귀에 팬들이 놀라고 있다고나 할까. 세계인권선언이 오늘의 현실정치 무대로 다시 불려 나온 것은 선언 자체의 무게감과 이 시대의 상황이 더해진 결과로 봐야 한다. 그만큼 요즘의 상황이 절박하고 어렵다는 뜻이다.

나중에 다시 보겠지만, 세계인권선언의 화려한 복귀는 1989~1991년, 동유럽의 변혁을 기점으로 시작되었다. 하지만 이런 경향은 그 후 점점 더 심해져 오늘날 세계인권선언은 1948년 선포된 이래 가장 많은 주목을 받고 있다 해도 과언이 아니다. 이 시대의 어떤 점이 자칫 역사의 문서보관소에 묻힐 뻔했던 세계인권선언을 다시 불러낸 것일까? 우리 시대 삶의 조건이 얼마나 열악하고 절박하기에 많은 이들이 세계인권선언문을 절실하게 찾는 것일까? 이 질문에 대한 응답으로서, 이 책이 집필되었다.

필자는 2008년 금융위기로부터 약 3년이 지난 시점에 이 글을 쓰고 있다. 지난 3년 동안 우리가 목격한 세계 현실은 그 이전과 대단히 다른 모습이다. 우선 개인적 체험담으로 이야기를 시작해보자. 필자는 2006년부터 2007년까지 미국에 머물렀다. 금융자본주의의 거품이 커질 대로 커져 있던 시기였다. 거품이 터지기 직전의 팽팽한 상황이었다고 기억한다. ≪뉴욕타임스≫에 보잉 747 여객기를 일반 개인용으로 '단돈' 1억 5,000만 달러에 판다는 광고가 실렸다. 내부 장식 풀 옵션을 추가하려면 '단돈' 1억 달러만 더 내면 된다고도 했다. ≪보스턴글로브≫에는 '단돈' 9,999달러만 내고 양복 10벌을 한꺼번에 맞추라는 광고가 나왔다. 동네 소식지에 인근 슈퍼마켓에서 와인 세일을 한다는 광고도 실렸다. 이번 기회에 대폭 할인된 가격으로 와인 200병'만' 장만해놓으라고 했다. 그 무렵 패스트푸드 음식에 관한 다큐멘터리를 보았다. 미국의 맥도널드 프랜차이즈에서 단 하루에 나오는 쓰레기의 총량이 뉴욕의 엠파이어스테이트 빌딩을 채울 수 있는 양이라고 했다. 돈이 넘쳐나는 사회의 과시적 소비와 흥청망청하는 퇴폐의 모습이 한눈에 들어왔다. 그 와중에도, 그 잘사는 사회에서도, 길목을 차지하고 누워 있는 노숙자들이 자주 보였고, 지하철 안에서도 구걸하는 사람을 쉽게 만날 수 있었다. 이러한 극단적인 대비와 혼란스러운 모순의 현실을 이해하기란 참으로 어려웠다. 소스타인 베블런Thorstein B. Veblen의 말이 계속해서 머릿속을 맴돌았다.

> 고도로 조직화된 산업사회라면 어느 곳에서든 인간의 평판이 궁극적으로 돈의 힘에 달려 있다. 돈의 힘을 보여줄 수 있는 수단, 그리고 개인의 명성을 얻고 유지할 수 있는 수단은 여가를 즐기는 것, 그리고 상품을 과시적으로 소비하는 것이다.[1]

한 세기 전에 이런 현실을 정확하게 묘사한 베블런의 주장이 킬러 자본주의의 시대에 이르러 극단적으로 증폭되어 실현되고 있음을 알 수 있었다. 19세기 말 베블런의 시대에는 뉴욕 증권시장 근처의 클럽에서 8온스

짜리 티본스테이크T-bone steak를 배부르게 먹고, 앉은 자리에서 포트와인 Port wine을 2병씩 들이켜거나, 그것도 싫증 나면 대서양 유람선을 타고 런던의 새빌로Savile Row에 가서 양복을 맞추고, 파리에 가서 카리브 출신 흑인 하녀의 시중을 받으며 거위 간 페이스트를 바게트에 발라 먹는 것이 미국 유한계급의 전형적인 모습이었다. 하지만 100여 년이 지난 오늘날 과시적 소비의 규모는 수백 배 이상 늘어났다. 500명 이상을 태울 수 있는 여객기를 개인이 단독으로 구입해 타고 다니고, 한꺼번에 양복을 열 벌씩이나 맞추고, 와인을 한 번에 200병씩이나 구매하는 행태. 이것만큼 오늘날의 극단적 여가와 과시적 소비를 잘 보여주는 사례가 또 있을까? 그렇다면 이런 현상이 오늘의 인류에게 가리키는 바는 무엇일까? 인권을 공부하는 사회과학도로서 숙제만 잔뜩 짊어지고 어두운 마음으로 귀국길에 올랐다.

경제 전체주의와 그 반작용

그 후 얼마 지나지 않아 월스트리트 사태를 시발로 거품 자본주의의 종언을 알리는 신호탄이 터져 나왔다. 그러나 하나의 극단적인 경제모델이 몰락했다고 해서 그 모델을 맹목적으로 신봉했던 사람들만 몰락한 것은 아니었다. 아니 오히려 그 반대였다. 하루하루 살아가기에 바쁜 일반 서민, 영세민, 빈곤계층의 삶이 더 팍팍해졌다. 이상하지 않은가? 그런 식의 자본주의를 지지하지도 않은 사람들, 아니 그것이 무엇인지도 잘 모르던 사람들이 왜 그 모델의 추락으로 가장 큰 피해를 입어야 했는가? 왜 이들이 오늘의 경제 상황에서 가장 큰 '책임'을 지고 고통을 받아야 하는가? 이런 단순한 질문을 하는 사람도, 그것에 대답하는 사람도 많지 않았다. 지금 이 순간 전 세계적으로 유행이 되다시피 한 긴축재정과 정부지출 상한 설정으로 최소한의 사회안전망 — 지난 20년 동안 계속 축소된 사회적 마지노선 — 조차 더욱 줄어들고 있다. 일자리는 찾기 어려워지고, 노동의 질은 황폐해졌으며, 교육비는 늘어만 가고 있다. 전통적으로 대학을 공교육으로 간주하던 나라에서도 등록금이 하루아침에 천문학적으로 올랐다. 스페인에서, 포르투갈에서, 그리스에서, 프랑스에서, 영국에서 학생과 젊은이의 시위가 벌어지고, 급기야는 도시 폭동 사태까지 발생했다. 2011년 여름, 영국 전역을 휩쓴 폭동으로 수천 명이 구속되는 — 평화 시의 기준으로 보아 거의 내란에 가까운 — 사태가 세계인의 눈앞에서 벌어졌다. 중동에서는 억압적인 정치체제에 대한 불만에 생활고까지 겹쳐 민주화 시민혁명의 불길이 봄바람에 들불처럼 번졌다. 미국 월스트리트에서는 상위 1% 부유층을 향한 좌절과 분노가 담긴 '나는 99%다'라는 구호 아래 연일 시위가 벌어졌고, 이러한 운동은 전 세계로 확산되고 있다. 한국에서도 사회보장 예산 감축과 반값 대학등록금 요구를 둘러싼 논란이 보여주듯 일반 대중, 특히 젊은 세대의 어려움은 날로 늘어나고 있다. 오늘의 신세대는 성년의 문턱을 넘으면서 꿈과 희망을 품고 사회로 나가기는커녕, 빚과 좌절 속에서 불확실한 미래로 내던져지는, 난폭한 정신적 외상을 경험하면서 사회생활을 시작한다. 이런 세대가 그릴 우리 사회의 자화상은 어떤 모습일까?

그런데 무언가 단단히 잘못되어가고 있다는 것을 모든 이가 느끼면서도 그것을 적절히 표현할 수 있는 언어를 찾지 못하고 있을 때, 스테판 에셀이라는 사람이 갑자기 우리 곁에 나타났다. 아흔이 넘은 할아버지가 우리에게 '분노하라'라는 메시지를 던진 것이다.[2] 그가 전하는 메시지의 내용 자체는 새로울 것이 없다. 솔직히 말해, 약간 구식에 단순한 논리로 이루어진, 훈화에 가까운 이야기다. 복잡한 내용도 없다. 파시즘에 대항해 싸우던 투쟁의 역사, 그 투쟁이 궁극적으로 지향했던 공평하고 정의로운 사회의 비전이 오늘날 완전히 허물어질 위기에 처했다, 기성세대 모두에게 책임이 있다, 이런 현실 앞에서 젊은 세대가 분노해야 마땅하다, 기존의 현실을 주어진 것 또는 돌이킬 수 없는 것으로 받아들이지 마라, 쉽게 체념하지 마라, 분노하고 행동하고 항의하라……. 이 정도 이야기는 오늘의 상황을 염려하던 많은 사람이 이미 느끼고, 생각하고, 말하던 바다. 그러나 이 노인의 과묵하지만 힘 있는 호소는 엄청난 반향을 몰고 왔다. 그의 짧은 글은 한국을 포함해 전 세계적으로 번역되었고, 수백만 독자가 그의 주장에 공감했다. 레지스탕스 노투사의 호소가 왜 이런 큰 울림을 몰고 왔는가? 그의 메시지는 어찌 보면 평범하기까지 한데 왜 이렇게 많은 — 필자를 포함한 — 사람들이 그의 호소에서 감전된 듯한 충격을 받았던가? 고령의 어르신이 드높은 열정과 비판정신을 갖고 있는 것이 멋있어 보여서인가? 나이 드신 분이 젊은이에게 '분노'하라고 말하는 것이 신기해서인가? 오랜만에 들어보는 레지스탕스 신화가 신선하게 여겨져서인가?

불의의 거부,
정의 관념의 옹호

필자는 불의의 원초적인 거부, 그리고 원초적인 정의 관념의 옹호, 이것이 이 질문의 해답이라고 생각한다. 에셀은 『분노하라』에서 오늘날의 암울한 현실을 초래한 원인으로 짐작되는 현상을 다음과 같이 열거한다. 이른바 '불법 체류자'를 차별하는 사회, 이민자를 의심하고 추방하는 사회, 퇴직연금제도와 사회보장제도의 기존 성과를 새삼 문제 삼는 사회, 언론매체가 부자들에게 장악된 사회, 전에 없이 이기적이고 거대하고 교만방자해진 금권, 극빈층과 최상위층 사이에 가로놓인 극심한 격차, 팔레스타인에서 잘 드러나는 불의한 국제질서, 심각한 경제위기를 겪고도 새로운 발전 질서를 도입하지 못한 실책, 대량소비, 약자에 대한 멸시, 문화에 대한 경시, 일반화된 망각증, 만인의 만인에 대한 지나친 경쟁 등이 그것이다. 에셀은 이런 현상을 원초적으로 거부하면서 원초적인 정의 관념을 옹호한다. 이런 식의 세상을 정의롭고 공평하다고 할 수 있겠는가, 이런 세상에 사는 사람들이 행복하다고 할 수 있겠는가, 이런 현상을 어떻게 정당화할 수 있겠는가? 그러니 분노하라!

행동하는 사회주의 지식인이자 사르트르Jean Paul Sartre의 친구였던 에셀이 현 상황에 대해 내리는 원인 분석과 해법은 흥미롭게도 사회과학적인 것이 아니다. 이를 우리는 눈여겨보아야 한다. 실제로 『분노하라』에서 신자유주의니 계급투쟁이니 하는 말은 단 한 번도 나오지 않는다. 반신자유주의 투쟁 또는 반지구화 투쟁이라는 말 역시 한 번도 나오지 않는다. 현실을 있는 그대로 묘사하면서 평균적 시민의 원초적인 정의 관념에 직접 호소한다. 이런 일을 보고서도 분노하지 않을 수 있는가, 한 인간 한 시민으로서 이런 일을 당하고도 묵묵히 참아서야 되겠는가, 우리는 어떤 인간이어야 하는가 하고 말이다. 평생 프랑스 사회당원증을 자랑스레 지니고 산 지식인으로서 상당히 뜻밖의 태도가 아닐 수 없다. 왜 그랬을까?

필자는 에셀이 우리 시대 대다수의 진보적·개혁적 지식인들 — 에셀보다 젊은 — 보다 훨씬 더 시대적 흐름에 민감하다고 생각한다. 오늘날의 신세대에게 어떤 식으로 말을 걸어야 할지, 어떤 식으로 이야기를 풀어나가야 할지를 직관적으로 알고 있는 듯하다. 이론적인 설명, 분석적인 인식이 아무리 정교하고 현란하다 하더라도 그러한 접근이 일반 대중에게 혁명과 해방의 뜨거운 열정을 불러일으키곤 하던 20세기와 오늘의 21세기가 다르다는 사실을 냉정하게 꿰뚫고 있는 것이다. 정치적 현상을 분석하는 주류적 접근 방식은 네 가지 정도로 나눌 수 있다. 구조적 접근, 제도적 접근, 사상적 접근, 심리적 접근이 그것이다.[3] 불법 체류자 차별, 이민자 추방, 사회보장제도 축소, 부자들이 장악한 언론매체, 거만해진 금권, 빈부격차, 부당한 국제질서, 약자에 대한 멸시, 문화의 경시, 일반화된 망각증, 극단적인 경쟁 등을 이 네 가지 틀에 넣어보라. 에셀은 구조·제도·사상·심리를 모두 자신의 현실 진단 속에 넣어 그것을 자기의 언어로 다시 풀어서 이야기한다. 네 가지 분석 방식이 모두 들어가 있으면서도 그것을 원초적인 분노와 원초적인 정의 관념의 옹호라는 식으로 '번역'해서 말하고 있는 것이다. 반신자유주의니 반지구화니 하는 이념적이고 생경한 용어를 사용함으로써 대중과 멀어질 수도 있는 가능성을 의도적으로 피하려 한 '정치적' 배려가 눈에 띈다. 중요한 점이 하나 더 있다. 종합적이고 다원적인 — 특정한 이념적 분석을 지양한 — 현실 진단을 통해, 특정한 이념적 접근이 아니라 종합적이고 다원적인 해법을 자연스럽게 소개하려고 한 점이 그것이다. 에셀은 종합적이고 다원적인 해법으로 세계인권선언을 특히 강조한다. 한국에서 『분노하라』를 읽은 평자들이 흔히 놓치곤 했던 점이다. 그런데 솔직히 말해, 세계인권선언은 "무색무취하고 절충주의적인 합의를 천명한 문헌innocuous and syncretist statement of consensus"이라는 평을 들을 만큼 탈이념적·비정치적·반당파적 주장으로 기억되곤 하는 문서다.[4] 그런데도 '사회주의자'인 에셀은 이렇게 '밋밋한' 문헌을 특별히 강조하고 또 강조한다. 왜 좀 더 이념적으로 선명한 해법을 제시하지 않고 세계인권선언처럼 그저 모범적으로만 보이는 '착한' 해법을 제시했을까? 그렇다. 『분노하라』는 노대가가 그저 생각나는 대로 자유롭게 쓴 에세이가 아니다. 이 책은 분노를 표출하는 구체적 해법으로서 세계인권선언을 선택하라고 가르쳐주는 야전교범인 것이다. 세계인권선언과 같이 원초적 정의 관념에 호소할 수 있는 '보편적' 방식이 21세기형 투쟁 방식이라고 우리에게 일러주고 있는 것이다. 에셀의 이런 치밀한 집필 의도를 알아채지 못한다면 이 책을 겉핥기로 이해한 것이나 다름없다.

에셀이 호소하는 바의 핵심은 책 제목에 이미 다 나와 있다. '앙디네 부Indignez-vous!'라는 제목은 말 그대로 '분노하라'로 번역할 수 있지만, 이 말은 단순히 화내라는 의미가 아니다. '앙디네'는 라틴어 '인디그누스indignus' 또는 '인디그나리indignari'에서 나온 말이다. 인간은 자신의 존엄dignity과 인간으로서의 가치가 짓밟힐 때 모욕과 모멸감을 느낀다는 뜻이다. 인간에게 기본 중의 기본인 존엄성이 무참하게 부정당할 때 어떤 사람인들 모멸감 속에서 감정적으로 반발하지 않을 수 있겠는가. 그러므로 '앙디네'는 그냥 화내는 것이 아니라 인간의 기본가치를 박탈당했을 때 자연발생적으로 끓어오르는 도덕적 의분義憤을 뜻한다. 에셀이 분노하라고 말할 때 그는 인간 존엄성이 멸시당하는 상황에 대해 참지 말고 도덕적인 저항을 하라고 우리에게 말하는 것이다. 『분노하라』의 마지막 장에 '평화적 봉기를 위하여'라는 제목이 붙어 있는 것도 다 이런 이유에서다.

그런데 에셀이 도덕적 의분을 세계인권선언의 정신에서 직접 이끌어내고 있다는 점을 잊어서는 안 된다. 우선 세계인권선언의 전문 첫 단락에 나오는 유명한 구절을 기억해보라. "우리가 인류 가족의 모든 구성원이 지닌 타고난 존엄성을 인정하고"라고 나와 있지 않은가? 그것에 바로 이어지는 전문의 둘째 단락도 기억하라. "인권을 무시하고 짓밟은 탓에 인류의 양심을 분노하게 한 야만적인 일들이 발생했다." 즉, 인간의 '타고난 존엄성la dignité inhérente'을 인정하지 않고 그것을 멸시한 결과 야만적인 일들이 발생했고, 그것 때문에 인류의 양심이 분노하게 되었다는 말이다. 에셀이 왜 자신의 책 제목을 『분노하라』라고 지었는지, 그리고 왜 이 책 속에서 하필이면 세계인권선언을 그토록 강조했는지, 그 의도를 이제 분명히 알 수 있을 것이다. 그리고 또 하나, 에셀이 파시즘에 대항했던 자신의 과거를 상기시키는 이유 역시 이해해야 한다. 세계인권선언이 바로 그러한 역사적 경험 위에서 탄생했기 때문이다. 요컨대 과거 파시즘에 맞서 레지스탕스 저항운동을 벌였던 것의 결과로 1948년에 세계인권선언이 탄생했던 것처럼, 오늘날 우리는 시장만능주의의 탈을 쓴 경제 전체주의에 맞서 세계인권선언의 정신으로 다시 돌아가 도덕적인 분노를 하라는 것이다. 이런 뜻에서 에셀은 자신의 과거 레지스탕스 시절을 우리에게 상기시켜준다. 에셀의 『분노하라』를 수많은 독자가 읽었고 앞으로도 많은 사람이 읽겠지만, 에셀이 인간 존엄성과 세계인권선언의 정신적 바탕 위에서 분노를 호소하고 있다는 것에 주목해야 하는 가장 중요한 이유가 여기에 있다. 이제 독자들은 세계인권선언이 오늘날 왜 그토록 다시 주목받게 되었는지 그 이유를 확실히 이해하게 되었을 것이다.

세계인권선언의 탄생

세계인권선언은 제2차 세계대전의 참화를 딛고 마련된 국제 문헌이다. 모든 문헌이 그 시대의 산물이지만, 세계인권선언은 특히 전후의 시대적 배경을 이해해야 제대로 알 수 있다. 여러 단점과 한계도 존재하지만(이 책의 결론 장을 참조하라), 세계인권선언은 당시로서 탄생할 수 있었던 최고 수준의 국제적 합의를 반영한 문서였다. 불완전하고 불평등한 국제질서 속에서 그 정도 수준의 인간평등선언이 나올 수 있었던 것은 거의 기적이라고 할 만한 사건이었다. 세계인의 이상주의적 열망에다 종전 직후부터 냉전 개시 직전까지 잠시 열렸던 정치적 기회의 창이 합쳐져 1948년에 채택된 역사적 합의였다. 국제법 문서가 아니라 역사적 문서라는 것도 대단히 중요한 점이다. 인권이 법조문으로 금세 보장될 성질의 것이 아니라, 인간의 끊임없는 노력과 투쟁과 정치적 결정 속에서 힘겹게 쟁취될 수밖에 없는 것임을 암묵적으로 알려주기 때문이다. 1789년 프랑스 혁명에서 전체 인류를 향해 인간의 권리를 선포한다는 형식으로 '인간과 시민의 권리선언Déclaration des droits de l'Homme et du Citoyen'이 나온 적이 있었지만, 그것은 어디까지나 프랑스 한 나라의 선언에 불과했다. 하지만 세계인권선언은 세계 각국이 참여하여 '보편적'으로 선포한 역사상 최초의 인권선언이었다.[5] 1948년 당시만 하더라도 유엔 회원국 수는 58개국으로서 지금의 3분의 1 수준도 채 되지 않았지만, 어쨌든 서구 강대국과 비서구 개도국이 함께 참여해 작성한 최초의 공동의 문서가 세계인권선언이었다.

1946년 유엔 산하에 18개국으로 이루어진 유엔인권위원회UN Commission on Human Rights가 조직되었고, 이 위원회 내에 세계인권선언을 작성하기 위한 8인 기초위원회가 생겼다. 선언문을 작성한 기초위원의 면면도 다채롭다.

인권선언작성 소위원회 위원장이었던 엘리너 루스벨트Eleanor Roosevelt, 1884~1962 여사는 프랭클린 루스벨트Franklin Roosevelt, 1882~1945 미국 대통령의 퍼스트레이디로 유명하지만, 노동자와 여성, 빈곤층의 권리를 위해

노력한 활동가 출신이었다. 게다가 (거의 확실히) 레즈비언 성향의 성적 소수자이기도 했다.6

기초위원은 아니었지만, 유엔사무국의 인권 담당 책임자로 있으면서 선언문의 첫째 초안을 작성한 캐나다의 존 험프리John P. Humphrey, 1905~1995는 조실부모하고 고아원에서 자라다 사고로 한쪽 팔을 잃고도 독학으로 열다섯 살에 캐나다 최고의 인문교양대학인 마운트앨리슨 대학에 진학했고, 이후 맥길 대학에서 법학을 전공해 교수까지 되었다. 그는 전쟁이 끝난 뒤 유엔사무국 인권국장을 지내면서 세계인권선언 작성에 참여했고, 나중에 모교로 돌아가 평생 인권교육에 전념했다. 특히 그는 일본군 종군위안부 사건을 공론화하는 과정에 적극 관여해 한국과도 인연이 깊다. 유엔사무차장으로 경제사회 영역을 관장하던 앙리 로기에Henri Laugier의 보좌관이던 스테판 에셀Stephane Hessel, 1917~2013은 존 험프리의 초안 작성 과정에서 옵서버 역할을 하면서 프랑스 측의 의견을 반영하는 등 중요한 역할을 수행했다.

선언문의 두 번째 초안을 작성한 르네 카생René Cassin, 1887~1976은 또 어떤가. 그는 유대계 프랑스 지식인으로서 레지스탕스 운동에 뛰어들었던 사람이다. 자신의 친인척 중 29명이 나치의 강제수용소에서 죽음을 당하는 비극을 겪고도 살아남아 세계인권선언 작성에서 큰 역할을 담당했다.

레바논 출신의 철학자 찰스 말리크Charles Malik, 1906~1987, 중국 출신으로 동양철학을 선언에 반영하려 노력했던 장펑춘張彭春, 1892~1957, 아시아·아프리카 등 비서구권의 목소리를 대변했던 필리핀의 카를로스 로물로Carlos Romulo, 1899~1985, 나중에 칠레 대통령이 된 살바도르 아옌데Salvador Allende, 1908~1973의 동지로서 경제적 권리를 열성적으로 옹호했던 에르난 산타크루즈Hernan Santa Cruz, 1906~1999 등 도저히 한곳에 모이기 어려울 것처럼 보이던 인사들이 선언의 성공을 위해 힘을 합쳤던 것이다. 필자는 이들을 기념하기 위해 이 책 각 장의 제사題詞에 이들의 목소리를 실어놓았다. 맨 첫 장과 마지막 장에는 스테판 에셀의 말을, 그리고 나머지 장에는 세계인권선언 작성자들의 말을 실었다.

잘 알려져 있듯이 세계인권선언은 1948년 12월 10일 늦은 밤, 유엔총회에서 채택되었다. 당시 유엔총회는 뉴욕이나 제네바가 아니라 파리의 샤요 궁Palais de Chaillot에서 열렸다. 미국 대통령 선거로 총회 개최지를 옮겼던 것이다. 파리의 에펠탑에 오르면 센 강 건너편에 옆으로 길쑥한 두 동의 대칭형 건물이 보인다. 그곳이 바로 샤요 궁이다. 날씨 좋은 날에는 에펠탑의 그림자가 비칠 정도로 에펠탑과 가까운 곳에 있다. 두 건물 사이의 널찍한 공간은 '인권의 앞뜰Parvis des Droits de L'homme'이라고 불리며, 그 바닥에는 인권을 기리는 기념석이 박혀 있다. 기념석에는 세계인권선언의 제1조가 새겨져 있다. 독자들은 제2차 세계대전 당시 프랑스를 침공했던 히틀러가 파리에서 에펠탑을 배경으로 찍은 사진을 기억할 것이다. 그 사진을 찍었던 곳이 샤요 궁이었다. 따라서 파시즘의 참화를 딛고 새로운 세계를 건설하려던 사람들에게 샤요 궁은 세계인권선언을 선포하기에 적합한 상징성을 갖춘 장소였다. 선언을 채택하기 위해 총회 석상에서 두 나라가 불참한 가운데 투표를 했는데, 그중 선언에 반대한 나라는 하나도 없었고, 48개국이 찬성했으며, 8개국이 기권했다.• 도대체 어떤 나라가 기권

• 불참한 국가는 온두라스와 예멘이며, 찬성한 국가는 다음과 같다. 아프가니스탄, 아르헨티나, 오스트레일리아, 벨기에, 볼리비아, 브라질, 버마, 캐나다, 칠레, 중화민국(타이완), 콜롬비아, 코스타리카, 쿠바, 덴마크, 도미니카공화국, 에콰도르, 이집트, 엘살바도르, 에티오피아, 프랑스, 그리스, 과테말라, 아이티, 아이슬란드, 인도, 이란, 이라크, 레바논, 라이베리아, 룩셈부르크, 멕시코, 네덜란드, 뉴질랜드, 니카라과, 노르웨이, 파키스탄, 파나마, 파라과이, 페루, 필리핀, 사이암(타이), 스웨덴, 시리아, 터키, 영국, 미국, 우루과이, 베네수엘라.

했을까? 우선 소련권의 소련, 벨라루스, 체코슬로바키아, 우크라이나, 폴란드 등 5개국, 그리고 유고슬라비아가 기권했다. 남아프리카공화국과 사우디아라비아도 기권을 택했다. 소련권과 유고슬라비아는 세계인권선언이 자유주의 이념을 너무 강하게 반영하고 경제적·사회적 권리가 너무 적게 들어갔다는 이유로 기권을 통해 불만을 표시했다. 백인우월 정책을 펴던 남아프리카는 인종과 피부색을 초월해 차별 없는 인간 권리를 옹호하는 세계인권선언에 도저히 찬성할 수 없었다. 사우디아라비아는 세계인권선언이 남녀평등 등 서구적 가치를 너무 강조하고 이슬람에 적대적이라고 여겨 기권을 선택했다. 즉, 정치적·시민적 권리의 지나친 강조에 대한 반발(소련권과 유고슬라비아), 보편적 인간평등에 대한 반대(남아프리카), 문화상대주의(사우디아라비아) 등이 표면화되었던 것이다. 그렇다면 이러한 나라들이 오늘날에도 인권에 비판적인가? 그렇지 않다. 이들은 오늘날 '적어도' 국제무대에서는 인권을 옹호하는 쪽으로 완전히 변신했다. 예컨대 2011년 현재 47개국 정원인 유엔인권이사회의 구성을 보자. 러시아(구소련), 체코, 폴란드, 사우디아라비아가 정식 이사국으로 들어가 있으며, 우크라이나, 슬로바키아, 남아프리카는 그전에 이사국을 지냈다. 폴란드는 어린이·청소년권리협약을 만드는 과정에서 결정적인 역할을 하기도 했다. 이처럼 오늘날에는 세계인권선언에 나와 있는 인권 원칙에 동조하는 것이 말 그대로 전 세계적인 대세가 되었다. 마침 이 글을 쓰던 중에는 사우디아라비아가 여성에게 투표권을 부여하기로 했다는 보도도 나왔다.

1948년 당시 기준으로 세계인권선언은 서구 근대성의 기획을 휴머니즘 전통 내에서 한자리에 모은, 일종의 종합선물세트와 같은 문헌이었다. 리처드 포크Richard Falk가 지적했듯이 세계인권선언은 근본적 차원에서 보아 서구 계몽주의 전통 내에서 발전해온 두 가지 보편주의 흐름을 결합한 것이다.[7] 한편으로 자유주의적 보편주의, 다른 한편으로 마르크스주의적 보편주의가, 다소 어색하기는 하지만, 휴머니즘이라는 매트릭스 내에서 화해한 '서구 내의intra-Western' 보편 문헌이었다. 그와 동시에 세계인권선언은 세속주의, 산업화, 근대화, 국가체제를 전제로 했다는 점에서 근대성의 기획을 충실히 계승하는 흐름에 속했다. 예를 들어, 노동자의 권리는 산업화와 근대화라는 역사적 흐름 속에서만 인정될 수 있는 권리라 할 수 있다. 국정에 참여할 권리는 국민국가nation-state를 전제로 해야만 성립될 수 있는 권리라 할 수 있다. 너 구체적으로, 세계인권선언이 두 가지 '사투리'로 이루어진 하나의 (서구적) 언어라고 설명하는 학자도 있다.[8] 첫 번째 사투리는 유럽 대륙에서 발전된 것으로서 루소Jean-Jacques Rousseau 같은 사상가가 주장한 것이다. 대륙 사투리에서는 평등과 우애를 강조하고 권리에는 반드시 의무와 제한이 따른다는 점을 전제로 했다. 이 전통은 인간의 권리를 충족시키기 위해서는 국가의 역할과 개입이 필연적이라고 생각했다. 19세기 말 유럽 대륙의 사회주의 정당 그리고 기독교 민주주의 정당은 산업화의 폐해를 줄이기 위해 경제적·사회적 권리를 전면에 내세우기 시작했다. 두 번째 사투리는 앵글로색슨계를 중심으로 발전했다. 앵글로색슨 사투리에서는 개인의 자유를 중심으로 권리를 이해했고, 국가는 개인의 자유를 억압하는, 그러므로 개인 권리에 해로운 존재라고 생각되었다. 이 전통에서 국가의 역할은 개인의 자유를 보장하는 데에 머물렀고, 개인의 자유는 신성불가침한 것으로 간주되었다. 오늘날 세계인권선언은 하나의 표준어를 가진 문서라고 인정받게 되었지만, 두 가지 사투리의 영향이 여전히 문맥 속에서 느껴지는, 하지만 의사소통에 아무런 문제가 없는 언어로 남아 있는 것이 사실이다.

세계인권선언이 '서구 내의' 문헌으로 출발했고 세속주의, 산업화, 근대화를 전제한 보편성을 내세웠기 때문에 본질적 차원의 문제가 발생하기도 했다. 두 가지 차원에서 배제가 나타났던 것이다. 우선 수평적 차원에서 '서구 대 비서구'라는 구분이 등장했다. 이런 구분에서 비롯된 긴장을 해소하기 위해 인권의 '보편성' 주장을 좀 더 신중하고 조심스럽게 내세울 방안을 찾게 되었다. 그리고 수직적 차원에서 '근대 국가 대 원주민 집단'이라는 구분이 등장했다. 수직적 차원의 구분 때문에 하나의 동질적인 정치체polity를 전제로 한 국민국가 체제에서만 인권이 통용된다는 전제가 무너졌다. 하나의 국민국가 내에도 스스로 자율성을 유지하려는 이질적인 집단이 존재할 수 있다는 다원적 정치체 사상이 인정되기 시작한 것이다.

세계인권선언에서 내세웠던 인권의 '보편성' 주장은 몇 가지 경로를 통해 각각 다른 식으로 인권의 '보편화 가능성universalizability'을 모색하는 길을 걸었다. 첫째, 인권의 '보편성' 주장에 대한 반발을 통해 인권이 보편화될 수 있는 계기를 얻었다. 비서구권에서는 민족자결권을 명시한 세계인권선언에 힘입어 탈서구화, 반제국주의 투쟁을 통해 역설적으로 인권의 '보편화' 과정에 참여했다. 따라서 세계인권선언은 그 인식론적 기원에서는 '서구 내의' 전통에 위치해 있었지만(작성자들이 그렇지 않다고 말했더라도), 그 발전 과정에서 탈서구화되면서 인권의 보편화 가능성을 제시해주는 문헌으로 서서히 탈바꿈했다고 할 수 있다. 바로 이 때문에 에셀이 세계인권선언이 만들어진 1948년 이래 여러 중요한 발전이 있었다고 말하면서, '식민지의 독립, 인종차별 철폐, 소비에트 제국의 궤멸, 베를린 장벽의 붕괴' 등을 예로 들었던 것이다.[9] 둘째, 세계인권선언에서 선포된 역사적 주장이 국제법을 통해 성문화되는 과정을 겪으면서 제도적인 보편화의 길을 걸었다. 셋째, 냉전 대결 시기를 거치면서 사회정의를 요구하는 주장들이 점점 더 인권의 언어를 차용하게 되자 인권이 급진적으로 보편화되었다. 20세기 들어 억압과 불의와 폭정에 대항하는 언어는 전통적으로 계급투쟁과 해방의 논리에서 그 어휘를 차용했다. 그러나 1970년대 이래 저항의 언어는 점점 더 인권의 어휘를 명시적으로 차용하기 시작했다. "저항운동이 자신의 투쟁을 정당화하기 위해 점점 더 인권을 언급하는 경향이 발생했다. …… 국제 인권의 발전으로 말미암아 이 세계 어디에서건 독재에 대한 정치적 저항을 인권의 이름으로 정당화하게 되었다. 저항운동이 자신의 정치적 기획을 위해 이런 식의 정당성 토대 — 법으로 보장되고, 보편적인 기준에 근거한 정치적 저항의 토대 — 를 가진다는 것은 대단히 중요했다. 인권이라는 프레임이 저항의 정치, 반항의 정치, 투쟁의 정치를 위한 근거를 제공해주었던 것이다."[10] 그렇다면 세계인권선언은 어떤 과정을 거쳐 만들어졌으며, 어떤 방식으로 이해하면 좋을까?

세계인권선언이라는 신전

세계인권선언을 만드는 과정에서 여러 종류의 초안이 차례대로 만들어졌다. 유엔의 여러 기구, 즉 사무국 산하 인권국, 인권위원회, 인권위원회 산하 인권선언작성 소위원회, 경제사회이사회, 유엔총회 제3위원회, 총회 등 유엔의 주요 기관이 총동원되었다. 이런 기구에서 검토 단계를 거칠 때마다 새로운 초안이 등장해 총 여섯 가지 초안이 마련되었다. 이 중에서 유엔사무국 인권국에서 준비한 이른바 '험프리 초안Humphrey Draft'과 인권선언작성 소위원회의 카생 위원이 정리한 '카생 초안Cassin Draft'이 가장 유명하다. 험프리 초안이 유명한 이유는 당시에 존재하던 전 세계 인권관련

문헌과 세계 각국의 헌법에 나와 있던 인권 관련 조항을 집대성해서 모두 48가지의 인권 항목을 제시한 데 있다.[11] 카생 초안이 유명한 것은 험프리 초안을 범주별로 분류하고 여러 권리에 대해 일정한 질서를 부여했기 때문이다.[12] 카생의 분류 방식은 그 후 수많은 검토와 수정을 거치면서도 원래 모습을 거의 잃지 않고 살아남았고 세계인권선언의 최종본에 반영되었다. 단, 세계인권선언에는 원래의 카생 초안에 나와 있던 소제목이 별도로 표시되어 있지는 않다.

이 책 『인권을 찾아서』는 카생이 해설한 대로 세계인권선언이라는 거대한 건물을 차례대로 알아보는 순서로 구성되어 있다. 독자 여러분은 건축가가 된 듯한 기분으로 눈앞에 우뚝 서 있는 거대한 석조 건물을 상상하면서 이 책 제2장부터 제8장까지를 읽어나가면 될 것이다. 그렇다면 지금부터 카생의 분류법에 따라 세계인권선언의 내용을 알아보자.

카생은 세계인권선언을 웅장한 그리스 신전의 현관 전면부에 비유했다. 그리스 건축물의 입구는 흔히 포티코portico라고 불리며, 특히 기둥이 늘어서 있는 현관을 주랑柱廊 또는 콜로네이드colonnade라고 칭한다. 카생은 세계인권선언의 모든 조항이 이 거대한 신전의 앞부분을 이룬다고 설명한다(다음 쪽 그림 참조). 우리가 일단 주랑에 올라 출입구를 통해 건물 안으로 들어가려면 먼저 정원에서부터 계단을 올라가야 한다. 이 계단들은 세계인권선언의 '전문'에 해당하며 이 책의 제2장에서 다룬다.

계단을 모두 올라간 다음 돌아서서 정원을 내려다보자. 땅과 계단 사이에 깔려 있는 주춧돌이 보일 것이다. 인권의 토대(기단)라 할 수 있는 이 부분은 이 책 제3장에서 다룬다. 건물이 제대로 서 있고 지진에도 흔들리지 않으려면 건물의 기초공사가 든든하게 내진설계로 되어야 하듯이, 인권 역시 그 토대가 든든하게 마련되어야 한다. 세계인권선언의 제1조와 제2

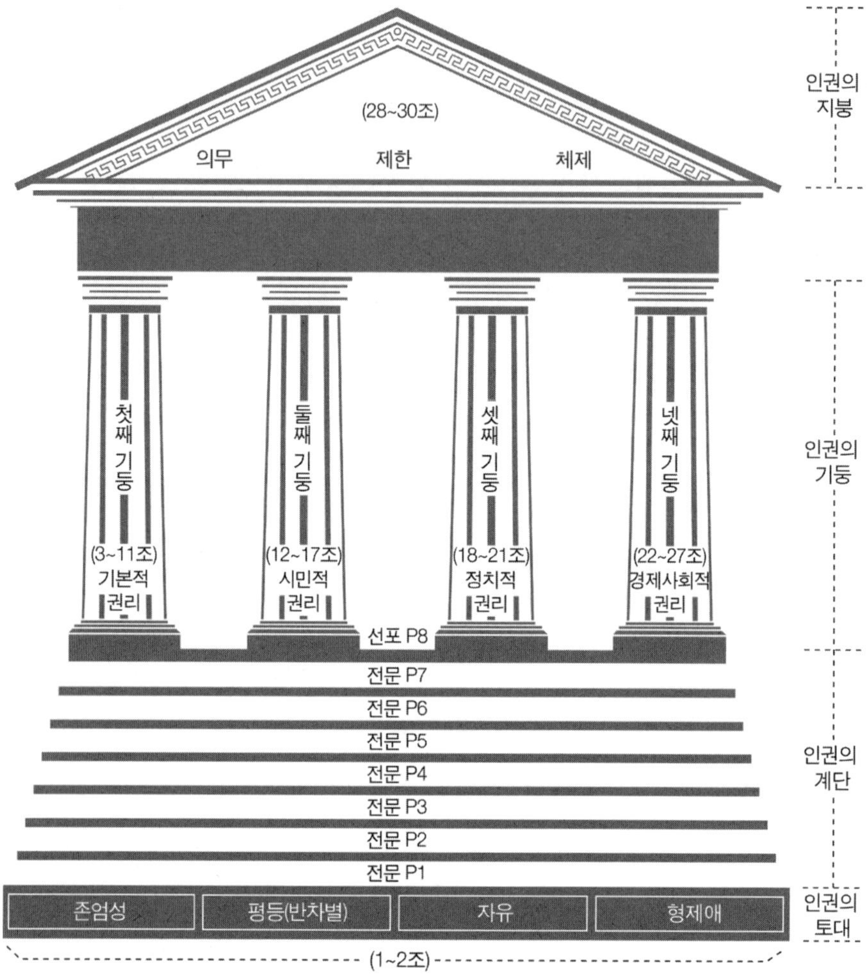

__ 세계인권선언의 신전

조가 바로 인권의 토대가 되는 조항이다. 이 두 조항 속에 포함된 존엄·자유·평등·우애의 원칙은 별도의 인권 목록이 아니라 전체 인권을 떠받치는 밑바탕이자 기본 전제라 할 수 있다.

그다음, 복도 주랑을 따라 옆으로 늘어선 기둥을 보자. 모두 네 개의 기둥이 있으며, 이 기둥들이 세계인권선언의 각종 권리 조항을 범주별로 상징한다. 우선 제4장에서 살펴볼 첫째 기둥은 세계인권선언의 제3조부터 11조까지를 포함하며, 생명, 자유, 개인 신상의 안전 등 기본적인 인권(특히 법적인 권리)을 나타낸다.

제5장에서 살펴볼 둘째 기둥은 세계인권선언의 제12조부터 제17조까지를 포함하며, 사회공동체(시민사회) 내에서 인간이 살아갈 때 꼭 필요한 권리를 나타낸다.

제6장에서 살펴볼 셋째 기둥은 세계인권선언의 제18조부터 제21조까지를 포함하며, 정치공동체(정치사회) 내에서 인간에게 필요한 권리를 나타낸다.

마지막 넷째 기둥은 제7장에서 살펴볼 예정이다. 넷째 기둥은 세계인권선언의 제22조부터 27조까지를 포함하며, 경제적·사회적·문화적 권리를 상징한다.

이 기둥들의 윗부분에는 옆으로 긴 삼각형 모양의 지붕이 있다. 건축학에서는 이를 페디먼트pediment 또는 박공牔栱이라고 부른다. 이는 제8장에서 다룬다. 이 지붕은 전체 인권의 기둥을 가지런하게 엮어주는 역할을 하며, 의무·제한·체제의 세 가지 요소를 상징한다.

이 책 제2장부터 제8장까지 세계인권선언을 다루면서, 영어로 된 원문과 우리말 풀이, 상세한 해설을 함께 소개할 것이다. 청소년에게 세계인권선언을 읽어보게 하고 나서 그 소감을 말해보라고 하면 흔히 "좋은 내용이기는 하지만 딱딱하고 재미가 없다"라는 반응을 보이곤 한다. 그 이유는 무엇일까? 별로 길지도 않은, 고작해야 전체 1,748단어밖에 되지 않는 문헌인데 왜 그렇게 따분하게 생각되는 것일까? 왜 세계인권선언은 지루한 구식 법조문처럼 들리는 것일까? 오래전에 쓰인 고리타분한 문서라서 그런 것일까? 어쩌면 이 모두가 맞는 말일 수 있다. 하지만 그렇게 여겨지는 더 큰 이유는 세계인권선언을 만들 때 사용했던 원어인 영어와 우리말 번역 사이의 거리감에 있지 않을까 한다. 더욱이 선언의 조항이 어떤 배경 그리고 어떤 맥락에서 그 의미를 드러내는지 잘 알지 못한 채 그저 겉으로 드러나는 문자만 읽었기 때문에 곰팡이 냄새가 나는 따분한 글이라는 느낌이 들지 않을 수 없는 것이다. 따라서 이 책에서는 세계인권선언의 전체 글을 영어로 읽고, 그 내용을 쉬운 우리말로 풀어보려고 한다. 그것과 함께 각 조항이 뜻하는 바를 역사적·사회적으로 상세하게 설명한 다음, 유엔에서 소개하는 '쉽게 풀어 쓴 세계인권선언' 영어 조항을 소개할 것이다.

마지막 제9장에서는 세계인권선언이 발표된 후 선언의 내용을 둘러싸고 벌어졌던 각종 논쟁과 비판, 그리고 옹호 논리를 간략하게 살펴보려고 한다. 이것을 통해 독자들은 세계인권선언이 왜 아직도 현재진행 중인 프로젝트인지, 왜 우리가 적극적으로 활용하고 발전시켜야 할 문헌인지를 깨닫게 될 것이다. 더 나아가 세계인권선언이 — 한계와 결함이 존재하는데도 — 어째서 21세기 새로운 진보의 방향을 가리킬 나침반이 될 수 있는지를 필자 나름대로 주장하고자 한다.

나중에 다시 설명하겠지만, 세계인권선언은 권리들의 메뉴판이 아니다. 마음에 드는 단품 요리 하나만 주문해 먹을 수 있는 음식이 아니다. 전채부터 후식까지 전부 한 덩이로 이어지는 풀코스 요리다. 따라서 세계인권선언은 전체를 '통으로' 읽어야 그 진가를 제대로 이해할 수 있고, 인권의 전모를 파악할 수 있다.[13] 이것을 인권의 '상호의존성interdependence' 또는 '서로 나눌 수 없는 성격불가분성, indivisibility'이라고 한다. 어떤 조항 하나만을 강조하면서 그것이 절대적 권리이기 때문에 다른 어떤 것보다 더 중요하다고 말하는 것만큼 인권을 남용하는 태도도 없을 것이다. 인권의 한

꼭지만 떼어내 그것을 자신의 입맛에 맞춰 극단적으로 요구하는 태도는 인권의 이름으로 행해지는 최악의 반인권적 행동이라 할 수 있다. 성 아우구스티누스의 유명한 경고도 있지 않은가? "악마도 성경을 인용할 수 있다." 코끼리의 다리만 만지면서 그것을 코끼리라고 말할 수 없는 것과 같은 이치다. 한 건물에서 토대, 계단, 기둥, 지붕 어느 한 곳도 덜 중요한 곳이 없듯이, 인권 역시 세계인권선언에 나와 있는 모든 내용이 서로가 서로를 떠받치고, 서로가 서로에게 의존하는 형식으로서만 오롯이 존재할 수 있다. 이 점을 강조하기 위해 이 책에서는 지금까지의 인권 연구에서 수없이 취급되어온 인권의 개별 항목(4개의 기둥: 제3조~제27조)만큼이나, 아니 그보다 더 중요하게, 나머지 부분, 즉 계단, 토대, 지붕에도 주의를 기울여 서술했다.[14] 기둥 외의 다른 부분을 강조하는 이유는 이것 말고 또 있다. 1948년 이후 새로운 인권 이슈나 문제 제기가 주로 기둥 외의 다른 부분에서 유추되었다는 점이다. 예를 들어, 국제체제에서 가장 중요한 인권이라 할 수 있는 '발전권' 개념은 기둥(제3조~제27조)에는 나와 있지 않고, 지붕(제28조~제30조)에서 도출한 것이다. 앞으로도 인권의 새로운 경향이 기둥 외 다른 부분에서 영감을 얻어 태동할 가능성은 클 것이다. 또한 기둥 외 부분에 명시된 원칙을 이용해 제3조와 제27조 사이의 권리를 시대에 맞게 수정하거나 재구성할 수도 있다. 세계인권선언은 지금부터 거의 70년 전에 만들어진 문헌이므로, 당시로서는 첨단적인 내용이었지만 지금의 눈으로 보면 한계도 많이 보인다. 하지만 계단과 토대, 지붕의 기본 구조에 의존해서 제3조와 제27조 사이의 권리 항목을 오늘의 시각으로 재해석해내고 새로운 의미를 부여할 수 있다. 비유적으로 말하자면, 계단과 토대와 지붕을 그대로 둔 채 기둥을 리모델링할 수 있다는 뜻이다. 그러면 지금부터 세계인권선언의 신전을 상세히 알아보자.

도대체 보편적 인권이라는 것이 어디서부터 시작될 수 있을까? 작은 곳에서, 자기 집에서 가까운 곳에서부터 시작되어야 한다.……그런 곳에서부터 모든 남녀노소가 공평한 정의, 기회균등, 차별 없는 존엄성을 찾을 수 있어야 한다. 이렇게 작은 곳에서부터 인권이 의미를 지니지 못한다면 그 어떤 곳에서도 의미를 지닐 수 없을 것이다. — 엘리너 루스벨트

제 2 장

인권의 계단

전문前文, preamble에서는 세계인권선언에 나오는 전체 내용의 간략한 소개, 그리고 세계인권선언을 작성하게 된 역사적 맥락과 목적, 이유를 설명한다. 전문은 모두 7단락으로 이루어져 있고, 그다음에 "따라서 이제"라고 하는 선포 단락proclamation이 붙어 있다. 선포 단락을 전문의 일부로 보기도 하지만, 그것의 형식과 취지로 보아 앞선 7개 단락과 뚜렷이 구분된다고 보는 것이 맞다. 이 장에서는 전문의 7개 단락(P1~P7)과 선포 단락(P8)을 함께 설명할 것이다.

카생이 말한 이미지를 한 번 더 상기해보자. 정원에서 건물을 바라보면서 7개 계단을 하나씩 오른 후 기둥 옆, 현관 입구에 서서 세계인권선언을 선포한다고 상상하면 될 것이다. 대륙의 시민법civil law 전통에서는 어떤 법률 문헌에서 구체적인 조항을 다루기 전에 전체 내용을 미리 설명하는 서론부가 나온다. 이것을 일반조항general part이라 하는데, 세계인권선언에서는 전문과 선포문, 제1조와 제2조를 합친 내용이 일반조항에 해당한다고 할 수 있다. 세계인권선언은 국가 간의 조약에 따른 국제법이 아니라 일종의 도덕적 약속인 선언이지만, 형식적으로는 법률 문헌처럼 작성되어 있다는 사실을 기억하자.

그런데 세계인권선언이 법률 문헌이 아니라 선언임이 확실히 드러나는 부분이 바로 전문이다. 전문을 이루는 언어도 보통 법률 용어처럼 딱딱하거나 형식적이지 않으며, 열정적인 느낌을 준다. 필자는 세계인권선언을 읽을 때마다 전문을 포함한 일반조항은 'human rights'에서 'human' 부분을 대변하고, 본문의 개별 권리는 'rights' 부분을 나타낸다는 느낌을 받는다. 전자인 'human' 부분은 인권 중에서 휴머니즘적인 호소와 역사적 경험을 강조한다. 후자인 'rights' 부분은 각각의 권리가 어떤 식으로 구성되는지를 법적인 엄밀성으로 뒷받침한다. 그 어떤 인권운동이든 이 두 가지 요소를 함께 추구해야 하며, 특히 'human' 부분에서 강조하는 인간애와 규범적 포부를 절대 잊어서는 안 될 것이다.

전문 앞부분의 P1~P3 단락에서는 인권 개념의 기본을 대략적으로 설명한다. 그 후 다음 네 단락 P4~P7에서는 전 세계인이 인권을 증진하고 존중할 의지가 있음을 밝힌다. 그러고 나서 마지막 P8 단락에서는 세계인권선언이 진정으로 목표하는 바가 무엇인지, 또 인권을 어떻게 달성할 것인지를 엄숙히 서약하면서 선포하는 형식으로 되어 있다.

전문을 포함한 일반조항에 나와 있는 사상 덕분에 세계인권선언은 '존엄성에 기반을 둔 권리dignity-based rights'를 강조하는 전통에 서게 되었다고 말해진다.[1] 존엄성에 기반을 둔 권리 전통이란 도대체 무슨 의미인가? 나중에 다시 설명하겠지만, 우선 존엄성 권리dignitarian rights 전통은 법실증주의legal positivism• 전통과 확연히 구분된다. 세계인권선언은 인간이 존엄성을 가지고 태어났다는 점을 강조함으로써, 단순히 법적으로 주어진 권리만 권리라고 인정하기보다 근본적인 인간 본성에 호소하는 접근 방식을 취한다. 또한 이런 차이 때문에 세계인권선언은 질서 있는 자유에 대한 독특한 비전을 보여준다. 인간은 완전히 개별적인 존재도 아니고, 완전히 집단적인 존재도 아니다. 개인적이면서도 공동체적인 인간이 참된 자유를 누릴 수 있는 최적의 황금비는 질서 속의 자유인 것이다. 이 점을 스테판 에셀은 다음과 같이 표현한다. "역사의 이 도도한 흐름은…… 더 큰 정의, 더 큰 자유의 방향으로 흘러간다. 여기서 자유란 닭장 속의 여우가 제멋대로 누리는 무제한의 자유가 아니다."[2] 인간을 이런 식으로 묘사하는 중용적 방식으로 말미암아 세계인권선언은 복잡한 현대의 사상 지형 속에서 상당히 용이하게 그 정당성을 주장할 수 있었다.

- **법실증주의**는 실정법과 그 밖의 정의, 자연법, 도덕률을 의식적으로 구별하고, 후자를 법의 고찰 대상에서 배제한다. 주권자의 명령에 구애받는 법과 그 밖의 규범을 분석한 존 오스틴(John Austin)의 분석법학이 법실증주의의 대표적인 접근 방식이다. 이러한 법실증주의는 나치의 전제 정치에 악용되기도 했는데, 이 때문에 전후 법실증주의를 극복해야 한다는 목소리가 커졌다.

전문 P1

원문 Whereas recognition of the inherent dignity and of the equal and inalienable rights of all members of the human family is the foundation of freedom, justice and peace in the world,

해석 우리가 인류 가족의 모든 구성원이 지닌 타고난 존엄성을 인정하고, 그들에게 남과 똑같은 권리 그리고 빼앗길 수 없는 권리가 있다는 사실을 인정할 때, 자유롭고 정의롭고 평화적인 세상의 토대가 마련될 것이다.

전문의 일곱 단락은 모두 'whereas'라는 단어로 시작되며 전체가 하나의 문장으로 되어 있다. 'whereas'는 예전에 쓰던 고풍스러운 법률 용어로서 '…… 다음과 같은 사실을 고려하건대……'라는 뜻인데 우리말 해석에서는 생략해도 무방하다. 첫째 단락에서는 우선 "인류 가족의 모든 구성원"이라는 표현이 눈에 띈다. 어느 나라 국민인지, 어떤 시민권을 가졌는지를 전혀 고려하지 않겠다는 원칙을 과감하게 선언하고 있다. 전 세계 모든 사람이 하나의 인류 가족에 속하므로 인권은 처음부터 초국가적이고 탈국가적인 지향을 지닌 개념임을 확실히 주장한다. 1648년 베스트팔렌조약을 계기로 형성되었던 근대 국가체제, 그리고 그 국가체제가 기대고 있던 국가주권 우선주의에 대해 300년이 지난 1948년에 세계인권선언이 아주 근본적인 비판을 가하고 나선 것이다.

여기서 '존엄성', 즉 'dignity'는 핵심어로서, 이를 빼고 P1 단락을 제대로 이해하기는 어렵다.[3] 세계인권선언 전체를 통틀어 'dignity'라는 말은 다섯 번이나 나오는데, 이는 대단히 의미심장한 것이다. 'dignity'는 원래 '소중하다'라는 뜻의 라틴어 '디그니타스 dignitas'에서 나왔다. 앞서 지적한 것처럼 존엄성에 기반을 둔 권리 전통은 19세기에 유행했던 법실증주의 전통에 대한 반발로 등장한 것이다. 법실증주의란 국가가 제정한 실정법을 중시하는 사상으로서, 모든 권리와 의무가 실정법에서 도출된다고 보며, 따라서 권리를 절대적인 것이 아닌 상대적이고 제한적인 개념으로 본다. 벤담 Jeremy Bentham의 유명한 선언처럼 "법에 나와 있지 않으면 권리도 없는" 셈이다.[4] 법실증주의에서는 법과 도덕성을 직접 연결시키지 않으며, 법적 타당성은 궁극적으로 사회의 현실에 따라 결정된다고 본다. 18세기의 자연권 사상가들이 형이상학적인 절대적 자연법을 신봉했던 것과는 전혀 다른 태도인 것이다. 그러나 나치 독일이 자신의 이른바 '실정법'에 근거해 홀로코스트를 비롯한 엄청난 인권유린을 저지른 후• 법실증주의에 대한 반성이 일어났다.[5] 이는 국가에서 형식적인 정당성에 근거해 제정했다는 사실만으로 실정법에 무조건적인 정당성을 부여할 수가 없다는 것을 보여준다. 그러한 반성의 토대 위에서 존엄성에 기반을 둔 권리체계가 발전했다. 계몽주의 철학자인 칸트 Immanuel Kant가 『도덕형이상학 원론 Grundlegung zur Metaphysik der Sitten』(1785)에서 인간의 가치를 상대적으로 측정할 수 없는 절대적인 것, 그 자체로서 목적인 것으로 보았던 전통이 20세기에 되살아난 것이다.

그러나 20세기 후반부에 부활한 존엄성에 기반을 둔 권리 개념은 계몽

• 로렌스 리스(Lawrence Rees)는 나치만큼 자기들의 법을 철저히 지키면서 범죄를 저지른 집단도 없었다고 말한다. 예를 들어, 홀로코스트가 자행되던 아우슈비츠 수용소에서 간수의 부정부패 행위가 있다는 소문에 베를린에서 특별감사반이 파견된 적이 있었다. 나치의 법 논리에 따르면 유대인을 학살하는 것은 합법적이고 정당한 행위였지만, 물건의 절도는 용서할 수 없는 '불법행위'였던 것이다(Rees, 2005).

주의 당시의 자연법·자연권적 인권 사상과 그 토대에서 차이가 있다. 자연법적 자연권이 일종의 초월적 질서에 근거한 권리였다면, 20세기의 존엄성 권리는 자연권을 삭제 또는 세속화하고, 그것을 급진적이고 민주적으로 재구성한 새로운 '2.0 버전'이라 할 수 있다. 세계인권선언이 현대 인권 개념의 세속화, 반토대주의적 추세를 가장 먼저 시작했고, 그것을 앞장서서 이끌어갔다고 할 수 있다. 특히 권위주의 또는 전체주의 체제를 겪은 후 민주화를 달성한 나라에서는 거의 예외 없이 인간 존엄성 사상에 입각한 헌법을 채택했다.• 존엄성을 법에서 구체적으로 규정하기는 어렵고, 나라마다 맥락에 따라 그 해석이 달라질 수 있다. 그러나 존엄성 사상은 인권을 아주 특별한 방식으로 이해하는 데 큰 도움이 된다.[6] 그러므로 P1 단락에서 '인정recognition'이라는 표현을 쓴 것을 눈여겨봐야 한다. 법실증주의에 입각한 실정법에서는 권리가 국가로부터 부여되지만conferred, 인간 존엄성에 기반을 둔 권리는 국가로부터 부여되는 것이 아니라 모든 사람이 권리가 존재한다는 사실을 인정recognition하기만 하면 되기 때문이다.

특히 P1 단락은 1789년 프랑스혁명 때 선포된 '인간과 시민의 권리선언'과 많이 닮았다.[7] 18세기의 프랑스혁명 선언에서는 "최고 존재의 가호 아래서"라는 식의 자연권 및 이신론적deism 색채가 두드러졌다면, 20세기의 선언에서는 세속적 휴머니즘이 강조된 차이가 있을 뿐이다. 즉, 세계인권선언에서는 인권의 이론을 삭제하는 대신, 인권이란 모든 사람이 평등하게 가진 권리, 그리고 남에게 넘겨주거나 빼앗길 수 없는 권리불가양도성

• 헹크 보타(Henk Botha)의 조사에 따르면, 독일의 전후 기본법(1949), 그리스 헌법(1975), 포르투갈 헌법(1976), 스페인 헌법(1978), 나미비아 헌법(1990), 러시아 헌법(1997), 남아프리카공화국 헌법(1993, 1996), 폴란드 헌법(1997) 등이 모두 이런 경우에 해당한다(Botha, 2009). 1987년 개정된 대한민국 헌법 역시 존엄성 권리 전통을 따른다고 할 수 있다(차병직·윤재왕·윤지영, 2010).

권리, inalienable rights라는 점을 보편적으로 설파했다고 보면 된다. 또한 P1 단락에서는 우리의 목표가 자유, 정의, 평화의 세계임을 밝히면서, 자유와 정의와 평화가 서로 자연스레 이어지는 연관 개념임을 가르쳐준다.[8] 하지만 그러한 세상 – 자유와 정의와 평화가 강물처럼 흐르는 – 이 도래하려면 우선 인간의 존엄성과 인권을 인정해야 한다는 것이다. 오늘날 '인권과 평화'라는 표현은 흔히 사용되지만, 사실 이 표현이 세계인권선언의 전문, 그것도 첫 문장에서 유래한 것임을 아는 이는 드물다.

전문 P2

원문 Whereas disregard and contempt for human rights have resulted in barbarous acts which have outraged the conscience of mankind, and the advent of a world in which human beings shall enjoy freedom of speech and belief and freedom from fear and want has been proclaimed as the highest aspiration of the common people,

해석 인권을 무시하고 짓밟은 탓에 인류의 양심을 분노하게 한 야만적인 일들이 발생했다. 따라서 보통 사람들이 바라는 가장 간절한 소망이 있다면 그것은 모든 사람이 말할 자유, 신앙의 자유, 공포로부터의 자유, 결핍으로부터의 자유를 누릴 수 있는 세상의 등장이라고 우리 모두가 한목소리로 외치게 되었다.

이 단락은 카생 초안의 전문 1조를 그대로 따온 것이다. 이 조항은 인권이 무시되고 짓밟혔던 사건으로 말미암아 인류가 큰 고통을 당했고, 특히 인권이 무시된 탓에 양차 세계대전이라는 무서운 사건 — 카생의 표현에 따르면 "지상을 더럽힌 대학살" — 이 발생했다고 절규하듯 선언한다. 유대계 프랑스인으로 제2차 세계대전 중 여동생을 포함해 무려 29명의 친지가 나치에게 살해당했던 카생, 드골 장군의 망명정부에서 일하고 레지스탕스 저항에도 참여했던 카생으로서는 세계인권선언에서 나치의 잔학한 행위를 처음부터 고발하지 않을 수 없었을 것이다. 그러나 초안 검토 과정에서 세계대전의 역사적 사실을 직접 언급하지 않기로 결정이 났다. 그것은 세계인권선언이 어떤 구체적인 전쟁에 대한 반발로 만들어진 문헌이 아니라, 영구적이고 보편적인 정신으로 작성된 문헌이 되어야 한다는 이유에서였다. 또한 전쟁이 끝난 직후부터 인권과 관련해 두 가지 흐름이 동시에 발생했음을 기억할 필요가 있다. 하나는 과거사 청산이었고, 다른 하나는 미래를 위한 비전을 제시하려는 흐름이었다. 전자는 뉘른베르크 전범재판과 '제노사이드방지협약Genocide Convention'으로 구체화되었다.• 후자는 일단 세계인권선언을 만든 후 그것을 법률상 강제력을 지닌 국제인권장전International Bill of Human Rights으로 발전시켜 나가자는 식으로 정리되었다. 그래서 역사 청산은 과거사 관련 활동이 전담하고, 세계인권선언은 미래지향적인 내용으로 만들자는 합의가 이루어졌던 것이다.

P2 단락에서는 프랭클린 루스벨트 미국 대통령의 유명한 '네 가지 자유'가 직접 인용된다. 루스벨트는 대공황 당시 대통령에 선출되어 뉴딜정책을 추진했다. 그는 1941년 1월 6일 미 의회에서 행한 연설을 통해, 모든 인간이 누려야 할 4대 기본 자유를 제시했다.[9] 미국이 제2차 세계대전에

• 라파엘 렘킨(Raphael Lemkin)이 주도했던 제노사이드방지협약은 세계인권선언이 채택되기 전날인 1948년 12월 9일 유엔에서 채택되었다.

참전하기로 결정하기 약 1년 전의 일이었다. 이 연설에서 루스벨트가 약속한 자유는 그 후 연합국의 각국 정부가 자국민에게 왜 전쟁을 해야 하는지를 정당화하는 약속처럼 사용되었다. 따라서 네 가지 자유는 당시 세계인들에게 아주 친숙한 표현이었다. 루스벨트는 한 쌍의 소극적 자유(언론 및 의사 표현의 자유와 신앙생활의 자유), 그리고 또 한 쌍의 적극적 자유(결핍으로부터의 자유와 공포로부터의 자유)를 주창했다. 루스벨트는 특히 적극적 자유 부분을 강조하면서 그 뜻을 다음과 같이 알기 쉽게 풀이했다. 결핍으로부터의 자유는 "세계 각국이 그 주민들에게 건강하고 평화로운 생활을 할 수 있도록 보장하는 경제적 조치"이며, 공포로부터의 자유는 "어떤 나라도 다른 나라에 대해 물리적인 공격행위를 취할 수 없게 하는…… 철두철미한 전 세계적 군비축소"를 의미한다. 구체적으로 루스벨트가 예로 든 것은 청소년을 위한 기회균등, 일자리 제공, 보호의 손길, 특권 폐지, 노령연금, 실업보험, 적정한 의료 등이 보장되는 세계, 즉 기본적인 인간 자유 위에 세워진 세계였던 것이다. 그러므로 P1 단락에서 말한 자유·정의·평화의 비전과 P2 단락에서 말하는 네 가지 자유는 서로 내재적으로 연결되어 있다고 봐야 한다. 루스벨트는 나중에 적극적 자유 부분을 '경제권리 장전'이라고 부르기도 했다. 지금부터 70여 년 전에 루스벨트가 주장했던 바를 오늘날 한국 사회에 대입해보면 어떻게 될까? 복지국가 논쟁이 한창인 지금, 세계인권선언부터 읽어보는 태도가 필요하지 않을까?

전문 P3

원문 Whereas it is essential, if man is not to be compelled to have recourse, as a last resort, to rebellion against tyranny and oppression, that human rights should be protected by the rule of law,

해석 인간이 폭정과 탄압에 맞서, 최후의 수단으로, 무장봉기에 의지해야 할 지경에까지 몰리지 않으려면, 법의 지배로 인권이 반드시 보호되어야 한다.

이 단락의 핵심은 저항권과 법의 지배라 할 수 있다. 저항권right to rebellion 또는 혁명권right to revolution은 고전적 인권에서 핵심 중의 핵심에 속하는 권리다. 자유주의 인권론의 원조라 할 수 있는 로크John Locke는 『통치론Two Treatise of Government』(1689)에서 저항권을 독재정권의 지배를 받는 인민에게 허용된 거의 유일한 최후의 수단으로 그렸다.[10] 통치자가 사람들의 안전과 행복과 재산을 보호해주지 않을 때에 민중이 정부를 해산할 수 있다는 주장인 것이다. 폭정에 항거한다는 것은 그저 심정적으로 반발하는 정도가 아니었다. 원래 'rebellion'이라는 말 자체가, 단순히 반대하는 정도가 아니라 조직적인 무장투쟁으로 공공연하게 정부를 무너뜨린다는 뜻이다. 로크의 말을 들어보자. "상황과 조건을 불문하고 권한 없는 힘의 사용에 대한 진정한 치유책은 힘으로 대항하는 것이다."[11] 그런 경우 저항은 적극적으로 요구되는 바라 할 수 있다. 저항권의 전통은 미국 독립선언문에도 그대로 이어져 내려왔다.[12] 선언문은, 어떤 정부든 통치받는 인민의 동의를 바탕으로 하지 않고, 그들의 생명·자유·행복을 보장해주지 않을 경우 "언제든 그 정부를 변혁하거나 폐지하고…… 새로운 정부를 수립하는 것이 인민의 권리"라고 분명히 밝히고 있다. 따라서 세계인권선언을 제정할 당시만 해도 인권을 이야기할 때면 당연히 저항권을 거론하는 것이 상식처럼 되어 있었다. 실제로 험프리 초안의 제29조는 "모든 사람은 탄압과 폭정에 대해, 개인적으로 또는 타인과 함께, 저항할 권리가 있다"라고 되어 있고, 카생 초안의 제26조에도 "어떤 정부가 기본적 인권과 기본적 자유를 심대하게 또는 조직적으로 침해할 때에는 언제라도 개인과 집단이 탄압과 폭정에 저항할 권리가 있다"라고 나와 있다. 여기서 보듯이 저항권은 그것의 행사 방식에서 개인의 권리인 동시에 집단적 권리라는 독특한 성격을 지닌다.

그런데 유엔인권위원회는 이 단락을 심의하면서 다음과 같은 고민에 빠졌다. 저항권을 명백히 인정하면 자칫 무정부 상태를 부추기게 되지는 않을까? 무정부 상태가 발생했을 때 인권을 보호하려는 취지가 원천적으로 차단되는 상황이 오지는 않을까? 인권의 원래 정신이 갈등을 평화적으로 해결하자는 것인데 무장 저항을 명시적으로 인정하면 유혈항쟁을 통한 인권 보장이라는 모순이 발생하지는 않을까? 이런 우려 끝에 저항권을 하나의 권리로서 구체적 조항에 넣지 않는 대신 법의 지배 정신과 연결한 표현으로 다듬어 세계인권선언 앞쪽의 전문에 넣게 되었다. 표현을 순화하면서 그 지위를 높인 것이다. P3 단락에 따르면, 민중의 저항은 일종의 권리이기도 하지만, 그보다 더 중요하게, 인간의 자연스러운 특성으로 이해된다. 다시 말해, 인간은 무지막지하게 탄압받고 이유 없이 억눌리면 반드시 폭발하게 되어 있는 존재라는 말이다. 즉, 세계인권선언에서는 인간이 불의한 권력에 저항하는 본성을 지녔고, 사람들이 스스로 이 점을 인식할 때 더더욱 폭정과 독재를 용납하지 않을 것이며, 그런 상황을 방지하기 위한 조치를 미리 취하리라고 밝힌 것이다.

그러나 지난 수십 년 동안 저항권을 역사 교과서에만 들어 있는 화석과 같은 존재로 생각해온 경향이 적지 않았다. 그런데 최근 중동의 민주화 시민혁명 덕분에 저항권이 인권의 핵심 개념으로 다시 부각되고 있다.[13] 새롭게 대두된 저항권은 고전적 저항권과 비교해 다음과 같은 특징을 보인다. 첫째, 평화적인 시민적 저항이 정부의 압도적인 폭력을 이길 수 있다.[14] 둘째, 인민주권(주권재민)의 진정한 의미가 재발견되고 있다. 인민주권이란 국가주권이 인민에게서 나오고 인민의 동의로 지탱된다는 원칙이다. 그러나 선거만 지나면 바로 잊히고 무시되는 원칙은 아무런 의미가 없다. 늘 정권의 정당성을 감시하고 권력의 원천 자체를 끊임없이 상기하게 하는 시민적 저항권이 인민주권 원칙을 실질적으로 보장할 수 있다. 이는 직접행동 민주주의 사상과 직접 연결되는 주장이다.[15] 그 결과 국가가 인민의 평화적 저항을 정당하다고 인정해야 국가의 존립 근거가 성립된다는 '인민 중심의 정치체' 이론이 주목받기 시작했다. 이렇게 되면 시민적 저항권은 인정받되 권장되지 않는 수동적 권리가 아니라, 적극적이고 상시적인 의미를 부여받는다. 이는 제도정치와 사회운동의 관계에 의미심장한 교훈을 준다. 셋째, 국제법의 준거틀도 함께 변하고 있다. 내정불간섭 원칙에 의거한 국가 중심적 주권 원칙 자체가 덜 강조되는 경향이 나타나고 있다. 이렇게 되면 국제공동체는 다른 나라에서 일어나는 시민적 저항을 도울 책임과 권리가 있다. 이것을 '시민적 저항을 지원할 권리'라 한다.[16]

만일 권력자와 정부가 민중의 저항에 직면하지 않으려면 진정한 법의 지배rule of law를 실천하는 길밖에 없다고 하는 것이 전문 P3 단락의 핵심 취지라 할 수 있다. '법의 지배'라는 개념에는 세 가지 뜻이 있다. 우선, 자의적 권력보다 법이 더 높다는 뜻이 있다. 그리고 그러므로 독재자를 포함해 모든 사람이 법 앞에서 평등하다는 뜻이 있다. 마지막으로, 헌법에 나오는 규정은 그 스스로는 궁극적인 권위를 지니지 못하며, 모든 사람이 지닌 개인 권리를 전체적으로 합친 결과로서만 권위를 지니게 된다는 뜻이다. 이 세 가지 의미를 이해하면 왜 법의 지배라는 개념이 독재와 정반대되는 것인지를 알 수 있다. 여기서 입헌주의constitutionalism라는 개념을 설명할 필요가 있다. 입헌주의란, 민중 전체에게서 나오는 주권적 권력이 표현된 것이 곧 헌법이며, 그러한 헌법은 정부 위에 있다는 원칙이다. 바로 이 때문에 입헌 정부는 곧 제한된 정부라고 하는 것이다. 이것을 쉽게 정리하면 다음과 같이 설명할 수 있다.

개인 권리의 합계 → 법의 지배 → 주권적 권력 → 입헌주의 → 제한된 정부

법의 지배 개념은 20세기 후반에 전 세계적으로 가장 널리 확산된 민주정치의 기본 원리라 할 수 있다. 이것은 다음과 같이 풀이되곤 한다.[17] 첫째, 전 세계 거의 대부분의 국가에서 법의 지배를 명문화한 헌법을 채택했다. 이것을 인권의 수평적 보편화 경향이라고 한다. 둘째, 국제법과 국제기구에서 생성된 인권규범과 인권레짐이 세계 각국의 민주주의 발전과 큰 영향을 주고받게 되었다. 이것을 인권의 수직적 국제화 경향이라고 부른다. 이러한 변화상을 생각해볼 때, 선거를 통해 집권했다는 이유만으로 인권과 국제규범을 함부로 무시하면서 국정을 마음대로 운영하는 정치지도자와 정부가 있다면 그들이 얼마나 반인권적이고 시대착오적이며 몰역사적인지를 알 수 있다. 이런 정권에 대해서는 민중에게 주어진 시민적 저항권을 확실하게 행사해야 하고, 선거에서 반드시 책임을 물어야 하는 법이다. 그것이 세계인권선언이 우리에게 요구하는 바이기도 하다.

전문 P4

원문 Whereas it is essential to promote the development of friendly relations between nations,

해석 오늘날 여러 나라 사이에서 친선 관계의 발전을 도모하는 일은 참으로 긴요해졌다.

전문 P4 단락은 국가 간의 관계(국제관계)와 인권 사이의 해묵은 논쟁을 암시하는 단락이다. 국제관계를 힘의 정치, 권력정치 개념으로 파악하는 현실주의적 해석에서는 국제관계를 무정부anarchy 상태에 비견하곤 한다.[18] 국가 사이의 관계를 좌우하는 것은 냉정한 국익 추구, 무한경쟁, 권력균형, 전략적 동맹과 제휴, 봉쇄와 제재라는 관점이다. 한스 모겐소Hans J. Morgenthau나 조지 케넌George Kennan이 현실주의 국제관계론의 대가인데, 이들은 국제법이니 국제규범이니 하는 접근 방식이 유토피아적 공상에 불과하다고 믿으며, 윌슨•류의 법적·도덕주의적 외교정책이 궁극적으로 파시즘을 무장시키고 제2차 세계대전을 초래했다고 비판한다. 그러므로 국제법이나 국제기구가 겉으로는 그럴듯해 보이지만, 실제로 국제관계

- **윌슨**(Thomas Woodrow Wilson)은 민주당 출신으로 제28대 미국 대통령이 되었다. 그는 외교정책에서 기존의 고립주의를 버리고 법적·도덕주의를 내세웠다. 이를 바탕으로 '민주주의를 위한 전쟁'에 미국이 나설 것을 주장했고, 제1차 세계대전 때는 독일에 선전포고를 했다. 전후에는 민족자결주의를 제창하고 국제연맹의 설립을 이끌었지만, 다시 고립주의 전통으로 복귀하려는 미국 의회가 국제연맹 조약 비준을 거부했고, 윌슨도 의회와 타협점을 찾지 못해 결국 미국의 국제연맹 참여가 좌절되었다.

에 긍정적으로 기여한 바가 없다고 단언한다. 그러나 반대로 국제법과 국제규범의 전통을 옹호하는 사람들은 제1차 세계대전 당시에 이미 횡행했던 국제 권력정치와 권력통치를 지적하면서, 힘에 의한 국제질서라는 사상이 결코 좋은 결과를 내지 못했다고 반박한다. 그런데 국제법의 전통과 국제 권력정치의 전통이 이처럼 대립하는 듯 보이지만, 최근 들어 이 두 전통을 합치하려는 지적 노력이 꾸준히 있어왔다.[19]

세계인권선언은 이러한 지적 노력의 선두에 선 문헌이라 할 수 있다. 국제 권력정치를 뒷받침하는 현실주의 이론의 기본 전제였던 국가의 주권 원칙을 인권 원칙으로 뒤흔들었던 최초의 국제적 합의였기 때문이다. 그러므로 어떤 의미로는 국제관계를 보는 시각은 세계인권선언 이전과 이후로 나뉜다고 해도 과언이 아니다. 세계인권선언 이전의 국제관계가 딱딱한 호두 껍데기 속에 갇힌 개별 국가로 이루어진 체제였다면, 그 이후의 국제관계는 — 적어도 이론적으로는 — 다른 나라의 호두 껍데기 속으로 인권 원칙이 헤집고 들어갈 수 있게 된 체제라 할 수 있기 때문이다. 세계인권선언 이후, 자국의 내정은 자국 마음대로 결정한다고 하는 절대적 국내 관할권의 원칙이 더는 통하지 않게 되었다. 인권 원칙에 동의한다고 말하는 순간, 순수한 국내 관할권 원칙을 곧이곧대로 고수할 수가 없기 때문이다. 인권 자체가 국경선 내에 갇힌 개념이 아니기 때문이다. 그렇다면 왜 국제사회는 자기 내정에 간섭이 될 수도 있는 세계인권선언을 제정하는 데 동의했을까?

이 질문의 해답은 세계인권선언이 만들어지기 전의 역사적 경험에서 찾을 수 있다. 제1차 세계대전 직후 1919년에 결성된 국제노동기구ILO는 소련식 사회주의혁명 앞에서 자본주의 진영이 노동문제를 심각하게 고민한 대응으로서 탄생했다. 노동자의 권익을 보장함으로써 사회주의의 진격을 막을 수 있다면 자본주의국가들 간의 협력이 필요하고 서로 어느 정도의 내정간섭을 감수해야 한다는 공감대가 형성되었던 것이다. 또한 파시즘의 등장을 막아내지 못한 결과 얼마나 엄청난 참화가 발생했는지를 똑똑히 목격한 동시대인들에게 인권이라는 새로운 사상이 주는 설득력은 대단한 것이었다. 하지만 예나 지금이나 국가들이 이런 교훈만으로 인권에 동의하고 순순히 내정간섭을 허용한다고 생각할 수는 없다. 실제로 종전 후 유엔을 창설하기 위해 각국 대표가 모였을 때 국익에 근거한 외교정책이 아닌, 인권친화적 외교정책을 염두에 둔 나라는 거의 없었다고 해도 과언이 아니다. 그런데 국가들은 인권에 특별히 관심이 없었는데도, 그렇다고 해서 공개적으로 인권에 반대한다는 인상을 세계 대중에게 보이고 싶지도 않았다. 인권의 대중적 매력을 잘 알고 있었고, 굳이 인권에 반대하는 국가라는 오명이 자기 나라에 붙는 것이 반갑지 않았던 것이다. 또한 유엔에 가입하기로 한 이상 그 헌장에 나와 있는 인권 원칙을 구체화하려는 시도인 세계인권선언의 작성 과정에 참여하지 않기도 어려웠을 것이다. 세계인권선언을 만들자고 했던 제안이 유엔총회에서 만장일치로 통과되었던 탓에 각국은 '다른 나라들 틈에 묻혀, 그리고 서로서로 떼밀려' 세계인권선언과 그 이후의 국제인권법 작성 과정에 참여하게 되었다고 볼 수 있다. 그와 동시에 자기 나라의 국익과 크게 어긋나지 않을 경우에는 인권 원칙을 어느 정도 수용해도 크게 손해 볼 것이 없을 것이라는 기회주의적 계산도 한몫을 했다. 각국이 이런 배경에서 유엔헌장Charter of the United Nations과 세계인권선언 작성 과정에 참여했지만, 결과적으로 세계인권선언은 세월이 지나면서 도덕적 영향력과 규범력을 더 많이 얻게 되었고, 국제 권력정치적 현실주의 노선에 대한 강력한 대안사상의 선두에 서게 되었다. 따라서 전문의 P4 단락은 이런 역사적 배경을 외교적으로 무미

건조하고 정중하고 두루뭉술한 언어로 표현한 것이다. 또한 세계인권선언을 통해 국가주권 원칙의 단단한 장벽을 인권이라는 창으로 열어젖히게 된 — 내키지는 않지만 시대적 대세에 따를 수밖에 없는 — 계기가 생겼음을 표현한 것으로 이해하면 된다.

P4 단락을 마치기 전에 한 가지 짚고 넘어갈 내용이 있다. "나라들 사이의 친선 관계"를 진정으로 도모하려면 무엇이 필요할까? 국가들 간의 전쟁을 없애는 일이 선결 과제가 되어야 하지 않을까? 인권을 근본적 차원에서 성찰한다면 전쟁 상황이야말로 인권침해의 모든 원흉 중에서도 최고의 원흉이라고 보아야 하지 않을까? 그렇게 본다면 '인권=전쟁 반대'라는 등식이 세계인권선언에 확실히 포함되었어야 논리적으로 옳았을 것이다. 그렇게 했어야만 '인권과 평화'라는 두 명제 사이에 확실한 연결고리가 설정될 수 있었을 것이다. 그리고 그렇게 했어야만 평화권right to peace에 대한 확실한 의지가 세계인권선언 속에 포함될 수 있었을 것이다. 이런 점을 염두에 두고 험프리 초안의 전문 제4조는 "전쟁 또는 전쟁 위협을 폐지하지 않는 한 인간의 자유 또는 인간 존엄성이 존재할 수 없다"라고 분명히 밝혔고, 카생 초안의 전문 제2조에서도 같은 표현이 되풀이된다. 따라서 필자는 세계인권선언의 전문 P4 단락에서 전쟁 폐지라는 말이 명시적으로 나와 있지 않다 하더라도 행간에 숨은 의미로 보아 당연히 전쟁 폐지 혹은 전쟁 위협의 폐지가 인권 보장의 전제조건이 된다는 식으로 독해해야 한다고 본다. 한반도처럼 반세기 넘게 전쟁 위협이 존재하는 곳에서 살아가는 우리에게 이것은 정말 아무리 강조해도 지나치지 않은 교훈일 것이다.

전문 P5

원문 Whereas the peoples of the United Nations have in the Charter reaffirmed their faith in fundamental human rights, in the dignity and worth of the human person and in the equal rights of men and women and have determined to promote social progress and better standards of life in larger freedom,

해석 **유엔에 속한 여러 인민은 유엔헌장을 통해 기본 인권에 대한 신념, 인간의 존엄성 및 가치에 대한 신념, 남성과 여성의 평등한 권리에 대한 신념을 재확인했으며, 더욱 폭넓은 자유 속에서 사회 진보 및 더 나은 생활수준을 촉진하자고 다짐한 바 있다.**

전문 P5와 P6, P7 단락은 세계인권선언을 유엔헌장의 계보에 확실하게 위치시키고 있다. 세계인권선언의 족보를 따졌을 때, 멀게는 1215년의 마그나카르타Magna Carta* 이후 이어진 서구 '권리' 사상의 적자로서, 가깝게는 유엔헌장의 직계 자손으로서 자리매김할 수 있다. 그 후 세계인권선언은 1966년의 두 가지 국제인권규약 그리고 여러 국제인권법을 낳는다. 필자는 현대 인권의 역사를 '세전(세계인권선언 이전)'과 '세후(세계인권선언

- **마그나카르타**(대헌장)는 존 왕의 실정을 견디지 못한 영국 귀족들이 왕권의 제한과 제후의 권리 등의 내용이 담긴 조항을 왕에게 강요해 승인을 받아 작성되었다. 이는 영국 헌법의 근거가 된 최초의 문서이자, 17세기 국왕의 전제로부터 국민의 권리와 자유를 지키기 위한 전거로 받아들여져 권리청원, 권리장전과 더불어 영국 입헌제의 기초가 되었다.

이후)'로 나눌 수 있다고 생각한다. 그만큼 세계인권선언은 현대 인권의 역사에서 중요하지만, 세계인권선언을 탄생시킨 직계조상인 유엔헌장의 중요성도 무시할 수 없다. 인권선언 전문 후반부의 3개 단락을 유엔헌장과 관련 있는 내용으로 채운 것만 보아도 알 수 있다. 논리적 순서로 볼 때 P5와 P6 단락이 바뀐 것이 아닌가 하는 생각이 들기도 한다. 아무튼 P5 단락의 내용은 유엔헌장 전문의 둘째, 넷째 단락을 그대로 가져다 쓰고 있다.[20] "기본 인권에 대한 신념, 인간의 존엄성 및 가치에 대한 신념, 남성과 여성의 평등한 권리에 대한 신념"까지는 똑같고, 단지 유엔헌장에는 "강대국과 약소국 간의 평등한 권리"라는 구절이 추가되어 있을 뿐이다.

유엔헌장이 만들어진 과정은 다음 P6 단락에서 설명할 것이다. 여기서는 "남성과 여성"이라는 말을 사용한 사실 하나만으로도 P5 단락의 의의가 있다고 말하고 싶다. 이 정도 표현도 당시로서는 파격적인 수준이었기 때문이다. 원래는 '남성과 여성' 대신 '모든 사람everyone'이라는 표현이 사용되었지만, 그것만으로는 젠더의 차별을 뛰어넘는 만인의 의미를 담아낼 수 없다고 도미니크공화국의 대표들이 강력하게 주장하는 바람에 '남성과 여성'으로 표현이 바뀌었던 것이다. 그 이후 '남성과 여성'이라는 표현은 계급, 피부색, 종교, 국적, 사회 신분 등 사람의 귀속적 특성을 열거하는 여러 표현 방식 중에서 선두 주자와 같은 표현이 되었다.

"더욱 폭넓은 자유"라는 표현은 나중에 아마티아 센Amartya K. Sen의 발전철학을 통해 구체적으로 이론화되었다. 센은 발전의 개념을 단순히 경제적 성장이 아니라 인간이 누릴 수 있는 실질적 자유의 확장으로 보아야 한다고 주장했다.[21] 따라서 "더욱 폭넓은 자유"라는 말과 바로 뒤의 "사회 진보"라는 말은 긴밀히 연결되는 표현이라 할 수 있다. 사회 진보 역시 '욕구를 충족시키고 결핍을 줄여나가는' 과정이라 할 수 있기 때문이다.[22] 이렇게 볼 때 사회 진보는 물질적 발전과 정신적 웰빙을 함께 껴안고, 경제 성장의 의미를 인정하면서도 그것을 넘어 지속 가능한 발전 — 더 나아가 생태적 삶의 양식 — 을 추구하려고 하는, 확장 가능성이 큰 개념이라 할 수 있다. 요즘의 IT 용어로 하자면 오픈 플랫폼인 셈이다. 이 때문에 필자는 개인적으로 '사회 진보'라는 표현을 좋아한다. 근대의 환경 내에서 물질적 번영이라는 일차원적 기준을 충족하면서도 그것을 극복할 수 있고, 시대에 따라 변화하는 개념인 '좋은 것the good'의 기준을 계속 따라잡을 수 있는 개념이기 때문이다. 이 때문에 세계인권선언에 나오는 사회 진보 개념은 일종의 가변익variable geometric과 같은 개념이라 할 수 있다. 이 말과 함께 나오는 "더 나은 생활수준"이라는 말도 사회 진보와 연관되는 표현이다. 우리 식으로 하자면 '먹고살 수 있는 형편' 정도가 적절한 번역일 것이다. 유엔헌장은 제2차 세계대전의 급박한 와중에, 도대체 전쟁을 왜 해야 하는가라는 원초적인 질문에 답하기 위해서 만들어진 문헌이다. 따라서 당시 상황에서 '먹고살 수 있는 형편'이라는 묘사는 밀가루, 설탕, 식용유, 잼, 치약, 화장지까지 제한적으로 배급받아야 했던 일반 시민에게 강력한 동기를 유발하는 자극제이자 희망의 상징으로 다가왔을 것이다.

전문 P6

원문 Whereas Member States have pledged themselves to achieve, in cooperation with the United Nations, the promotion of universal respect for and observance of human rights and fundamental freedoms,

해석 **유엔 회원국은 유엔과 협력하여, 인권과 기본적 자유를 모두 함께 존중하고 준수하며, 그것을 증진하자고 약속했었다.**

유엔헌장이 없었더라면 세계인권선언 역시 존재하지 않았을 것이다. 그만큼 유엔의 탄생, 특히 유엔헌장의 제정이 세계인권선언의 탄생에 기여한 바가 크다고 할 수 있다. 연합국은 1941년 8월 대서양헌장Atlantic Charter을 발표하면서 전쟁의 목표를 명확히 하기 위해 — 더 정확히 말하자면 전쟁 수행의 정당성을 대내외적으로 선전하기 위해 — 그 제5조에서 경제성장과 사회보장, 그리고 제6조에서 공포로부터의 자유와 결핍으로부터의 자유를 회복하겠다는 약속을 내세웠다.[23] 앞서 본 대로 이러한 '자유'는 그해 초 루스벨트 대통령이 '네 가지 자유' 연설을 통해 이미 세상에 공표한 것이었다. 1942년 1월 연합국에 속한 26개 나라들이 국제연합선언United Nations Declaration을 통해 파시즘에 대항하는 결의를 천명했다.[24] 당시에는 연합국들allies이 스스로를 '국제연합United Nations'이라고 불렀으므로 이때 말하는 국제연합은 오늘날 우리가 알고 있는 유엔이 아님을 기억해야 한다. 국제연합선언의 전문 둘째 단락을 보면, "인권과 정의를 보존하기 위해 파시즘에 대한 완전한 승리가 반드시 필요하다"라고 나와 있다.[25] 이 당시부터 이미 반파시즘과 인권이 동일하다는 논리가 제시된 것을 볼 수 있다. 그 후 1944년 8월에 개최된 덤버턴오크스회의Dumbarton Oaks Conference에서 연합국들은 본격적으로 유엔헌장 초안을 작성하기 시작했다. 이때 참여한 각국 대표단은 인권에 대한 관념을 거의 가지고 있지 않았다고 전해진다. 하지만 이들은 전 세계적으로 전쟁을 치르면서 남녀노소, 약소국, 피식민지에 대해 전쟁 후 인권을 보장해준다는 명분 아래 엄청난 희생을 강요해 놓고 이제 와서 그런 약속을 없었던 것으로 돌리기가 어렵다는 사실만큼은 인식하고 있었다. 그리고 다른 한편으로 이들은 인권의 기준을 높이고 사람들의 기대치를 높일수록 각국이 인권 약속을 제대로 지키기가 더 어려워진다는 딜레마 또한 인식하고 있었다.[26]

그다음 해 1945년 4월 유엔헌장을 채택하기 위해 샌프란시스코 회의가 열렸을 때에도 초기 유엔 가입국 51개 나라들이 인권에 대해 확고한 결의를 품고 있었던 것 같지는 않다. 그런데 천만다행으로 미국 대표단의 유일한 여성 단원이었던 버지니아 길더슬리브Virginia Gildersleeve 교수가 헌장에 '인권'을 포함하자고 강력하게 주장했다고 한다. 우여곡절 끝에 유엔헌장에는 전문과 본문에 인권이라는 말이 일곱 번 등장하게 되었다. 역사적인 이정표가 아닐 수 없었다. 하지만 국가는 그 속성상 인권과 같은 초국적·보편적 개념이 국가의 자율성과 주권을 침해할지도 모른다는 두려움을 늘 품고 있으며, 어떤 대가를 치르더라도 내정간섭을 허용하지 않으려 한다. 유엔헌장에 인권 관련 내용을 넣기로 결정되자 '인권 대 주권'의 논쟁이 벌어졌고, 결국 헌장의 제2조 7항에 "유엔은 그 회원국의 내정에 간섭할 수 없다"라는 반대 조항을 넣게 되었다. 또한 유엔헌장에 포함된 인권 조항은 산발적으로 거론되고 확실한 초점이 부족하다는 평을 받는다. 더 나아가 인권이 거론될 때에도 그것을 표제적programmatic으로 취급하는 데 그쳤다는 평도 받는다. 표제적이라는 말은 프로그램적 또는 목표지향적이라고도 번역되며, 법적 구속력을 지닌 의무 사항과 반대되는 의미로 사용되곤 한다. 어떤 목표를 지향하기는 하지만 당장 엄격한 구속력을 발휘하지는 못하는 개념이라는 뜻이다. 그만큼 유엔헌장에 나타난 '인권'은, 비록 그것이 선구적이고 중요한 의미를 지닌 것이었지만, 단지 미사여구에만 그칠 위험이 다분한 내용이었다.

유엔헌장 제정 과정에서 인권과 관련해 또 하나 중요한 점은 헌장 작성의 촉박한 기일 탓에 헌장 내에 국제권리장전을 포함하지 않기로 결정한 것이었다. 그 대신 유엔경제사회이사회UN Economic and Social Council 내에 인권을 증진하기 위한 유엔인권위원회UN Commission on Human Rights를 설립하기로 했다(헌장 제68조). 그 후 여러 비정부기구NGO의 압력에 힘입어 유엔경제사회이사회가 1946년 마침내 유엔인권위원회를 조직하기에 이르렀다. 이 위원회는 2006년 유엔인권이사회UN Human Rights Council로 대체될 때까지 유엔에서 인권 문제와 관련해 가장 중요한 기구로 활동했다. 유엔헌상에 서명한 나라들이 인권 증진에 노력하기로 서약했다고 하지만, 유엔헌장에 나오는 인권 조항을 각국이 지켜야 할 보편적 의무erga omnes가 있는가? 유엔헌장의 인권 규정이 미약하기는 하나, 그 대답은 '그렇다'다. 특히 '광범위하고 조직적인 인권침해', 예컨대 아파르트헤이트apartheid, 인종차별, 제노사이드genocide, 노예제, 고문 등에 대해서는 각국의 특별한 주의가 요망된다. 만일 이 중 한 가지라도 지키지 않는다면 유엔 회원국이 유엔헌장을 직접 위반하는 심각한 사태로 간주될 수 있기 때문이다.

전문 P7

원문 Whereas a common understanding of these rights and freedoms is of the greatest importance for the full realization of this pledge,

해석 **그런데 이러한 서약을 온전히 실현하려면 인권이 무엇인지, 또 자유가 무엇인지에 관해 모든 사람이 공통적으로 이해하는 것이 무엇보다 중요하다.**

이 단락은 얼핏 상식적인 이야기처럼 들린다. 인권을 잘 지키려면 인권이 무엇인지 사람들이 알아야 할 것이다. 너무나 당연한 소리 아닌가? 그러나 현실은 간단치 않다. 바로 이 때문에 세계인권선언을 만들면서 전문에 이 말을 넣은 것이다. 인권이 무엇인지에 대해 모든 사람이 동의하기가 쉽지 않고, 그것이 두고두고 골칫거리가 될 것임을 이 문장이 예언하고 있다고 해도 과언이 아니다. 인권이 도대체 무엇인지 확실치 않은 데다 "모든 사람이 공통적으로 이해하는" 하나의 인권관이 존재하는지는 더더욱 확실치 않다. 국제적으로 인정되는 인권규범을 인권의 기준으로 삼자고 하면 가장 간단할 것 같겠지만, 그것 역시 복잡한 문제를 안고 있다. 필자는 몇 년 전 『인권의 문법』이라는 책을 쓰면서 이런 문제점을 절실히 깨달았다. "요즘 인권이라는 말을 부쩍 많이 쓰고 있고 모두가 인권을 잘 아는 것 같이 보이지만, 자세히 들여다보면 서로 다른 눈높이, 관점, 방식으로 인권을 제각기 다르게 이해하고 있다. 모두가 인권을 서로 다르게 이해하면서도 그 차이점을 덮어두고 추상적인 차원에서만 인권에 동의하는 기현상이 벌어지고 있는 것이다."[27] 이 문제가 얼마나 중요한지는 바로 P7 단락이 전문의 전체 단락을 정리하면서 그다음 선포 단락과 이어주는 가교 역할을 한다는 점에서도 잘 드러난다. 어찌 보면 이 책 역시 세계인권선언이라는 텍스트를 통해 인권을 함께 이해해보려는 하나의 시도라 할 수 있다.

"모든 사람이 공통적으로 이해하는" 인권관이라는 표현은 즉각적으로 인권의 보편성과 상대성에 관한 논쟁을 불러일으키기 쉽다.[28] 지면의 한계로 여기서 이 논쟁을 자세히 다룰 수는 없지만, 하나의 주류적인 설명만 소개해보겠다.[29] 이 설명에 따르면, 모든 이론적 구성물이 다 그러하듯 보편성을 주장하는 인권 개념 역시 특정 문화라는 맥락 속에서 뿌리를 내리고 실현될 수밖에 없다(이런 말을 하는 저자가 인권의 '보편성'을 지지하는 학자임을 기억하자). 그러므로 인권이 특정 문화 속에 위치될 때에 세 가지 차원에서 생각의 차이점이 발생한다. 이 차이점은 중요도에 따라 순서가 매겨지는데, 가장 중요한 것부터 보자면 첫째, 어떤 것이 인권에 속하는지, 그것의 내용을 둘러싼 실질substance상의 논쟁이 있다. 둘째, 인권 목록에 속한 권리들을 어떻게 해석할지를 둘러싼 해석interpretation상의 쟁점이 있다. 셋째, 권리를 현실 속에서 구현하기 위해 어떤 방식을 써야 하는지를 둘러싼 실행 형태form상의 논쟁이 있다. 잭 도널리Jack Donnelly는 셋째 차원인 실행 형태의 차이점은 얼마든지 인정할 수 있고, 둘째 차원인 해석의 차이도 어느 정도 인정할 수 있으나, 첫째 차원인 인권의 실질은 문화를 초월해 전 세계가 공통적으로 이해하는 합의가 있어야 한다고 지적한다. 즉, 인권의 보편주의는 이러한 '유연한 상대주의'적 시각을 수용한 '유연한 보편주의'로 자리매김해야 한다는 말이다. 지나치게 딱딱한 '경직된 보편주의'와 극단적으로 교조화된 '경직된 상대주의'는 둘 다 인권의 실현에 장애가 될 수 있다는 경고인 셈이다.

인권의 보편주의와 상대주의 논쟁에 반드시 따라오는 추가 논쟁이 바로 인권 개념이 서구적 관점으로 편향되었다는 비판이다. 세계인권선언의 작성을 서구 국가들이 주도했으므로 그 표현이 어떻든 간에 세계인권선언은 서구의 관점을 대변하고 있다는 뜻이다. 하지만 세계인권선언의 작성에는 제3세계 국가들의 기여도 적지 않았고, 이들의 노력으로 세계인권선언에 많은 점이 반영되었다고 하는 연구도 나와 있다. 이 문제를 조사했던 수전 월츠Susan E. Waltz는 제3세계 국가들의 참여 덕분에 경제적·사회적 권리가 훨씬 더 부각되었고, 여성의 권리가 더욱 명료하게 표현되었으며, 차별에 관한 비판이 훨씬 강하게 개진되었고, 약소국도 국제질서 속에서 당당한 파트너임을 드러내게 되었으며, 식민 지배의 종식과 민족자결권에

대한 인식이 확실히 나타났다고 결론을 내린다.[30]

이처럼 여러 논쟁이 존재하지만, P7 단락에 숨어 있는 핵심적 메시지는 다음과 같다. 즉, 인권이 무엇인지 공통적으로 이해하려면 세계인권선언을 적극적으로 활용하고, 자주 인용하며, 그것을 실천에 옮기라는 것이다. 필자는 이 점이 세계인권선언의 독특한 인식론적 태도라고 생각한다. 선언을 만든 작성자들은 인권의 철학적 토대에 대한 순수 아카데미즘적인 접근, 인권의 이론적 전제에 대한 과도한 분석, 논쟁을 위한 논쟁polemics을 무척 싫어했던 것으로 보인다. 이는 그들이 순수 이론가 혹은 학자라기보다 각국 정부의 대표단이었고, 학자 출신이더라도 실용적 마인드를 지닌 인사가 많았기 때문일 것이다. 그리고 당시만 해도 서구의 압도적인 영향력 탓에 '보편'이라는 관점을 말 그대로 유치하게(!), 겁도 없이, 초문명적 보편성으로 이해하곤 했던 시대적 상황도 한몫했을 것이다. 또한 '인간이란 무엇인가'라는 식의 본격적인 이론 논쟁으로 들어가 버리면 세계인권선언 작성을 언제 끝낼 수 있을지 기약할 수 없는 상황이 올지도 모른다고 염려했던 탓도 있었을 것이다. 그러나 필자는 이보다 더 중요한 이유로서 ― 작성자들이 스스로 인식했든 인식하지 못했든 상관없이 ― 세계인권선언이, '인간을 존엄한 존재로 인정하고 서로 존중하며 살아가자'라는 직관적이고 상식적인 인간관을 제창하려고 했기 때문이라고 생각한다. 칸트식으로 표현하자면, "우리 인간은 어차피 서로 어울려 살아가야 하는 존재들"이므로 최소한 다음과 같은 권리는 서로 지켜주면서 살아가자, 그렇지 않으면 분란과 갈등과 비극이 생길 수밖에 없다는 최소주의적 접근 방식이 세계인권선언의 저변에 흐르고 있다는 것이다. 물론 우리가 비판적 이성을 포기해서는 안 되고, 그 어떤 상식성에도 의문을 던질 줄 아는 주체적 인간이 되어야 하겠지만, 세계인권선언의 정신은 인류 역사의 쓰라린 경험 속에서 도출된 '약간의' 공통분모, 인간 공존을 위한 '최소한의' 청사진을 제시하고 있는 것으로 이해하는 편이 본 텍스트의 지혜로운 독해 방식일 것이다. 세계인권선언이 나온 후 탈식민화의 흐름 속에서 이른바 '보편' 인권이라는 주장 속에 숨어 있는 제국주의적 편향이 새로운 비판의 대상으로 재발견된 것이 사실이다. 하지만 인간 해방이라는 보편적 투쟁의 관점에서 바라볼 때, 인권을 서구의 세계 지배 음모로 치부하는 관점 – 이것을 일종의 급진적 본질주의라고 불러보자 – 보다는, 애초 서구적 편향을 깔고 출발한 인권이라 하더라도 그것을 '진성한' 보편주의로 재구성하려는 의지가 우리에게 필요한 건설적이고 전향적인 태도가 아닐까 생각된다.•

필자가 미국의 한 대학에서 인권펠로로 있을 때 동료 중에 이란에서 온 여성 변호사가 있었다. 이란 정부의 박해를 받아 망명 생활과 같은 처지에 있던 인물이었다. 하루는 그와 이야기를 나누던 도중 세계인권선언이 화제에 올랐다. 이슬람권의 지식인으로서 세계인권선언을 읽으면 어떤 느낌이 드는지 필자가 물었다. 그랬더니 이 양반이 주저하지 않고 다음과 같이 대답하는 것이 아닌가. "당연히 서구의 문헌이죠!" 필자는 적잖이 놀랐다. 세계인권선언이 서구의 지적 계보상에 있는 문헌이라는 점은 부정할 수 없는 사실이다.•• 하지만 선언의 작성 과정에서 그런 색깔을 지우려고 무

• 저명한 비판적 역사가인 이매뉴얼 월러스틴(Immanuel Wallerstein)은 이런 관점을 '보편적 보편주의'라고 부른다(월러스틴, 2008).

•• 세계인권선언이 나온 직후 네덜란드의 국제법학자 판 아스벡(Baron F. M. Van Asbeck)은 세계인권선언이 다음과 같은 10가지 역사적 계보의 선상에 있다고 주장했다(Van Asbeck, 1949). 모두 서구의 문헌이다. '인신보호령'(1679, 영국), '권리장전'(1689, 영국), '버지니아 권리장전'(1776, 미국), '미국 독립선언문'(1776, 미국), '미국 연방헌법'(1787) 및 그 수정조항(1789, 1865, 1870, 1919, 미국), '프랑스혁명 인간과 시민의 권리선언'(1789, 프랑스), '네덜란드 왕국헌법'(1815, 네덜란드), '소련 헌법'(1936, 소련), '네 가지 자유' 연설(1941, 미국), '프랑스공화국 헌법' (1946, 프랑스).

척 애를 썼는데도 그렇게 대답하는 데 놀라지 않을 수 없었던 것이다. 이를 사회학적으로 설명하자면 세계인권선언에 표현된 인권은 서구, 특히 계몽주의 이래의 자연권적 전통의 아비투스Habitus 내에 위치해 있다고 할 수 있다. 그런데 그는 다음과 같은 말을 덧붙였다. "그렇지만 선언의 내용이 정당하다면 그것의 기원이 무엇인지는 핵심적인 문제가 아닙니다. 나는 개인적으로 세계인권선언에 나오는 내용을 이슬람의 가르침 속에서 발견할 수 있다고 믿습니다. 세계인권선언이 서구식 문헌이냐 아니냐가 문제의 핵심이 아니라, 그것을 우리가 어떤 식으로 '보편화'하느냐가 문제의 핵심이겠지요." 결국 이 문제의 궁극적인 해법은 우리 인간이 최소한의 품위와 예의로 서로를 대하면서 공존하려 할 때 요구되는 기본적인 조건이 무엇인지, 그리고 그러한 조건을 실현하기 위해 노력하는 것이 필요하지 않는지 하는 의문을 던져보는 데서 찾을 수 있을 것이다. 전문의 P7 단락은 그러한 의지론적 관점의 출발선으로 읽어야 마땅하다.

전문의 일곱 단락을 쉬운 영어로 정리한 문장을 소개한다. 앞으로 각 조항마다 쉬운 영어식 문장을 각 항목 설명이 끝나는 부분에 덧붙일 것이다.

쉬운 영어 | 전문 P1~P7

The General Assembly recognizes that the inherent dignity and the equal and inalienable rights of all members of the human family is the foundation of freedom, justice and peace in the world, human rights should be protected by the rule of law, friendly relations between nations must be fostered, the peoples of the UN have affirmed their faith in human rights, the dignity and the worth of the human person, the equal rights of men and women and are determined to promote social progress, better standards of life and larger freedom and have promised to promote human rights and a common understanding of these rights.

선포 P8

원문 Now, therefore,

The General Assembly,

Proclaims this Universal Declaration of Human Rights as a common standard of achievement for all peoples and all nations, to the end that every individual and every organ of society, keeping this Declaration constantly in mind, shall strive by teaching and education to promote respect for these rights and freedoms and by progressive measures, national and international, to secure their universal and effective recognition and observance, both among the peoples of Member States themselves and among the peoples of territories under their jurisdiction.

해석 따라서 이제, 유엔총회는

사회의 모든 개인과 모든 조직이 이 선언을 언제나 마음속 깊이 간직하면서 가르침과 배움을 통해 이러한 권리와 자유가 존중되도록 애써 노력하며, 국내에서든 국제적으로든, 전향적이고 지속적인 조치를 통해 이러한 권리와 자유가 보편적이고 효과적으로 인정되고 지켜지도록 애써 노력하기 위하여, 모든 인민과 모든 국가가 다 함께 달성해야 할 하나의 공통된 기준으로서 세계인권선언을 유엔 회원국의 인민뿐 아니라 회원국의 법적 관할하에 있는 영토의 인민에게 선포하는 바이다.

세계인권선언을 만들던 과정에서는 '국제international' 인권선언이라는 타이

틀이 잠정적으로 사용되었다. 그러나 선언문의 최종안을 도출하는 단계에서 'universal'이라는 용어로 자연스럽게 자리가 잡혔다. 'international'이라는 용어는 18세기 말 영국의 철학자 벤담이 국가들 사이의 법, 즉 국제법jus gentium이라는 라틴어 어휘를 영어로 번역하기 위해 '…… 사이'라는 뜻의 'inter'와 '국가'라는 뜻의 'nation'을 합쳐서 만든 18세기 말의 신조어였다. 그런데 '국제'라는 말 자체가 국가들 간의 관계를 지칭하는 뜻이 강했으므로 인권처럼 한 사람 한 사람에게 관심을 기울이는 사상을 표현하는 데는 부족함이 많았다. 따라서 'international' 대신 'universal'이라는 표현이 논리적으로 옳다고 하겠다. 한국, 중국, 일본 등 동아시아 한자 문화권에서는 이 선언을 모두 '세계世界' 인권선언이라고 번역하지만, '보편普遍' 인권선언이라고 부르는 것이 더 정확하다고 할 수 있다.

세계인권선언이 국가들 사이에서 조약을 통해 체결된 국제법 문헌이 아니라는 점은 이미 앞서 말했다. 그런데 P8 단락을 읽어보면 그 점이 확실히 드러난다. 우선 조약을 통해 나온 국제법 문헌에서 흔히 나타나는 국가의 이행 의무에 관한 언급이 없다. 그 대신에 "사회의 모든 개인과 모든 조직"이 인권 존중을 위해 "애써 노력"해야 한다고 말한다. 세계인권선언은 법적으로 강제할 수 있는 성격의 문헌이 아니라 우리 모두가 노력해서 달성해야 할 하나의 구성적 모델임을 인정한 것이다. 바로 이 지점에서 인권이 왜 단순히 법적 개념이 아니라 '정치적' 개념인지가 분명해진다. 모든 사람이 노력하기 나름에 따라 실현될 수도, 그렇지 않을 수도 있는 것이 인권이기 때문이다.

그리고 P8 단락에서는 세계인권선언을 선포하는 목표를 분명히 밝히고 있다. 첫째, 인권을 가르치고 배우게 하기 위해서다. 어떤 사람에게 "당신은 이러이러한 권리가 있습니다"라고 가르쳐주면 그 사람은 자신의 권리에 대해 각성하고 권리 의식을 가지게 될 것이다. 이런 식으로 자력화된 empowered 보통 사람들이 자기 사회 내에서 필요한 인권의 "공통된 기준"을 요구하게 될 때 인권이 제대로 힘을 발휘할 것이라는 뜻이다. 세계인권선언의 두 번째 목표는 인권과 자유가 보장될 수 있도록 "전향적이고 지속적인 조치"를 취하는 것에 있다. 여기서 'progressive'라는 용어를 잘 이해할 필요가 있다. 이 말은 '앞으로 나아가다'라는 뜻인데, 한국에서는 가끔 '점진적'이라고 번역되곤 한다. 하지만 '점진적'이라는 말은 '급격한 변화 없이 온건하게 조금씩 개선한다'라는 의미가 들어 있어서, 경제적·사회적 권리에 미온적인 사람들에게 자칫 면죄부를 줄 우려가 있다. 따라서 'progressive'의 정확한 의미가 '계속 앞으로 나아가다'라는 것임을 감안해 이 말을 '전향적이고 지속적인'이라고 번역하는 것이 옳다고 본다. 속도가 빠르든 느리든, 어쨌든 계속해서 더 나은 조치를 취하는 것이 인권의 본래 목표임을 재삼 강조할 필요가 있는 것이다.

P8 단락에서 또 하나 결정적으로 중요한 점은 당시 강대국의 식민지 보유 문제를 정면으로 제기했다는 것이다. 제2차 세계대전이 끝나고 한참 후인 1947년 말부터 유엔에서는 식민지 문제가 정식으로 거론되기 시작했다. 유엔은 1945년 창설 당시 51개 회원국으로 출발했고, 1948년 세계인권선언이 채택될 당시 회원국 수는 모두 58개국이었다. 그중에서 아프리카와 아시아 국가는 극소수였고, 이 지역의 대다수 영토가 여전히 식민 통치하에 놓여 있었다. 인권의 민족자결 원칙을 대단히 민감하게 받아들였던 소련이 세계인권선언의 문안에 이런 현실을 확실히 반영하자고 주장했다. 소련 측은 '신탁통치령과 비자치령'에서도 인권이 보장되어야 한다고 강하게 밀어붙였다. 이후 제2조를 설명하는 부분에서 다시 언급하겠지만, 식민지를 보유하고 있던 제국주의국가들은 당연히 그러한 주장에 반

대했다. 특히 제국주의 정책의 원조였던 영국과 프랑스가 난색을 표했다. 결국 타협이 이루어져 "유엔 회원국의 인민뿐 아니라 회원국의 법적 관할하에 있는 영토의 인민"이라는 표현을 쓰기로 했고, 아울러 "모든 국가"뿐 아니라 "모든 인민"이라는 표현도 포함되었다. 지금의 시각으로 보면 상당히 미흡한 표현처럼 보이지만, 당시만 해도 식민지를 보유하던 세력에게 세계인권선언의 전문 선포 단락에 이런 구절을 넣는다는 것은 눈엣가시와도 같았고, 인권에 찬성하면서도 식민지를 둔 자신들의 이율배반적인 태도를 만천하에 드러내는 굴욕이나 다름없었다.

선포 단락에서 강조하는 교육의 중요성, 그리고 인권을 위한 전향적·지속적 조치의 중요성, 이 두 가지는 1948년 이후 전 세계 인권운동의 두 가지 경향을 상징적으로 보여준다. 우선 이 기간에 인권교육에 대한 관심이 지속적으로 늘어났다. 인권에 관한 연구와 교육이 폭발적으로 늘어났고, 인권 관련 저술도 엄청나게 쏟아져 나왔다. 유엔은 1995년부터 2004년까지를 '유엔이 정한 인권교육 10년' 기간으로 선포했고, 이 시기에 각 교육기관에는 인권 관련 학과, 과목, 연구소 등이 생겨났다. 필자는 2001년 국가인권위원회의 창립 과정에 관여한 적이 있는데, 당시 국가인권위원회의 주요 업무로서 인권교육을 다뤄야 한다고 내부적으로 공감대가 이루어졌던 기억이 지금도 생생하다. 그 후 경찰 인권교육에도 참여하면서 인권 개념을 거의 처음 접해보는 집단에 '인권'이라는 말 자체가 주는 지적 충격이 적지 않다는 것을 실감하기도 했다. 인권교육은 초·중등학교 그리고 대학에서도 중요하게 취급되어야 함은 물론이고, 모든 교육기관 그리고 특히 법 집행 공직자, 사관생도, 정보기관원, 군대의 장교와 사병에게도 시행되어야 한다. 그런 교육을 통해 인권의 기초적인 내용이라도 접해본 사람과 그렇지 못한 사람의 차이는 대단히 클 수밖에 없다. 인권은 공부할수록 느껴지는 바가 있다. 또한 한 사람이라도 더 교육을 통해 인권의식에 눈을 뜰수록 그 사회의 인권이 증진된다.[31] 최근 검찰 개혁에 관한 논의가 많은데, 그런 논의를 듣노라면, 법을 다루는 법조인이 근본적으로 인간의 존엄성에 대한 공감과 인식을 지니지 못한 상태에서, 단순히 제도 개선만으로 큰 변화를 가져오기는 어려울 것이라는 생각이 들곤 한다.[32] 그런 취지에서 볼 때, 법조인을 양성하는 과정에서 윤리교육은 매우 중요한 자리를 차지해야 하고, 법조 윤리교육의 핵심은 인권론이 되어야 할 것이다.[33]

또한 인권 실현을 위한 전향적인 조치를 국가에만 맡겨놓을 수 없다는 깨달음에 힘입어 전 세계적으로 인권 NGO, 인권운동이 엄청나게 늘어났다. 1970년대에 남한, 필리핀, 인도네시아 등지의 인권 상황을 모니터하는 인권운동이 아시아권에서 일어났고, 1975년에는 '헬싱키협정'으로 소련권 내 인권운동이 시발되었다. 1970~1980년대에는 라틴아메리카에서 벌어진 인권침해인 이른바 '더러운 전쟁Guerra Sucia'•에 맞서는 인권운동이 활발히 일어났고, 1990년대에는 중국을 비롯한 아시아권에서 다시 인권운동이 퍼졌다. 지구화 경향 속에서 인권운동은 대단히 폭넓은 대중을 동원하면서 21세기의 주도적인 사회운동으로 진화하는 중이다. 이 모든 움직임의 토대에 세계인권선언의 정신이 깔려 있음을 우리는 상기할 필요가 있다. 기네스북에 따르면, 세계인권선언은 세상에서 가장 많은 언어로 번역된 문서다(2011년 11월 현재 382개 언어로 번역되었다).[34] 이 선언의 전 지구적 영향력을 말해주는 통계가 아닐 수 없다.

• **더러운 전쟁**이란 1976년에서 1983년까지 아르헨티나에서 군사정권이 테러, 조직적인 고문, 강제 실종, 정보 조작을 자행한 것을 일컫는다. 학생이나 기자, 페론주의 또는 사회주의를 추종하는 게릴라, 이에 동조한 이들이 주된 피해자다. 당시 최소 9,000명에서 최대 3만 명에 달하는 사람이 실종되거나 살해된 것으로 추정된다. 더러운 전쟁은 당시 남미 전체에서 감행된 대규모 인권유린 사태를 일반적으로 지칭하는 데 사용되기도 한다.

인권과 평화 사이에는 근본적인 연관성이 있다.

만인의 권리가 존중될 때 지상의 평화가 올 것이다. — 존 험프리

제 3 장
인권의 토대

세계인권선언의 제1조와 제2조는 구체적 권리를 규정한 조항이 아니다. 이들은 건물의 계단 아래쪽에 있는 밑바탕, 즉 건물 전체의 토대(또는 기단)를 이룬다. 전문의 계단 그리고 제1조부터 제2조까지의 토대를 합쳐서 '일반조항'이라고 부른다는 것은 앞서 설명했다. 전문과 제1조, 제2조에는 얼핏 보아 비슷한 내용이 들어 있다. 그러므로 중복되는 내용을 왜 따로 넣었을까, 차라리 제1조와 제2조를 전문에다 한꺼번에 몰아둘 수도 있지 않았을까 하는 의문을 품을 만하다. 그러나 제1조와 제2조에 표현된 내용이 일반적인 원칙이기는 하지만, 그것의 중요성을 감안해 본문 내에서, 그것도 본문의 맨 앞에서 한 번 더 강조하기로 결정했던 것이다. 제1조에 나오는 존엄성, 평등, 자유, 형제애(우애)는 인권의 토대를 이루는 벽돌이라 할 수 있다. 이 중에서 평등은 인권의 근본 전제를 이룬다는 점을 감안해 제2조에서 차별 금지라는 형식으로 재차 되풀이된다. 제1조에서의 평등은 선언적이고 적극적으로positive 규정된 반면, 제2조에서의 평등은 제1조에서의 선언을 구체적으로 실천하는 방법으로서, 그리고 '차별하지 마라'고 하는 금지 명령을 통해 소극적으로negative 규정된다. 요컨대 제1조와 제2조에 나오는 존엄성, 평등(차별 금지), 자유, 형제애, 이렇게 4대 가치가 인권의 토대를 이루는 것이다.

제1조 | 인간의 존엄·평등·자유·형제애

제2조 | 모든 차별 금지

제1조
인간의 존엄 · 평등 · 자유 · 형제애

원문 All human beings are born free and equal in dignity and rights. They are endowed with reason and conscience and should act towards one another in a spirit of brotherhood.

해석 모든 사람은 자유로운 존재로 태어났고, 똑같은 존엄과 권리를 가진다. 사람은 이성과 양심을 타고났으므로 서로를 형제애의 정신으로 대해야 한다.

세계인권선언을 만들 때 가장 많은 논쟁이 이루어지고 가장 많은 시간을 들였던 조항이 제1조다. 실제 세계인권선언 작성 과정의 속기록을 보면 첫날, 첫 시간, 최초 발언자였던 말리크가 "인간이란 무엇인가"라는 도발적인 질문을 제기해 오랫동안 철학적인 격론이 오갔다고 한다. 당시 마흔 살밖에 안 된 철학박사 말리크가 자기보다 나이 많고 경험 많은 위원들 앞에서 일장 연설을 했으니 다른 위원의 반응이 어떠했을지는 가히 상상할 만하다! 필자가 인권수업 시간에 늘 느끼는 것이지만, 인권을 이야기할 때에는 거의 언제나 "인권이란 무엇인가"라는 근본적이고 심오한 질문이 나오기 마련이고, 그 질문에 대한 응답은 거의 언제나 격렬한 토론으로 이어지기 일쑤다. 그만큼 인권을 둘러싼 철학적·정치적 질문은 그 성격이 민감하고 논쟁적이며 쉽게 합의하기 어려운 부분이기도 하다.

제1조는 흔히 세계인권선언의 '초석cornerstone'이라는 별명으로도 부르며, 제1조와 제2조를 합쳐 '토대foundation' 또는 '기단'이라고 부르곤 한다. 제1조에서는 인간의 평등을 적극적으로 선언하며, 제2조에서는 인간의 평

등을 '차별 금지'라는 식으로 소극적으로 선언한다. 그런데 제1조는 전문 P1 단락과 흡사한 느낌을 준다. 그리고 P1 단락과 비슷하게 프랑스혁명의 '인간과 시민의 권리선언'에 나타난 함성을 마치 '역사의 되울림'처럼 그대로 간직하고 있다.[1] 필자가 보기에 세계인권선언의 제1조야말로 선언이라는 형식에 가장 적합한 내용과 형식을 갖춘 조항이다. 별다른 설명이 필요 없는

© Octavio Roth, UN

자명한self-evident 진리를 제시하고 있기 때문이다. 바로 이 점이 세계인권선언과 그 후 많이 생겨난 국제인권법들을 구분하는 지점이기도 하다. 세계인권선언은 인권의 도덕적 포부를 힘주어 '외친 문헌declaration'인 것이고, 그 후의 국제인권법들은 선언에 나온 도덕적 포부를 법적 형태로 정교하게 성문화codification한 것이기 때문이다.

제1조에 나온 "모든 사람은 자유로운 존재로 태어났고"라는 말, 그리고 "똑같은 존엄과 권리를 가진다"라는 말은 그리 간단히 결론이 나지 않는 논쟁의 대상이 되었다. 정말 인간이 문자 그대로 자유롭게 태어났는가? 정말 모든 인간이 똑같이 존엄하고 평등한가? 그렇다면 왜 누구는 힘들게 고통을 받으며 살고, 누구는 호사를 누리며 안락하게 살 수 있는가? 여기서 우리는 서술적 묘사와 규범적 묘사를 구분할 수 있어야 한다. 제4조에서도 나오지만, 제1조에서 말한 바는 모든 인간이 이 세상에서 실제로 자유롭고 평등하게 살고 있다는 현실을 서술한 것이 아니라, 하나의 규범적 이상으로서 그렇게 되어야 한다는 말을 강조한 것이다. 이것을 말리크는 "어떤 개념을 이해하기 위한 차원에서의 수사적 장치"라고 말했다. 루소

도 이러한 상황을 『사회계약론Du contrat social』(1762)의 제1장 1절에서 다음과 같이 묘사했다. "인간은 자유로운 존재로 태어났지만, 어디에서나 사슬에 묶여 있다Man is born free; and everywhere he is in chains."[2] 제1조에서 "태어났다"라는 말조차 논란을 피해 가지 못했다. 이 말이 문자 그대로 인간의 생물학적 탄생을 의미하는 것인지, 아니면 도덕적 은유로 쓰였는지가 애매모호한 것이다. 이런 논란은 단순히 논쟁을 위한 논쟁이 아니라 대단히 심각한 현실적 함의도 담고 있다. 예를 들어, 임신중절(낙태)을 둘러싼 논쟁에서, 인간 탄생을 생물학적으로 이해할 것인지, 아니면 은유적으로 이해할 것인지 하는 문제가 태아의 생명권과 여성 본인의 자기결정권right of self-determination을 갈라놓는 결정적 기준이 될 수 있다. 솔직히 말해, 이 점은 인권론에서 아직 해결되지 않은 난제 중의 난제이고, 앞으로도 쉽게 결론이 나지 않을 가능성이 큰 영역이다.

제1조는 앞 문장의 주장을 뒤 문장이 뒷받침해주는 형식으로 이루어져 있다. 이것을 쉽게 풀어보면 다음과 같다. "인간은 자유롭고 평등해야 할 존재다. 왜냐하면 인간은 이성과 양심을 타고난 존재이기 때문이다. 그러므로 우리 인간은 서로 형제처럼 사이좋게 지내야 한다." 따라서 '이성과 양심'은 앞 문장의 규범적 내용을 정당화하는 근거로 제시된 답이라 할 수 있다. 이성reason이란 인간의 행위를 인도해주는 지성적 능력이다. 그리고 양심conscience이란 인간의 내적 동기와 외적 행위를 판별할 수 있는 도덕적 자질을 말한다. 제1조에서는 인간이 이러한 자질을 '타고났다endowed'고 표현함으로써 이성과 양심이 인간의 본성이라고 주장한다. 다시 말해, 이성과 양심을 타고났는지 여부가 인간과 비인간을 가르는 결정적 구분점이고, 그것이 인간만의 특성이라는 것이다. 따라서 '이성과 양심'은 인권 독트린의 가장 기본적인 근거가 된다. 물론 이성이니 양심이니 하는 말이

자명한 진리인 것만은 아니다. 여기에도 아주 복잡한 문제가 깔려 있다. 예컨대 인간을 이성을 지닌 존재로 규정한다면, 이성을 잃었거나 이성적 능력이 없이 태어난 사람은 어떻게 해야 될까? 역사적 사례도 있다. 나치는 이성을 잃은 인간은 인간으로 볼 수 없다는 교묘한 논리를 들면서 불치병자나 정신질환자를 안락사하는 정책을 미리 펴본 다음, 충분한 '경험'을 축적한 상태에서 집단학살 홀로코스트 정책을 대규모로 시행했다.[3] 그러므로 제1조에서 '이성과 양심'을 거론한 것이 인간 존재를 규정할 수 있는 절대적 판단 기준이라고 주장한 것은 아니라고 봐야 옳을 것이다. 오히려 인간은 서로가 '이성과 양심'을 타고났다고 원칙적으로 '추정'하는 편이 형제애의 정신으로 처신하는 데 도움이 된다. 즉, 이성과 양심이, 형제애를 발휘하는 데 필요한 가교 역할을 한다고 보는 편이 옳을 것이다.

'양심'이라는 용어 역시 많은 토론을 거쳐야 했다. 선언문 작성위원회의 중국 대표였던 장펑춘은 '이성'과 함께 짝으로 들어가는 개념이 필요하다고 하면서 '인仁' 개념을 제시했다. 그는 '인'을 공감 능력 또는 타인의 존재를 인식하는 능력이라고 설명하면서, 인간은 홀로 선 존재가 아니라 '상대방을 고려할 줄 아는 마음two-man mindedness'을 지닌 관계론적 존재라고 주장했다. 그의 설명에 따르면, '인'이란 사람人이 둘二 있을 때 서로 사이에서 생겨나는 의식, 즉 타인의 존재를 인식하고 타인의 마음에 공감하며 동정할 줄 아는 의식이다.[4] 그런데 '인'을 영어로 'conscience'라고 번역한 것이 제안자의 원래 의도에 부합한 것이었는지에 대해서는 지금까지도 논란이 있다.[5] 『논어論語』의 「안연顏淵」편에 보면 공자의 제자 번지樊遲가 공자에게 '인'이 도대체 무엇입니까 하고 묻는 대목이 나온다. 이 질문에 대해 공자는 "사람을 사랑하는 것愛人"이라고 딱 잘라 대답한다.[6] 과연 성현답게 간결하면서도 정곡을 찌르는 답변이 아닐 수 없다. 그래서 필자는 이 부분을 원래의 취지대로 "사람은 이성 그리고 타인을 사랑할 줄 아는 어진 마음을 타고났다"라고 번역해도 무방하다고 본다.

그런데 인간이 단지 '이성과 양심'을 지녔기 때문에 자유롭고 평등한 존재라고 선언한 것이 철학적으로 근거가 있는가 하는 질문이 선언의 작성 과정부터 지금까지 수없이 제기되었다. 두 가지 상반되는 견해가 대립했다. 우선 소련 측 대표는 이성이니 양심이니 하는 추정적이고 사변적이고 추상적인(그러므로 부르주아적인!) 개념을 제1조에 넣는 것 자체를 반대했다. 따라서 이 조항을 아예 삭제하자고 제안했다. 반대로 이 조항을 철학적으로 더욱 엄밀하게 규정하고 싶어 했던 사람들은 '이성과 양심' 대신 '자연nature'이 인간에게 자유와 평등을 부여했다는 말을 넣고 싶어 했다. 자연법·자연권에 대한 지식이 있는 사람이라면 이 제안이 어떤 효과를 의도했는지 당장 알 수 있을 것이다. 즉, 그렇게 되면, 계몽주의 이래의 이신론적 전통, 다시 말해 초월적 분위기가 강하게 풍기는 철학적 논거가 생기는 셈이었다. 세계인권선언이 지역적 특성이나 문화적 특성으로부터 자유로운 문헌이 되기를 원하던 측에서는 받아들이기 어려운 제안이었다. 결국 'nature'를 넣자는 제안은 수용되지 않았고, 이 조항 전체를 삭제하자는 주장 역시 받아들여지지 않았다. 그 결과 세속성을 유지하면서도 추상적인 인간관을 견지한 절충안이 채택되는 결과가 초래되었다. 당시로서는 최선의 타협이었다고 생각되지만, 이는 인권의 토대를 둘러싸고 영원히 지속될 논쟁의 불을 지폈다.

마지막으로 젠더를 의식한 용어 선택 논쟁이 있었다는 점을 지적해야 하겠다. 원래 제1조의 초안에서는 "All men are born free"라고 되어 있었지만, 여성 대표들의 주장에 따라 'men'이 'human beings'로 바뀌었다. 하지만 형제애brotherhood에 대해 자매애sisterhood라는 말을 나란히 적어야 하는지 여부는 결국 간단하게 '형제애'만 넣기로 결정되었다. 어쨌든 이 부분은 인류의 협동을 강조한 문장으로 유명하다. 서로 존중하고respect 서로 참고 이해하며tolerance 서로 협력해야cooperation '더 큰 자유' 속에 살 수 있음을 주장하기 때문이다. 이러한 관점은 경쟁 만능의 현시대에서 시대착오적인 것으로 들릴지도 모른다. 하지만 요즘 들어 협력과 상호 이해의 가치는 재발견되고 있다. 새뮤얼 볼스Samuel Bowles 같은 경제학자는 인간을 이기적 존재로 간주해온 주류 경제학이 완전히 틀렸다고 하면서, '호혜적 이타성'이 오히려 인간 본성에 더 가깝다고 주장한다.[7] 필자는 볼스와 같은 사람이야말로 세계인권선언의 정신을 다양한 분과학문 내에서 나름대로 천착해가는 진정한 인권적 지식인이라고 생각한다.

쉬운 영어 | 제1조

When children are born, they are free and each should be treated in the same way. They have reason and conscience and should act towards one another in a friendly manner.

토론거리

__ 인간이 이성과 양심을 타고났다는 사실을 현실의 경험 속에서 예를 들어 설명해 보자.

__ 형제애의 정신을 경제활동에 적용했을 때 어떤 사례가 있을 수 있는가?

더 읽을거리

인권의 정치사상: 현대 인권 담론의 쟁점과 전망 김비환 외 | 이학사 | 2010

인권을 외치다 류은숙 | 푸른숲 | 2009

인권의 발견 윌리엄 J. 탤벗 | 은우근 옮김 | 한길사 | 2011

만물은 서로 돕는다: 크로포트킨의 상호부조론 표트르 알렉세예비치 크로포트킨 | 김영범 옮김 | 르네상스 | 2005

인권: 민중의 자유와 권리 한상범 | 교육과학사 | 1991

제2조
모든 차별 금지

원문 Everyone is entitled to all the rights and freedoms set forth in this Declaration, without distinction of any kind, such as race, colour, sex, language, religion, political or other opinion, national or social origin, property, birth or other status.
Furthermore, no distinction shall be made on the basis of the political, jurisdictional or international status of the country or territory to which a person belongs, whether it be independent, trust, non-self-governing or under any other limitation of sovereignty.

해석 모든 사람은 인종, 피부색, 성, 언어, 종교, 정치적 견해 또는 그 밖의 견해, 출신 민족 또는 사회적 신분, 재산의 많고 적음, 출생 또는 그 밖의 지위에 따른 그 어떤 종류의 구분도 없이, 이 선언에 나와 있는 모든 권리와 모든 자유를 누릴 자격이 있다.
더 나아가, 어떤 사람이 속한 곳이 독립국이든, 신탁통치령이든, 비자치령이든, 그 밖의 어떤 주권상의 제약을 받는 지역이든 상관없이, 그곳의 정치적 지위나 사법관할권상의 지위 혹은 국제적 지위를 근거로 사람을 구분해서는 절대로 안 된다.

제2조의 키워드는 두 가지, 즉 차별 금지와 자기결정권이다. 이 조항을 만들 때 유엔인권위원회는 유엔의 다른 기구였던 차별방지 및 소수자보호 소위원회의 도움을 받았다. 세계적인 인권문헌으로서 차별을 명시적으로

반대했던 최초의 문헌은 유엔헌장이다. 그 전의 국제연맹규약Covenant of the League of Nations에서는 차별에 관한 규정을 넣는 데 실패했다. 많은 사람은 국제연맹에서 차별을 강하게 금지하지 못한 것이 그 후 파시즘의 등장에 일조했다고 믿는다. 유엔헌장에서는 '차별'이라는 표현을 직접 쓰지 않았지만, 전문에서 "모든 사람의 평등한 권리에 대한 믿음을 재확인한다"라고 함으로써 보편적인 반차별 원칙을 분명히 밝혔다. 이후 세계인권선언에서는 '차별discrimination'이라는 말을 네 번, '구분distinction'이라는 말을 두 번 사용해 인간평등과 차별 금지가 인권의 근본전제임을 더욱 구체적으로 강조했다.

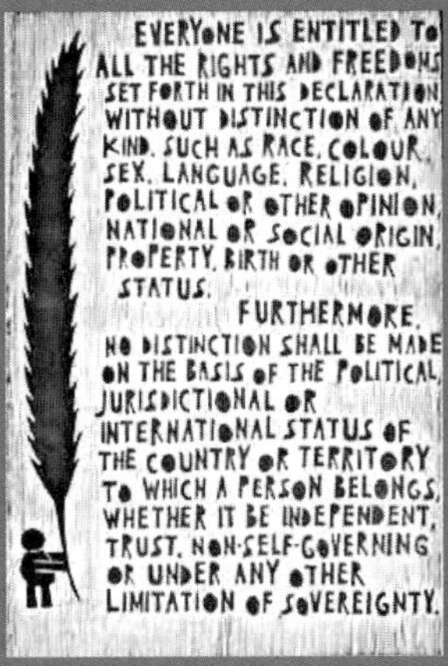

© Octavio Roth, UN

이 조항에서 차별의 근거가 되는 사례로서 "인종, 피부색, 성, 언어, 종교, 정치적 견해 또는 그 밖의 견해, 출신 민족 또는 사회적 신분, 재산의 많고 적음, 출생 또는 그 밖의 지위" 등 모두 12가지를 들고 있다. '인종, 성, 언어, 종교'를 열거한 유엔헌장보다 훨씬 많은 예를 든 것이다. 하지만 여기서 열거된 항목도 차별 근거의 전부는 아니며, 단지 예시일 뿐이다. "그 어떤 종류의 구분도 없이"라는 말에서 알 수 있듯이, 시간이 지나면서 그전에는 생각하지 못했던 차별, 그전에는 당연하게 받아들였지만 나중에 새롭게 '발견'된 차별에 대해서도 동일하게 반차별의 원칙을 견지해야 한다. 세계인권선언 채택 이후에 중요한 차별 사례로 등장한 추가 내용이 꽤 있다. 예컨대 성적 지향, 장애인, 학력과 학벌, 자녀 양육, 결혼 여부, 나이, 군 복무 여부 등 새로운 차별 사례가 속출하고 있으며, 앞으로도 이는 계속될 것이다. 국가인권위원회에서 다루는 진정 건수 중에서 차별과 관련된 내용이 굉장히 많은 것도 인권의 토대가 바로 '평등과 차별 금지'이기 때문이라고 할 수 있다. 차별 금지 항목 중에는 세계인권선언 이후 독자적인 국제인권법으로 발전한 것도 많다. 인종차별철폐협정(1969), 여성차별철폐협정(1979), 장애인권리협정(2006) 등이 대표적이다.

미국에서 공부한 어떤 사회복지 전문가에게서 들은 이야기다. 그가 사회복지 상담 업무를 배우는 과정에서 클라이언트를 절대 차별하지 말라는 교육을 철두철미하게 받았다고 한다. 형식적으로 차별하지 않는 것은 물론이고 클라이언트를 그 어떤 선입견이나 가정이나 고정관념도 두지 말고 완전한 백지상태에서 그저 한 인간으로서만 대하라는 훈련이었다. 그래서 그는 흑백, 남녀, 노소, 빈부 등 어떤 범주도 상정하지 않고 인간을 그저 똑같은 인간으로만 대하는 훈련을 받았다. 그 결과로 자신의 관점과 행동이 그런 식으로 변한 것은 물론이었다. 그런데 그는 나중에 귀국했을 때 그런 훈련이 자신에게 엄청난 불이익으로 다가오더라고 했다. 잘났든 못났든, 나이가 많든 적든, 부자든 빈자든, 남자든 여자든, 높은 사람이든 보통 사람이든 가리지 않고 무조건 똑같이 대해주다 보니 사람들에게 오해를 받기 일쑤였고, 주변에서는 "저 사람 좀 이상한 것 아냐" 하는 식의 조롱을 듣기도 했다고 한다. 시간이 지나면서 다시 한국 사회의 '정상적인' 차별 문화에 익숙해졌지만, 그때의 일을 생각하면 여전히 씁쓸하다고 한다. 제2조에 예시된 모든 차별을 여기에서 일일이 설명할 수는 없지만, 이 사람의 말만 들어보더라도 우리 사회에서 차별은 뿌리가 깊고, 문화적인 차원에서까지 철저히 위계화되어 있음을 알 수 있다. 법원이나 국가인권위원회에서 다루는 차별 사례는 빙산의 일각일 따름이다. 한 가지 예를 들어보자. 과거에는 요즘처럼 나이를 구분해서 선배와 후배를 가르는 풍습이 오히려 덜했다는 증언이 있다. 예닐곱 살 정도 차이 나는 사이에서는 그냥 친구처럼 지내는 경우도 많았다는 것이다.[8] 21세기 한국 사회가 과거보다 더 철저하게 연령에 따라 서열화된 사회로 퇴행했다는 사실은 도대체 무엇을 의미할까? 이것이 정상적인 사회발전일까?

제2조와 함께 세계인권선언의 제7조도 법 앞의 평등을 강조한다. 그래서 제2조와 7조를 세계인권선언 전체를 관통하는 반차별 원칙의 '텍스트적 지지대textual anchor'라고 한다. 평등 및 반차별 조항이 특히 강조된 데에는 무엇보다도 제2차 세계대전의 영향이 컸다. 나치 정권을 한마디로 표현하면 극단적인 차별 정권이라 할 수 있다. 차별에 근거해서 엄청나게 많은 사람을 추방하고 학살한 극단적인 차별 권력이었다.[9] 종교·문화·민족(유대계, 집시족), 국적(폴란드), 정치적 견해(공산주의, 사회주의, 민주주의, 노동운동), 신체적 능력(장애인, 노령자), 성적 지향(성소수자) 등에 근거한 차별을 통해 역사상 유례가 없는, '산업형 학살'을 자행한 권력이었다.[10] 이런 차별로 치가 떨리는 사건을 경험한 사람들이 세계인권선언을 만들었을 때 만인의 평등과 차별 금지를 강조하고 또 강조했던 것은 너무나 당연한 일이었을 것이다.

여기서 두 가지 질문을 해볼 수 있다. 첫째, 차별 금지는 일종의 '반엘리트주의'를 의미하는가? 만일 엘리트주의가 정치적으로 불투명하고 정당성도 결여된 소수 파워엘리트의 과두 지배를 의미한다면, 그 대답은 '그렇다'다.[11] 인권의 반차별 원칙은 그런 식으로 책무성이 결여되고 반민주적인 권력 독점을 원천적으로 반대하는 원칙이다. 더 나아가, 반차별 정신을 논리적으로 최대한 밀고 나간다면, 그것은 모든 독점구조의 해체에 기반을 둔 급진적 민주주의 사상으로 귀결될 수 있다.[12] 둘째, 반차별적 평등과 동일화homogenization는 같은 것인가? 대답은 '아니다'다. 예를 들어 반차별은 어떤 집단적 정체성을 없애라는 말이 아니다. 성별이나 나이나 피부색이 다르더라도 서로 존중하고, 설령 싫은 점이 있더라도 인내하고 대범하게 대우해주라는 말이다. 또한 자신이 속한 그리고(또는) 선택한 정체성을 지킬 수 있도록 허용해주고, 또 그 사람은 자신의 정체성을 남에게 강요하지 말아야 한다는 것이다.

세계인권선언의 반차별 조항에서, 그 유명한 기회균등equal opportunity 사상이 도출되었다. 그런데 차별을 용납하지 않는 기회균등이 차이점 자체를 반대한다는 뜻은 아니다. 그래서 '차이difference'와 '차별discrimination'이 다르다고 하는 것이다. '차이'를 인정(구분)하면서도 '차별'을 금지한다는 것은 구체적으로 무엇을 의미하는가? 예컨대 고용주는 자기 업체에서 필요한 능력을 가진 사람을 골라서 고용할 수 있다(구분 가능). 그러나 '필요한 능력'이라는 조건 외에 다른 이유, 예를 들어 성별이나 외모를 이유로 고용에 차별을 두어서는 안 된다. 그렇다면 어디까지가 '구분'이고 어디부터가 '차별'인지 어떻게 판단할 수 있을까? 우선 '구분'을 하는 합당한 이유가 있어야 한다. 다시 말해 구분을 하는 데 객관적이고 합당한 정당성이 있어야 한다. 그리고 구분을 해야 하는 목적과 구분을 하는 방식 사이에 타당한 비례관계가 입증되어야 한다. 꼭 필요할 경우 구분을 할 수도 있겠지만, 그것을 핑계로 무조건 구분을 일상화하는 것은 용납되지 않는다. 그리고 역사적으로 '차별'을 받아온 전례가 있는지도 판단해보아야 한다. 유색인종이나 여성이 대표적인 경우다. 이런 집단에 대한 차별을 판별할 때에는 역사적 경험을 바탕에 깔고 접근하는 신중함이 필요하다.

기회균등은 다시 '형식적 기회균등'과 '공평한 기회균등'으로 나뉜다. 전자는 차별받지 않고 공정하게 경쟁할 수 있는 기회를 부여받는 것을 의미한다. 후자는 이보다 더 진전된 내용으로서, 타고난 재능과 성장 환경이 다를 경우 아무리 기회가 공정하게 주어져도 경쟁의 결과가 불공정하게 나타날 수 있다는 태도를 취한다. 이 경우 단순한 차별 금지 조치만으로는 부족하고 국가가 적극적으로 어떤 평등정책을 시행해야 진정한 공평 사회라 할 수 있다고 한다.[13]

반차별 원칙을 추상적 차원에서 지지하기는 쉽지만, 그것을 실천하기는 결코 쉽지 않다. 소련 대표단이 반차별 조항을 선언에 반영하자고 적극 주장하고, 뉴질랜드 대표단이 그것을 본문에 넣자고 하여 제2조가 성립되었다. 그런데 소련 측은 "정치적 견해 또는 그 밖의 견해"를 차별 예시 항목에 넣는 것에는 반대했다. 반공 사상 또는 부르주아 사상을 소련 내에서 공공연하게 허용할 수 없었기 때문이다. 반차별 원칙과 모순되는 태도라 할 수 있다. 그래서 미국을 비롯한 자본주의 진영에서는 소련의 주장을 일축하고 정치적 견해 부분을 차별 조항에 집어넣었다. 여기까지는 논리적으로 옳았다. 하지만 그렇게까지 반차별을 지지했던 미국이 그 후 매카시즘의 광기 속에서 정치적 견해에 근거한 극단적인 차별을 자행했던 것을 우리는 잘 기억하고 있다. 반차별을 주장할 때는 언제고, 마녀사냥을 한 것은 또 무엇인가? 이런 예만 보더라도 차별 금지의 원칙과 실천이 현실에서 양립하기가 참으로 어렵다는 것을 알 수 있다. 이보다 더 골치 아픈 현실도 있다. 차별을 적극적으로 지지하는 정치적 견해에 대해서도 반차별 원칙에 근거해 그것을 관용해주어야 할까? 이민자를 증오하고 그들을 박해해야 한다고 부추기는 극우파의 선전선동을 허용해주어야 할까(반차별 원칙에 부합되도록), 아니면 금지해야 할까(반차별 원칙을 어기더라도)? 이런 문제는 이른바 '증오의 언어hate speech'를 언론의 자유와 표현의 자유 영역 내에 포함할 수 있는가 하는 복잡한 논쟁을 불러일으켰다. 즉, 언론의 자유와 표현의 자유를 이용해 타인의 권리를 침해하는 행동을 어느 선까지 허용할 수 있을까 하는 것이다. 이 질문에 대한 가장 간단한 답변은 타인의 권리를 파괴하려는 권리 주장은 허용될 수 없다는 것이다. 이 문제는 제8장에서 다시 자세하게 다룰 것이다.

제2조의 둘째 단락은 인민의 자기결정권에 관한 문제다. 『옥스퍼드영어사전』에 따르면, '인민people'이란 "역사나 전통 등의 이유로 하나의 공동체, 민족 또는 국가를 구성한 사람들"이다. 따라서 여러 사람으로 구성된 단위이더라도 하나의 인민은 단수로 보아 'a people'이라고 표현하며, 'peoples'라고 복수로 표현하면 '여러 인민들'을 지칭하게 된다. 인민의 자기결정권에 대해서는 이미 전문의 선포 P8 단락에서 대략적으로 살펴보았다. 전쟁이 끝난 1945년 당시만 하더라도 식민 지배의 현실은 광범위하고 심각한 상황이었다.[14] 구체적인 예를 들어보자. 러시아혁명을 이끈 레닌Vladimir I. Lenin은 1917년에 「제국주의, 자본주의의 최고 단계」라는 글을 통해 제국주의 세력의 세계 지배에 관한 통찰을 제시했다.[15] 이 논문의 제6장 '강대국 간의 세계 분할' 부분을 보면 '강대국들의 식민지 영토'라는 흥미 있는 도표가 실려 있다. 식민지 보유 규모 순서대로 6대 강대국이었던 영국, 러시아, 프랑스, 독일, 미국, 일본 제국의 영토를 합하면 총 8,150만 제곱킬로미터로, 전 세계 육지의 61%에 해당했다. 이 강대국들이 관할했던 인구를 합하면 총 9억 6,060만 명으로, 전 세계 인구의 58%에 해당했다. 나머지 소규모 식민지 보유국(벨기에, 네덜란드 등)까지 합하면 이 비율은 더욱 올라간다. 유엔헌장이 만들어진 1945년에도 이 상황은 많이 변하지 않았다. 세계인권선언이 채택되던 시점에 유엔 회원국은 58개국으로, 이를 대륙별로 살펴보면 북미와 남미 21개국(36%), 유럽 16개국(27%), 아시아 14개국(24%), 아프리카 4개국(6%), 남태평양 3개국(5%)이다. 현재 유엔 회원국 수가 이 글을 쓰는 도중 유엔에 가입한 남수단을 합해 모두 193개국임을 감안하면, 3분의 1도 채 못 되는 수준이었다. 그런데 전쟁이

끝난 당시 이미 식민 지배는 구시대의 유물처럼 취급되기 시작했고, 대세는 민족의 자기결정권을 인정하지 않을 수 없는 방향으로 가고 있었다. 그런 실정을 반영하듯 유엔에서 인도, 파키스탄, 필리핀, 버마 같은 제3세계 국가들이 나름 맹활약하고 있었다.

당시 강대국의 보호령이나 식민지의 주민은 강대국의 그럴싸한 수사에도 식민 본국의 국민과 비교해 정치적·경제적·사회적·문화적으로 본질적인 차별을 받았다. 하지만 세계인권선언에서는 그런 현실을 뒤집어 어느 나라 국민인지가 중요한 것이 아니라, 인류에 속한 구성원이냐의 여부가 중요하다고 못 박았던 것이다. 이것은 당시 식민 지배를 받던 사람들에게 대단히 고무적인 메시지였고, 제국주의 세력에게는 장례식장의 종소리처럼 들렸을 것이 분명하다. 제2조는 유엔헌장의 제1장 1조에 나오는 '인민의 자기결정권'을 이어받은 조항이다. 그 후 이 조항의 내용은 1966년에 완성된 세계인권선언의 두 후계자, 즉 '경제적·사회적·문화적 권리에 관한 국제규약International Covenant on Economic, Social and Cultural Rights: ICESCR', 그리고 '시민적·정치적 권리에 관한 국제규약International Covenant on Civil and Political Rights: ICCPR'의 제1조 1항에 모두 똑같은 내용으로 명시되었다. "모든 인민은 자기결정권을 가진다All peoples have the right of self-determination."[16] 유엔헌장이나 세계인권선언에 나오는 인민의 자기결정권이 내용상 완벽한 것은 아니다. 민족자결을 성취할 수 있는 가장 이상적인 방법이 완전한 독립이라고 말하지는 않았기 때문이다. 하지만 인민의 자기결정권을 규정한 사실 자체가 이미 세계 민족들의 독립을 상식적으로 전제한다고 봤을 때 세계인권선언 제2조의 내용은 당시로서 엄청나게 파격적이고 시대적 흐름에 적극 부응한 내용이었음이 분명하다. 실제로 1946년에서 1960년 사이 아시아, 아프리카, 중동에서 총 37개국이 독립을 쟁취했다. 그리고 세계인권선언 제15조의 국적 취득권 역시 국가를 구성할 수 있는 권리로서의 인권을 시사한다.

오늘날의 감각으로는 신탁통치령이니 비자치령이니 하는 용어가 아주 고리타분하게 들릴 수 있다. 그리고 개인의 권리와 다문화주의를 강조하는 시대 분위기 속에서 인민이니 민족자결권이니 하는 말이 역사 교과서에나 나올 법한 정도로 가마득하게 느껴질 수도 있다. 그런데 우리는 한반도의 분단 그리고 남북한이 완전한 평화를 이루지 못하고 대치하고 있는 상황이 우리에게 얼마나 큰 손실과 희생을 강요하는지 기억할 필요가 있다. 또한 우리가 의식하지 못할 수도 있겠지만 이런 상황이 '인민의 자기결정권'이라는 인권의 원칙에 비추어 역사적으로 얼마나 부자연스러운 상황인지도 직시할 필요가 있겠다. 물론 민족주의의 비이성적 속성과 극단화 가능성을 이성의 눈으로 항상 감시해야 한다. 그러나 동시에 우리는 한편으로 '진보적' 민족주의라도 일정한 폐해를 초래할 수 있는 가능성이 있다는 점, 그리고 다른 한편으로 정치적 단위로서 어떤 인민이 자기결정권을 발휘할 수 있는 권리가 있다는 점을 분명히 구분할 수 있어야 한다. 그런 점에서 '보편적' 개인 권리의 인정과 옹호, 그리고 '보편적' 민족자결권의 인정과 옹호가 세계인권선언의 토대 규정에 명백하게 나와 있는 공통의 원칙임을 잊어서는 안 된다.

쉬운 영어 | 제2조

Everyone can claim the following rights, despite
- a different sex
- a different skin colour
- speaking a different language

- thinking different things
- believing in another religion
- owning more or less
- being born in another social group
- coming from another country.

It also makes no difference whether the country you live in is independent or not.

토 론 거 리

한 조사에 따르면, 한국인이 가장 심각하다고 생각하는 차별은 '학력 및 학벌 차별'이다. 2011년 현재 한국인이 심각한 차별이라고 생각하는 유형을 살펴보면 1위가 학력 및 학벌에 근거한 차별(29.6%), 2위가 동성애자에게 가해지는 차별(16.0%), 3위가 외모에 의한 차별(11.7%)인 것으로 나타났다. 장애인, 출신국, 미혼모, 인종 또는 피부색, 나이 많음, 여성, 이혼자, 새터민, 나이 어림 등이 차례로 그 뒤를 이었다. 이런 결과는 2004년에 실시된 결과와는 상당히 달라진 모습을 보인다. 2004년 당시 가장 높은 순위를 차지한 차별 유형은 장애인, 학력·학벌, 출신국, 동성애, 외모의 순이었다. 유럽의 차별과 비교하면 학력 및 학벌, 외모, 미혼모에 대한 차별이 한국 특유의 차별인 것으로 조사되었다고 한다.

__ 한국에서 학력과 학벌, 외모, 미혼모에 대한 차별이 유독 심하다면 그 이유는 무엇이라고 생각하는가? 그리고 이러한 한국 특유의 차별은 우리 사회에 어떤 영향을 끼치는가?

더 읽을거리

민족주의는 죄악인가 권혁범 | 생각의 나무 | 2009
당신들의 대한민국 2 박노자 | 한겨레출판사 | 2006
차별금지법 이준일 | 고려대학교출판부 | 2007
차별철폐 정책의 기원과 발자취 테리 H. 앤더슨 | 염철현 옮김 | 도서출판 한울 | 2006

국가가 다음과 같이 말할 때 우리의 우려는 현실이 된다. "우리나라의 발전을 위해 우리 스스로 법규를 만들 것이고, 꼭 필요하다면 우리 시민을 죽일 수도 있다. 우리가 어떻게 하건 외부인의 관심사가 될 수 없다." 하지만 어떤 국가가 이런 식으로 나올 때 그것은 모든 인류의 관심사가 된다. 이 세상의 진보가 인간 고통의 잿더미 위에 건설될 수는 없기 때문이다. 이러한 믿음이 바로 인권의 목표다. ― 르네 카생

제 4 장
인권의 첫째 기둥

지금부터 본격적으로 세계인권선언의 구체적인 권리 조항을 살펴보자. 첫째 기둥을 이루는 제3조와 제11조 사이의 9개 조항은 생명과 자유, 개인 안전 등 인간의 가장 기본적인 권리를 다룬다. 보수적인 사람이라 하더라도 이 권리만큼은 문명사회의 기본권 중의 기본권으로 인정하는 것이 정상이다. 그래서인지 이 부분은 세계인권선언 작성 과정에서 논란이 가장 적고 논의 시간도 가장 짧았다. 1948년 12월 9일, 선언의 최종 문안을 유엔총회에서 채택하기 위해 일단 각 조항별로 투표를 했다. 이때 제3조~제11조의 권리에 대해서는 만장일치로 합의가 이루어졌다. 그만큼 합의의 수준이 높고 이론異論의 여지가 적었다. 또한 이 조항들은 아주 엄밀하게 규정되어 있어서 각국의 형편과 사정에 따라 융통성 있게 해석할 수 있는 여지가 아주 적다. 그만큼 예외를 인정하지 않는 권리들이라 할 수 있다.

제3조~제11조의 권리들은 언뜻 봐도 인권을 말할 때 너무나 자명한 목

록이라는 생각이 든다. 그런 이유에서 이 권리들은 세계인권선언이 제정될 당시 이미 여러 나라의 헌법에서 보장하고 있었다. 오늘날에도 세계 각국 헌법의 권리 관련 조항을 모아보면 가장 큰 공통분모가 나올 부분이 바로 이 항목들이라 할 수 있다. 첫째 기둥의 권리들을 민주자본주의 진영에서 선호하던 이른바 시민적·정치적 권리로만 이해해서는 안 된다. 적어도 규범적 차원에서는 동서 진영의 거의 모든 나라에서 지지했던 권리였다. 심지어 스탈린의 대숙청이 있던 당시에 만들어진 소련 헌법(1936)에서도 이 권리들이 상세히 규정되어 있다.[1]

첫째 기둥에서 제3조는 법률 용어로 모자, 즉 '모두조항冒頭條項, chapeau clause'이라고 부르는 것이다. 다시 말해, 이는 그다음에 나오는 관련 조항을 먼저 개략적으로 소개하는 역할을 한다. 즉, 제3조의 내용에 근거해 제4조~제11조의 권리가 조금씩 확대되고 구체화된다는 뜻이다. 이 모든 조항들이 비교적 무난하게 작성되어 통과되었지만, 제11조에 대해서는 약간의 논란이 있었다. 뉘른베르크 전범재판을 열었던 것이 소급입법ex post facto law 금지 원칙을 어긴 것이 아니냐는 문제가 제기되었던 것이다. 나치의 잘못이 아무리 컸다 하더라도 그 범죄가 일어났던 시점에서는 불법이 아니었는데 그것을 나중에 만든 법으로 처벌할 수 있느냐 하는 질문이었다. 그런데 나치 전범 처리 문제는 전쟁이 끝나기 이전부터 제기된 질문이었다.[2] 영국의 처칠은 전범을 모두 즉결 처형하자고 주장했고, 소련의 스탈린은 독일 장교 5만~10만 명 정도만 처형하자고 제안했다고 한다. 그러나 결국 그들을 정식 재판을 통해 처리하기로 결정이 났고, 1945년 11월 20일부터 1946년 10월 1일 사이에 뉘른베르크에서 국제전범재판IWT을 열어 1급 전범을 심판했다. 그런데 세계인권선언은 국제전범재판이 이미 종료된 시점에 작성되었기 때문에 소급입법 문제 제기는 실제적 이슈라기보다, 사후의 법리 논쟁에 가까웠다. 어쨌든 뉘른베르크 재판이 소급입법 금지 원칙을 어겼느냐 하는 문제는 일반적인 원칙과 역사적 예외성 사이에서 영원히 정답을 얻기 어려운 성격의 질문일지도 모른다. 첫째 기둥에 나와 있는 권리는 다음과 같다.

제3조 | 생명권, 자유권, 인신의 안전

제4조 | 노예 상태에 놓이지 않을 권리

제5조 | 고문을 받지 않을 권리

제6조 | 법 앞에서 인간으로 인정받을 권리

제7조 | 법 앞에서 평등할 권리

제8조 | 법적 구제를 받을 권리

제9조 | 자의적으로 체포·구금되지 않을 권리

제10조 | 공정한 재판을 받을 권리

제11조 | 판결 전까지 무죄로 추정 받을 권리, 소급입법의 적용을 받지 않을 권리

제3조
생명권, 자유권, 인신의 안전

원문 Everyone has the right to life, liberty and security of person.

해석 **모든 사람은 생명을 가질 권리, 자유를 누릴 권리, 자기 몸의 안전을 지킬 권리가 있다.**

제3조는 계몽주의 이래 자연권 사상에 기초한 인권의 출발점이라 해도 무방하다. '생명' 자체를 언급하기 때문이다. 인권을 가장 기본적인 차원에서 직관적으로 성찰할 때 생명은 그 출발점이 된다. 어떤 사람의 생명을 존중해주는 것 이상으로 더 원초적인 권리가 있을 수 있을까? 얼른 상상하기 어렵다. 한편으로 이 조항은 제2차 세계대전의 직접적인 산물이기도 하다. 세계인권선언과 시민적·정치적 권리에 관한 국제규약에서 모든 권리를 열거하기에 앞서 생명권부터 시작하는 것은 그만큼 생명권이 모든 권리 중에서도 맨 앞에 놓여야 한다는 것을 시사한다. 그런데 생명life이란 도대체 무엇인가 하는 질문은 기초적이면서도 어려운 것이다. 과학과 의술이 발전하면서 생명에 인위적 조작을 가하고, 변화를 시도하고, 창조를 도모하는 등 생명의 전통적인 견해 — 인간의 통제 범위 바깥에 존재하는 어떤 신성하고 운명적인 것이라는 견해 — 에 직접적인 도전이 가해지고 있기 때문이다.

인간 생명의 시작 시점과 종료 시점을 언제로 잡을 것인가 하는 것도 아주 까다로운 문제다. 정자와 난자가 만나는 잉태conception 시점이 생명의 시작인가, 아니면 아기가 이 세상에 나오는birth 시점이 생명의 시작인가? 또한 생명의 종료 시점은 언제인가? 뇌사 상태는 살아 있는 것인가, 아닌

EVERYONE
HAS THE RIGHT TO
LIFE,
LIBERTY AND
SECURITY OF
PERSON.
© Octavio Roth, UN

가? 생명유지 장치의 도움을 받고 있는 상태는 살아 있는 것인가, 아닌가? 이러한 문제는 임신중절, 안락사, 의료인이 도움을 준 자살assisted suicide 등 온갖 복잡한 윤리적 질문을 야기한다. 솔직히 말해, 인권이 이러한 모든 문제에 단순명쾌한 정답을 제시하지는 못한다. 인간 생명의 해석과 성찰을 위한 기본적 지침을 제공할 뿐이다. 그런데도 인권의 이름으로 생명의 개념을 정반대로 해석하기도 한다. 예를 들어, 임신중절을 반대하는 생명수호파pro-life는 세계인권선언의 제3조와 제18조(종교 자유), 제25조(건강권)를 들어 생명을 옹호한다. 그러나 임신중절에 찬성하는 사람pro-choice은 개인의 프라이버시(제12조)와 자기결정권을 흔히 인용하곤 한다. 이처럼 인권 목록의 맨 처음에 등장하는 가장 기본적 인권인 '생명권'조차 보편적인 합의에 이르지 못하고 있는 현실은 인권 개념이 얼마나 어렵고 논쟁적인 개념인지를 대변해준다. 이런 까닭에 전통적인 인권론에서 임신중절(낙태) 이슈는 주류적인 견해가 없는, 일종의 민감한 회색지대처럼 취급을 받는다.[3] 한 가지 확실한 것은 국가가 개인의 생명을 보호할 의무가 있다는 점만큼은 의문의 여지가 없다는 점이다.

인간의 생명권에는 또 다른 중요한 측면이 있다. 그것은 인간 한 사람 한 사람이 타인과 분리된 독자적인 생명체라는 사실이다. 이것은 얼핏 너무나 지당한 말처럼 들린다. 샴쌍둥이가 아닌 바에야 내가 다른 사람과 분리된 독자적인 존재라는 것은 너무나 당연한 사실이 아닌가? 왜 이런 상식이 강조되어야 하는가? 그러나 나치와 같은 집단은 인간을 이와 정반대로 이해했음을 기억할 필요가 있다. 그들은 사회를 거대한 유기체로 보았다. 나치가 옹호한 사회는 단순히 권위주의적이거나 전체주의적인 독재체제가 아니었다. 루돌프 헤스Rudolf Hess•는 "나치즘은 응용 생물학이다"라는 유명한 말을 남기기도 했다. 나치가 보기에 유대인들은 아리아 인종이라는 유기체에 빌붙어 사는 기생충이므로 그들을 박멸하는 것이 너무나 당연했다. 이러한 유기체적 사회관에 따르면, 인간 한 사람 한 사람이 다른 인간과 분리된 독자적인 생명체라는 생각 자체가 잘못된 것이다. 그만큼 나치즘의 존재론, 인간론, 사회론, 인식론은 철두철미하게 인종주의적 배타주의에 기반을 둔 것이었다.[4] 따라서 한 사람 한 사람의 생명을 존중해야 한다는 세계인권선언의 주장에 따르면, 나치즘이 상정한 유기체적 인간관은 그 자체가 반인권적인 인간관일 뿐이다.

생명권과 관련해 사형의 문제는 어떻게 보아야 할까?[5] 이 질문 역시 임신중절 문제만큼이나 논란이 많다. 사형에 관한 인권론은 소극적 접근과 적극적 접근으로 나눌 수 있다. 소극적 접근에서는 극히 심각하고 예외적인 경우에만 사형이 허용될 수 있다고 본다. 또한 법정에서 정식 판결을 받아야 하고, 피고인이 감형을 요구할 권리가 있으며, 임산부와 18세 미만, 70세 이상인 사람에게는 사형을 집행해서는 안 된다고 본다.•• 적극적

• **루돌프 헤스**는 뮌헨 반란을 일으킨 주동자 중 한 명으로 체포되어 히틀러와 함께 수감되었다. 그는 옥중에서 히틀러의 말을 글로 옮겼는데, 이것이 『나의 투쟁(Mein Kampf)』의 원고다. 나치스 재건 후 히틀러의 비서가 되고, 이후 총통 제2후계자에까지 올랐다. 그러나 전후 뉘른베르크 재판에서 종신형을 선고받고 복역하다가 1987년에 사망했다.

•• 소극적 접근과 일반적인 사형 찬성론은 비슷한 것 같지만, 둘 사이에는 정도의 차이가 있다. 소극적 접근은 사형이 원칙적으로 생명권에 위배되는 극악한 형벌이고, 일반 형벌과는 질적으로 다른 형벌이지만, 극히 예외적인 경우에는 '필요악'으로 허용될 수 있다고 본다. 일반적인 사형 찬성론은 사형을 일반적인 처벌의 연장선상에서 보며, 사형이 엄한 처벌이기는 하지만, 다른 형벌과 질적으로 구분되는 처벌은 아니라고 본다.

접근에서는, 어떤 경우든 사형은 생명권 위반이므로 사형제를 폐지해야 한다고 본다. 대표적으로 국제앰네스티Amnesty International가 이러한 견해를 나타낸다. 세계인권선언의 후예인 국제인권법의 전통은 사형을 완전히 폐지하자는 적극적 접근에 훨씬 더 가깝다. 1989년에 나온 '사형 폐지를 목적으로 하는 시민적 및 정치적 권리에 관한 국제규약 제2선택의정서'의 전문에서는 세계인권선언의 제3조를 언급하면서 "사형의 모든 폐지 조치가 생명권의 향유에 있어 전진으로 간주되어야 함을 확신하며"라고 나와 있다.[6] 한국은 1997년 12월 30일에 마지막으로 사형을 집행한 이래 단 한 번도 사형을 집행하지 않아 현재 '사실상de facto'의 사형 폐지국으로 분류된다. 하지만 법률적으로 사형이 폐지된 상태는 아니다.

역사적으로 생명권과 자유권의 근저에는 '도미니움 레룸dominium rerum'이라는 개념이 깔려 있다. 이는 흔히 '소유권'이라고 번역되지만, "단순히 재산에 대한 권리만 뜻하는 것이 아니라 더 넓게 자신의 몸과 행위, 사물에 대한 소유권"을 의미했다.[7] 따라서 몸에 대한 소유권은 생명권right to life으로, 행위에 대한 소유권은 자유권right to liberty으로, 사물에 대한 소유권은 재산권right to estate으로 해석되었다. 이런 차원에서 생명권과 자유권은 긴밀하게 연결된다. 자신의 행위를 자기 마음대로 소유한다는 것은 환경에 구속되지 않고 자기 의지를 발휘할 수 있다는 것이므로, 자유권의 논리는 '구조 대 주체행위structure vs. agency' 논쟁에서 주체행위를 강조하는 연장선상에서 해석될 수 있다. 즉, 사회구조가 인간의 모든 행위를 결정하는 것이 아니라, 그것에 자유의지가 더 큰 역할을 할 수 있다는 것이다.

마지막으로 'security of person'이라는 표현에 대해서도 해설이 필요하다. 'person'은 흔히 사람 또는 인간이라고 번역되지만, 인간의 몸人身, the body of a human being이라는 뜻도 있다. 제3조에 나오는 'person'은 '인간의 몸'을 뜻한다. 여기서 '인신의 안전personal security'이라는 개념은 역사적으로 볼 때 주로 앵글로색슨의 보통법common law에서 발전된 것이다. 보통법 전통에서 인신의 안전이란 부당하게 구금되었을 때 풀려날 수 있는 권리를 의미했다. 라틴어 '하베아스 코르푸스Habeas corpus'는 "당신은 당신의 몸을 가질 수 있다", 즉 인신의 자유를 누릴 수 있다는 뜻이다. 어떤 사람이 권력에 의해 부당하게 구금되었을 때 자신 또는 대리인이 법원에서 인신보호영장Habeas corpus writ을 발부받아 자기를 가둔 구금 당국에 그 영장을 제시하면 구금 당국은 갇힌 사람을 법원에 출두시켜 정식 재판을 받을 수 있도록 허용하거나 그 사람을 합법적으로 구금하고 있음을 법원에 증명해야 한다. 영국에서는 인신의 안전이 보장되는 것을 개인적 자유의 상징처럼 여겼으므로 1679년의 인신보호령Habeas Corpus Act을 '또 하나의 마그나카르타'라고 표현하기도 한다.

쉬운 영어 | 제3조

You have the right to live, and to live in freedom and safety.

토론거리

__ 미국 독립선언문을 읽고 세계인권선언 제3조와 유사한 대목을 찾아 그 의미에 관해 토론해보자.

__ 자연권과 자연법이 무슨 뜻인지 알아보고, 자연권과 현대 인권 간의 유사성과 대비성에 관해 토론해보자.

더 읽을거리

인권의 발명 린 헌트 | 전진성 옮김 | 돌베개 | 2009
인권의 문법(특히 제2장) 조효제 | 후마니타스 | 2007
바야돌리드 논쟁 장 클로드 카리에르 | 이세욱 옮김 | 샘터 | 2007
통치론: 시민정부의 참된 기원, 범위 및 그 목적에 관한 시론 존 로크 | 강정인 · 문지영 옮김 | 까치 | 1996

제4조
노예 상태에 놓이지 않을 권리

원문 No one shall be held in slavery or servitude; slavery and the slave trade shall be prohibited in all their forms.

해석 어느 누구도 노예가 되거나 타인에게 예속된 상태에 놓여서는 안 된다. 노예제도와 노예매매는 어떤 형태로든 일절 금지된다.

노예제slavery는 동서양을 막론하고 나타났으며, 지금도 나타나는 보편적 현상이다. 여기에서 문제가 되는 노예제는 제도화된 노예 상황을 말한다. 1926년에 국제연맹의 발의로 제네바에서 체결된 '노예제금지협정Slavery Convention'의 제1조 1항은 노예제를 "어떤 사람에 대해 소유권적 권력관계가 강제로 부과되는 지위 또는 조건"으로 규정한다.[8] 노예제는 고대로부터 관찰되는 현상이었으나, 근대로 이행하는 16세기부터 약 400년간 지속된 아프리카 노예무역이 그 규모와 반인도성 때문에 인류 역사상 가장 잔혹한 인권침해의 한 형태로 기록된다. 더 나아가 장 메이에Jean Meyer는 노예제가 인종차별주의의 뿌리가 되었다고 지적한다.[9]

세계인권선언을 만들 당시에는 이미 여러 종류의 노예제 금지 관련 국제법과 선언이 나와 있었지만, 나치의 강제 노동과 그것의 마지막 조치인 집단학살의 경험 때문에 노예제에 대해 새롭게 주의를 환기할 필요가 있었다. 특히 카생과 같은 인권선언 작성자는 나치가 전쟁 때 외국 노동자들을 독일로 데리고 와서 강제 노동을 시킨 것이 "저강도의 노예제 형식을 취하면서 실제로는 가혹한 노예제"나 마찬가지였다고 주장한다. 여기서

'저강도의 노예제'라는 표현에서 우리가 얻어야 하는 교훈이 있다. 흔히 우리는 아프리카 노예선에 실린 채 쇠사슬에 묶여 동물과 같은 취급을 당하는 흑인 노예의 이미지에 익숙해서인지 '노예제'라는 말을 우리의 일상적 경험과는 완전히 동떨어진 극단적 예속 상태로만 여기는 경향이 있다. 하지만 노예제는 극단적 형태부터 비교적 '온건한' 형태까지 다양한 종류가 있다. 바로 그런 이유 때문에 제4조에 "타인에게 예속된 상태servitude"라는 말을 추가한 것이다. 이 표현은 매우 의미심장하며, 이를 선언에 넣은 것은 선견지명이 있는 일이었다. 노예제도는 시대와 상황에 따라 대단히 복잡하게 이루어진다. 따라서 저강도의 노예제 역시 노예제임을 우리는 철저히 인식할 필요가 있다.

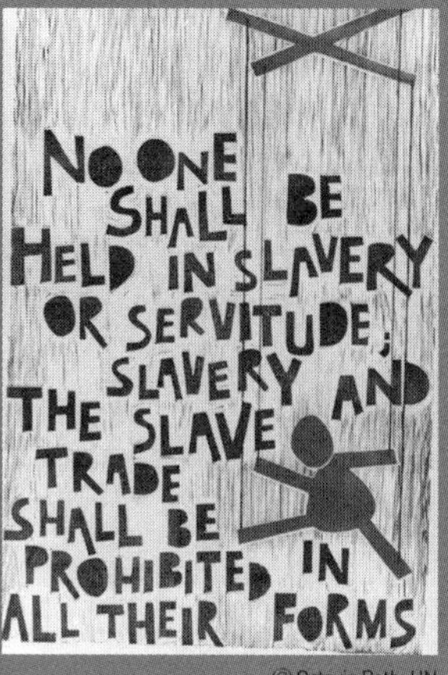

© Octavio Roth, UN

이것과 함께 "그 어떤 형태로든"이라는 말이 들어간 점도 주목해야 한다. 지구화 시대를 맞아 노예제의 형태가 갈수록 교묘해지고 있기 때문이다. 심지어 본인이 노예제의 피해자라는 사실을 인정하지 않거나, 타인에게 예속되어 노예 비슷한 지경에 빠져 있다는 사실 자체를 인식하지 못하고, 심지어 그런 사실을 부정하는 경우도 있다. 이 때문에 노예제를 판별하는 데, 자유를 빼앗긴 본인이 그 상태를 노예제로 자각하느냐, 하지 않느냐의 여부는 그리 중요한 기준이 되지 못한다. 제4조의 작성 과정에서 '비자발적involuntary' 행동만 노예제의 범주에 넣자는 의견이 나와 이 문제를 놓고 격론이 벌어졌는데, 결국 이 말을 빼기로 결정했다. 자칫 '자발적'으로 예속 상태를 선택하면 문제가 없다는 식의 궤변이 나올 가능성을 우려해서였다. 특히 성매매 업소를 운영하는 사람, 또는 성매매 종사자 스스로가 이런 논리를 사용하곤 한다. 1948년 당시에 이미 이 문제가 우려의 대상이 되었던 것을 기억해야 한다. 이 논의에 대한 가장 확실한 답은 루소가 이미 오래전에 제시했다. 루소의 『사회계약론』 제1장 4절 '노예제'를 보면 다음과 같은 말이 나온다. "자신의 자유를 부정하는 것은 인간으로서 자신의 격, 권리 그리고 인간으로서의 의무를 부정하는 셈이다."[10] 즉, 우리 인간은 스스로 부자유(예속)를 선택할 권리가 없다.

흔히 노예를 강제 노동과 관련지어 이해하곤 하지만, 사전 정의에도 나오듯이 노예제는 어떤 사람을 소유해 그로부터 노동 또는 '기타 용역'을 착취하는 제도다. 여성이 노동뿐 아니라 자신의 성을 남성에게 착취당하는 일도 흔히 발생했다. 나치가 독일군 성노예제를 운영했던 것처럼 일본군 역시 성노예제를 광범위하게 실시했던 것은 잘 알려져 있다.[11] 이런 상황에 대한 반성으로 1949년 유엔에서는 '인신매매금지 및 타인의 매춘행위에 의한 착취금지에 관한 협약Convention for the Suppression of the Traffic in Persons and of the Exploitation of the Prostitution of Others'을 체결하기도 했다. 이 협약의 전문은 성매매가 인간의 존엄성과 부합하지 않는다고 밝히고, 제1조에서는 다음과 같은 사람(예컨대 포주)을 처벌해야 한다고 규정한다.[12] 첫째, 합의를 했더라도 성매매를 목적으로 타인을 소개하거나 유혹 또는 유괴하는 자. 둘째, 합의를 했더라도 타인의 매춘 행위를 착취하는 자. 필자는 이 규정에서 "합의를 했더라도even with the consent of that person"라는 표현에 특히 주목해야 한다고 생각한다. 최근 들어 선택권을 거론하면서 '자발적'인 예속 상태를 정당화하는 듯한 주장이 나오곤 한다. 개인주의가 극단화된 서구에서조차 논란이 끊이지 않는 설익은 주장을 우리 사회에 그대로 옮겨놓은 듯하다. 또한 예속 상태를 없애자는 주장을 마치 당사자의 자율성을 인정하지 않는 엘리트주의적 시각이라고 비판하는 소리도 들린다. 인권의 원칙을 떠올려볼 때, 매우 우려할 만한 시각이 아닐 수 없다.

단, 다음과 같은 사실만큼은 감안할 필요가 있다. 이런 문제를 법규정만으로 해결할 수는 없다. 그리고 노예제를 반대한다는 명분으로 예속 상태에 놓여 있는 사람을 처벌하거나 그 사람에게 사회적 낙인을 찍는 행위는 그 자체가 또 다른 인권침해다. 따라서 성매매 업소를 운영하는 사람이 아닌 성매매 종사자를 직접 처벌하는 것은 또 하나의 인권침해가 될 가능성이 크다. 그리고 이른바 '자발적'인 예속 상태를 선택하는 동기의 이면에는 우리 사회의 구조적인 취약성, 교육의 결여, 경제적·사회적 기회의 원천적 박탈, 상업주의와 배금사상에 물든 가치관, 자신이 선호하는 바를 무조건 '권리'로 표현하는 잘못된 인식 등이 깔려 있다. 그리고 마지막으로, 유사 노예제를 폐지하자는 본질적인 노력과, 현 상황에서 취할 수 있는 현실적 개선책을 동시에 추구할 수 있음을 우리가 인정하고, 양자 간에 건설적인 협력을 할 필요가 있다. 이는 마치 에이즈 예방 캠페인을 하면서, 안전하고 신중하며 책임 있는 성관계를 하자는 본질적 주장과, 콘돔 배포라는 현실적 개선책을 동시에 추구할 수 있는 것과 같은 이치다.

여기서 우리가 얻을 교훈은 '노예'라는 용어에 얽매이지 말고 어떤 인간이 다른 인간을 법적으로, 육체적으로, 금전적으로, 사회적으로, 또는 심리적으로 지배하고 군림하는 모든 억압을 "타인에게 예속된 상태"로 바라볼 줄 아는 사회학적 상상력이 필요하다는 점이다. 특히 경제지구화 이후 자발적인지 비자발적인지, 정식 직업인지 반강제적 착취인지를 구분하기 어려운 회색지대의 인간 조건이 많이 생겨났다. 그래서 이것을 새로운 노예제라 부르는 것이다.[13] 자본주의하에서 인간이 얼마나 교묘하게 예속될 수 있는지, 그러한 상황이 빈곤, 교육 기회 결여, 도시화, 산업화 등과 결부되어 어떻게 실타래처럼 엉킨 문제로 확대될 수 있는지를 냉정하게 직시해야 할 까닭이 여기에 있다.[14] 노예제와 모든 형태의 예속 상태를 근절하기 위한 인간의 투쟁이 현대 NGO의 원조라는 사실을 기억할 필요도 있다. 세계 최초의 NGO로 흔히 1787년 영국에서 결성된 노예무역폐지위원회Society for the Abolition of the Slave Trade를 꼽곤 한다.[15] 이 단체는 몇 번의 변화를 거치면서도 살아남아 오늘날까지도 모든 형태의 예속 상태 폐지운동에서 중요한 역할을 한다.[16]

쉬운 영어 | 제4조

Nobody has the right to treat you as his or her slave and you should not make anyone your slave.

토론거리

__ 연예인이나 스포츠 선수들의 '노예계약'이 쟁점이 된 적이 있었다. 이들의 처지와 과거 아프리카에서 미국으로 끌려간 흑인 노예들의 처지를 비교하면서 전통적 노예제와 현대적 노예 상태의 유사성과 차이점을 설명해보자.

__ '성매매'를 정상적 노동으로 인정하자는 주장을 인권의 관점에서 토론해보자.

더 읽을거리

흑인잔혹사 김진묵 | 한양대학교출판부 | 2011

일본군 성노예제: 일본군 위안부 문제의 실상과 그 해결을 위한 운동 정진성 | 서울대학교출판부 | 2004

노예의 노래: 흑인 노예해방운동가 프레더릭 더글라스의 증언 프레더릭 더글라스 | 안유회 옮김 | 모티브 | 2003

제5조
고문을 받지 않을 권리

원문 No one shall be subjected to torture or to cruel, inhuman or degrading treatment or punishment.

해석 어느 누구도 고문, 또는 잔인하고 비인도적이거나 모욕적인 대우 또는 처벌을 받아서는 안 된다.

아마 인권유린이라고 하면 일반 사람에게 가장 먼저 떠오르는 이미지가 고문일 것이다. 그런 점에서, 인권침해의 대표적 사례인 고문을 세계인권선언의 앞쪽에서 언급한 것은 적절하다. 고문은 개인 사이에서도 일어날 수 있지만 그것은 일반적인 형사처벌 대상이고, 여기서 말하는 고문은 주로 공권력의 가혹행위를 가리킨다. 제5조는 고문을 금지한다는 일반적 원칙만 선언하고, 고문이 무엇인지는 정확히 규정하지 않았다. 1984년에 채택된 고문방지협약Convention against Torture and Other Cruel, Inhuman or Degrading Treatment or Punishment의 제1조에 고문의 정의가 나온다. 조금 길지만 인용해보자. 고문이란 "공무원이나 그 밖의 공무수행자가 직접 또는 이러한 자의 교사·동의·묵인하에, 어떤 개인이나 제3자로부터 정보나 자백을 얻어내기 위한 목적으로, 개인이나 제3자가 실행했거나 실행한 혐의가 있는 행위에 대하여 처벌을 하기 위한 목적으로, 개인이나 제3자를 협박·강요할 목적으로, 또는 모든 종류의 차별에 기초한 이유로, 개인에게 고의로 극심한 신체적·정신적 고통을 가하는 행위"를 말한다.[17]

그다음에 나오는 "잔인하고 비인도적이거나 모욕적인 대우 또는 처벌"

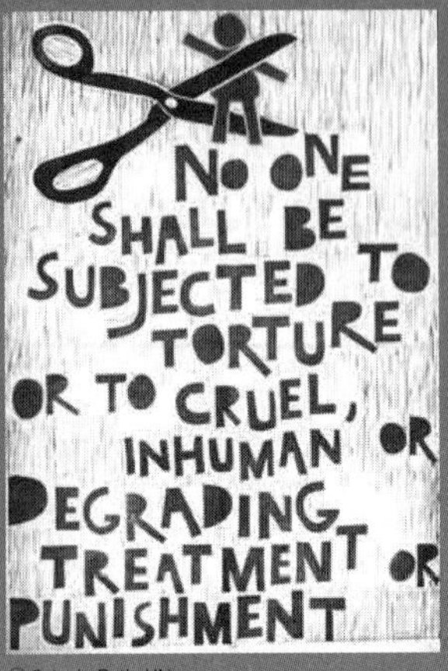

© Octavio Roth, UN

은 고문과 어느 정도 구분되는 유사 고문 행위를 뜻한다. 즉, 정신적·육체적 고통과 번민, 굴욕, 두려움 등을 초래하는 행위이지만 고문의 정의에까지 이르지는 않는 가혹행위를 가리킨다. 고문 및 잔인하고 비인도적이거나 모욕적인 대우 또는 처벌이 어떤 사회에서 얼마나 사라졌는지, 대중이 그것을 어떻게 받아들이는지는 그 사회의 민도와 성숙도를 판별하는 척도이자 일종의 문명적 바로미터라 할 수 있다. 필자는 학교 체벌 문제를 놓고 계속해서 벌어지는 설왕설래를 볼 때마다, 체벌의 효과니 불가피성이니 제한적인 사용의 정당성이니 하는 주장이 옳고 그른 것을 떠나, 그것이 얼마나 시대착오적인 논리에 갇힌 태도인지 참으로 답답할 때가 많다. 일찌감치 이런 논란을 겪었던 서구의 예를 들어보자. 서구에서는 중세까지만 해도 고문을 당연하게 여겼다.[18] 종교재판에서는 불신자나 이단자를 고문하고 화형에 처하는 일이 흔했다. 범죄자의 대우도 마찬가지였다. 필자는 유럽의 어느 중세 성곽 지하의 고문실에 들어가 본 적이 있는데, 그 어둡고 음습한 분위기에 몸서리를 쳤던 기억이 생생하다. 이탈리아의 체사레 베카리아Cesare Bonesana Marchese di Beccaria가 이러한 형벌 체계를 근본적으로 바꾸고 고문과 같은 야만적인 유습을 타파하자고 주장한 이래, 서구 사회에서 고문은 서서히 근절되었다.[19] 이런 경향에 힘입어 빅토르 위고Victor Marie Hugo가 1874년 "고문은 더 이상 존재하지 않는다"라고 선언할 정도가 되었다.

그런데 20세기 들어 강대국들의 군사작전에서 적군에 대한 고문의 '효과'가 재발견되었고, 제1차 세계대전 이후 고문 관행이 본격적으로 부활하더니 나치의 등장 이래 고문은 대규모로, 조직적으로 행해졌다.[20] 역사의 시계바늘이 완전히 거꾸로 돌아간 것이다. 세계인권선언의 제5조는 이런 경험을 배경으로 작성되었다. 전쟁이 끝나고 나서 고문과 관련된 문제는 공개적으로 많이 거론되지 않으면서 거의 주목을 받지 못했다. 그러나 1961년 창설된 국제앰네스티가 전 세계적으로 전개한 고문 캠페인을 계기로 고문의 광범위한 사용이 밝혀진 이래, 인권운동의 중요한 목표 중 하나가 고문 근절이 되었다.[21] 국제앰네스티가 제정한 '고문 방지를 위한 12단계 조치'는 다음과 같다.[22] ① 고문의 공식적인 금지, ② 격리 구금의 제한, ③ 비밀 구속 금지, ④ 심문 및 구속 기간 중의 보호 조치, ⑤ 고문 사실 보고의 독자적 조사, ⑥ 고문하에 이루어진 자백의 무효화, ⑦ 법률상 고문의 금지, ⑧ 고문 혐의자의 처벌, ⑨ 교육과정 수립, ⑩ 배상과 재활, ⑪ 국제적 대응, ⑫ 국제인권조약 비준. 이러한 조치와 더불어 국제앰네스티는 법 집행 공직자의 '명령 체계 통제chain-of-command control'라는 개념을 도입해 조직 내 상명하복 절차의 각 단계에서 고문 가능성을 예방할 수 있는 방안을 모색했다.

고문은 전 세계적으로 인권이 국경 없는 사상임을 보여주는 강력한 증거 역할을 했다. 칠레의 전직 대통령 아우구스토 피노체트Augusto Pinochet Ugarte의 경우가 아마 가장 극적인 사례일 것이다. 칠레 육군 총사령관이던 피노체트는 1973년 쿠데타를 통해 살바도르 아옌데Salvador Allende 정권을 전복하고 좌파 정치인과 반대파를 대대적으로 탄압했다. 공식적으로 1973년부터 1990년 사이에 3,197명이 불법적으로 살해될 정도로 무자비하고 끔찍한 독재가 행해졌다. 피노체트는 대통령직에서 물러난 후 종신 상원의원 자격으로 있으면서 1998년 런던에 허리 수술을 받으러 갔다가 체포되었다. 과거 칠레에서 고문을 당했던 자국민의 사건을 조사하던 스페인 사법 당국이 '보편적 관할권universal jurisdiction'이라는 새로운 원칙에 의거해 피노체트를 스페인으로 인도해달라고 영국 정부에 요청했기 때문이다.[23] 전직 국가원수가 고문 혐의로 외국에서 체포된 것은 인류 역사상 최초의 일이었다. 필자는 당시 런던에서 피노체트를 태운 경찰 승용차의 행렬을 바라보면서 전두환 일당이 법정에 섰을 때와 마찬가지의 기분을 경험했다.[24] 피노체트 사건은 인권이 국경을 넘을 뿐 아니라, 그 누구도 고문과 같은 반인도적 범죄 앞에서 불처벌impunity의 특혜를 받지 못한다는 점을 보여준 역사적 사건이었다. 속도가 더디기는 하지만, 인권의 발전이 곧 역사의 발전이라는 믿음을 준 사건이기도 했다.

대한민국은 민주화투쟁 과정에서 고문과 관련해 특히 가슴 아픈 기억이 많은 나라다. 수많은 사람이 빨갱이, 간첩으로 몰려 형언할 수 없는 가혹행위를 당했다. 구타, 물고문, 전기고문, 성고문 등 상상할 수 없는 짓이 대규모로 자행되었다. 1987년 1월 14일 박종철을 물고문해서 숨지게 했던 남영동의 경찰 대공분실 자리는 현재 경찰인권보호센터로 변해 있다. 이 센터에서는 경찰 내에서 인권의 중요성을 알리기 위한 인권교육 등을 실시한다. 법 집행 공직자들의 인권의식이 시민의 인권보호에 결정적으로 중요하다는 점을 감안하면 이런 조직에 더 큰 힘이 실려야 할 것이다. 이 건물 5층의 9호 고문실에는 지금도 박종철의 사진이 걸려 있어 방문자를 숙연하게 한다. 같은 층 15호실은 고문대(칠성판)가 설치되어 있고 다른 곳보다 좀 더 넓은데, 이곳에서 민주 인사 김근태에 대한 고문이 이루어지기도 했다. 홍성우 변호사는, 악독한 고문을 가했다는 증거가 명명백백한데도 검찰과 법원이 그것을 철저히 외면했다고 증언한다.[25] 정말 문명과는 거리가 먼 야만의 시절이었던 것이다! 당시 보도사진을 보면 시민들이

'고문 정권 타도하자'라는 글귀가 적힌 플래카드를 들고 행진하는 모습이 있다. 1987년의 민주화 대투쟁이 일련의 고문 사건에 대한 시민 대중의 분노로 촉발된 것도 인권의 눈으로 해석해보면 결코 우연이 아니다.

쉬운 영어 | 제5조

Nobody has the right to torture you.

토론거리

2011년 7월 4일, 강화도에 있는 해병대에서 일어난 총기 난사 사건으로 병사 4명이 사망하고 2명이 부상당한 사건이 있었다. 국가인권위원회가 조사한 결과 해병대 내에 관행적인 구타와 가혹행위 및 '기수열외'가 있었다는 것이 드러났다. 국가인권위원회는 "일반 사회에서 생각하기 어려운 가혹행위가 지속적으로" 이루어졌다고 밝혔는데, 그러한 행위에는 많은 양의 빵을 강제로 먹게 하는 '피엑스(PX)빵', 가슴 위에 올라타 주먹으로 폭행하는 '엽문', 담뱃불을 손바닥이나 손등에 대고 지지는 '담배빵', 군복 입은 사병의 성기를 향해 라이터를 켠 채 방향제 분사하기, 다리털 뽑기 등 엽기적인 가혹행위가 포함되었다. 특히 가혹행위를 주도한 선임병은 이런 행위를 "장난 또는 해병대의 전통으로 인식했다"라고 함으로써 그것이 고문의 일종이라는 것을 자각하지 못했음이 드러났다. 한편 눈 밖에 난 특정 사병을 선임병과 후임병이 집단적으로 따돌리는 '기수열외' 관행도 존재했다고 한다. 이런 가혹행위가 누적되어 총기 참사와 같은 사건이 발생한 것으로 보인다.

__ 군대 내의 기합, 가혹행위, 내무반의 비민주적 문화 등은 계속해서 이슈화되는 고질적인 문제인데도 왜 쉽게 고쳐지지 않을까? 가장 큰 이유는 무엇일까?

더 읽을거리

고문: 인권의 무덤 고문 등 정치폭력 피해자를 돕는 모임 | 한겨레신문사 | 2004

국제범죄와 보편적 관할권 박찬운 | 도서출판 한울 | 2009

생강 천운영 | 창비 | 2011

체사레 백카리아의 범죄와 형벌 체사레 백카리아 | 한인섭 옮김 | 박영사 | 2010

제6조
법 앞에서 인간으로 인정받을 권리

원문 Everyone has the right to recognition everywhere as a person before the law.

해석 모든 사람은 그 어디에서건 법 앞에서 다른 사람과 똑같이 한 인간으로 인정받을 권리가 있다.

제6조는 '법적 인격'을 지닐 권리를 다룬다. '법인격legal personality'이 도대체 무엇인가? 그리고 그것이 왜 세계인권선언의 앞부분에 나올 만큼 그렇게 중요한가? 제6조부터 제11조 사이에는 주로 법과 관련된 권리들이 나온다. 제6조의 법적 인격을 필두로 여섯 가지 법적 권리들이 차례대로 열거된다. 인권을 보장하기 위해 꼭 필요한 절차적 장치를 하나씩 규정해놓았다고 보면 된다. 그만큼 법의 지배가 관철되는 것이 인권 보장에 필수적이라는 말이다. '법인격'이 법적 권리들 중에서도 맨 먼저 나오는 것은 인권의 원칙을 현실 속에서 실현하기 위한 전제조건으로서 일단 법적으로 온전한 하나의 실체entity를 인정하는 것이 순서상 가장 먼저이기 때문이다. 이 조항에 나오는 'personality'는 제3조에서 말한 '사람의 몸'이 아니라 인간·인격을 뜻한다. 법적 인정은 여타 모든 종류의 사회적 인정을 위한 전제가 된다. 인간이 사회적으로 행하는 '인정투쟁'은 그 자체가 하나의 권리이자, 인권을 가질 수 있는 토대가 되기도 한다.[26]

법인격을 이야기할 때 흔히 인용되는, 브라이언트 스미스Bryant Smith의 1928년 논문을 보면, 법적 인간legal person은 가상의 인간persona ficta이라는 말이 나온다.[27] 그것은 일종의 법적 아바타라고 할 수 있다. 가상의 인간인 법적 인간은 권리와 의무를 지니는 주체다. 또한 권리와 의무를 지닐 수 있으면 법적 인간이 될 수 있다. 따라서 법적 인간은 자연인일 수도 있고, 자연인이 아닐 수도 있다(예를 들어 회사). 또한 법적 인간은 한 사람일 수도 있고, 여러 사람의 집합체일 수도 있다. 그리고 법적 인간은 법적 관계를 다룰 수 있는 역량capacity이 있다. 자연인이라 하더라도 법적 인격을 부여받기 전에는 법적 관계를 다툴 수 없다. 법적 인간은 고소를 할 수도 있고, 고소를 당할 수도 있다. 법적 인간은 계약을 맺을 수도 있고, 빚(채무)을 질 수도 있다. 법적 인간은 재산 소유권을 행사할 수도 있다. 법적 인간은 또한 법적 의무를 져야 한다. 예를 들어, 홍길동이라는 자연인이 세금을 낼 때 법적으로 보면 홍길동이라는 법적 인간이 세금을 내는 것이 된다. 그만큼 법적 인간의 자격을 부여받는 것은 중요하다. 이 때문에 앵글로색슨 전통의 보통법과 로마 전통의 시민법에서 모두 법인격 개념을 인정한다.

© Octavio Roth, UN

법인격이 없는 사람은 권리나 의무가 없으므로 그 어떤 피해를 입어도 호소할 길이 없다. 국가의 눈으로 볼 때 그 사람은 존재하지 않는 것이나 마찬가지이기 때문이다. 나치는 이런 원칙을 악용해 유대인을 박해하기 전 일단 그들의 법인격을 조금씩 지워나갔다. 법인격을 완전히 박탈당한 다음에는 설령 살인을 당한다고 해도 법적으로 호소할 방법이 없었다.[28] 사실 오늘날 동서양을 막론하고 문명국이라면 법이 없는 나라가 있을 수 없다. 유엔 가입국 193개국 중에서 법체계가 존재하지 않는 나라는 하나도 없다. 또한 법은 개인 또는 기타 행위자들의 행동을 규율하고, 그들 사이의 관계도 규율한다. 현실적으로 보아 인간이 상상할 수 있는 모든 활동 영역에서 법이 미치지 않는 곳은 거의 없다고 보는 것이 옳다. 따라서 이렇게 촘촘히 짜인 법의 관할권 세계 속에 온전히 참여하기 위해서는 법인격을 부여받아야 하는 것이다. 법의 지배 원칙이 통하기 위해서 법인격이 있어야 하는 점은 이토록 중요하다.

여기서 마지막으로 한 가지 지적할 점이 있다. '법의 지배'라는 이름으로 형식적이고 자의적으로 법을 남용하거나 오용해서는 안 된다. 나치가 이것을 너무나 잘 보여주었다. 나치는 자기 나름대로 법의 지배를 철저하게 신봉한 집단이었다. 그러나 그러한 법의 지배의 내용이 문제였다. 본질적으로 인권과 아무 상관없는 악법을 시행하면서도 실정법의 원칙을 언제나 앞세웠다. 필자는 나치가 법의 지배를 강조했던 아이러니를 기억할 때마다 한 장의 고지서 사진이 눈앞에 떠오른다.[29] 그것은 나치 치하에서 처형당한 에리히 크나우프Erich Knauf의 부인에게 나치의 인민법정이 발부한 고지서였다. 크나우프는 베를린에서 활동하던 언론인 겸 대중가요 작사가였다. 나치를 미워하던 그는 친구와 함께 히틀러의 흉을 보고 히틀러를 비꼬는 가사를 지었다. 그 대화를 엿들은 이웃이 게슈타포에 이 사실을 밀고했고, 그 결과 친구는 자살, 크나우프는 단두대 처형을 당했다. 형이 집행된 후 인민법정은 크나우프의 부인에게 사형 집행 비용에 대한 청구서를 보냈다. 사형언도비(300마르크), 우편요금(1마르크 84페니히), 국선 변호사 수임료(81마르크 60페니히), 유치장 시설이용료(44마르크), 사형 집행 비용(158마르크 10페니히), 모두 합쳐 585마르크 74페니히가 청구되었다. 남편이 처형당한 것만 해도 억울한데, 처형에 든 비용까지 가족이 부담하라고 한 것이다. 그것도 법의 이름으로 말이다. 이 한 장의 서류는 우리에게 왜 내용적으로 정의롭지 않고 인권 원칙에 부합하지 않는 법의 지배를 인정할 수 없는지를 잘 가르쳐준다.

쉬운 영어 | 제6조

You should be legally protected in the same way everywhere, and like everyone else.

토론거리

_ 아침에 일어나 밤에 잠자리에 들기까지 자신이 알게 모르게 영향을 받고 살아가는 법질서에 대해 생각해보자.

더 읽을거리

안네의 일기 안네 프랑크 | 박지현 옮김 | 인화 | 2002
인간 배아복제의 법적·윤리적 문제점과 그 해결방안 최병규 | 집문당 | 2003

제7조
법 앞에서 평등할 권리

원문 All are equal before the law and are entitled without any discrimination to equal protection of the law. All are entitled to equal protection against any discrimination in violation of this Declaration and against any incitement to such discrimination.

해석 모든 사람은 법 앞에 평등하며, 어떤 차별도 없이 똑같이 법의 보호를 받을 자격이 있다. 모든 사람은 이 선언에 위배되는 그 어떤 차별에 대해서도,

그리고 그러한 차별에 대한 그 어떤 선동 행위에 대해서도 똑같은 보호를 받을 자격이 있다.

세계인권선언 전체를 통틀어 '차별'이라는 단어는 네 번 등장한다. 그런데 제7조에서만 이 말이 세 번이나 등장한다. 그러므로 제7조는 '법 앞의 평등과 차별 금지'를 대표하는 조항이다. '법 앞의 평등'은 고전적 자유주의에서 신성불가침한 교의로 받아들여졌다. 고전적 자유주의자들은 각 개인을 합리적인 이익을 추구하는 존재로 보았고, 개인 간의 경쟁을 위해 결과의 평등보다 법 앞의 평등이 절대적으로 필요하다고 생각했다. 개인 한 사람 한 사람을 자율적인 단자로 여겼던 시각의 당연한 결과였다. 애초 고전적 페미니즘도 법 앞의 평등 원칙에서 그 투쟁의 원동력을 끌어왔다고 볼 수 있다. 여성이든 남성이든 동일한 법인격을 지니므로, 재산권 행사, 투표권 행사, 교육 기회 접근, 취업, 사회적 발언권 등에서 남성과 똑같은 법률적 대우를 받을 수만 있으면 여성의 권리가 완성될 것으로 믿었다. 물론 고전적 페미니즘의 이런 문제의식은 그 후 많은 비판과 변화를 겪었지만, 아직도 '법 앞에서의 평등'이라는 원칙은 사회 내 소수자 집단(특히 원주민), 그리고 빈곤층에게 극히 중요한 원칙으로 남아 있다. 평등은 민주주의의 알파요, 오메가라 할 수 있다. 왕이나 특권층이 지배하는 것이 아니라 똑같은 민초들demos이 함께 공동체를 다스리는 제도가 민주주의이기 때문이다. 그러나 모든 사람이 똑같을 수는 없고, 특히 부의 분배에서도 완전한 평등이 불가능하므로, 특히 자유주의사회에서는 차선책으로 형식적·절차적 평등성을 강조하는 경향이 있다. 그런 경향의 선두에 서 있는 개념이 바로 '법 앞의 평등'이라 할 수 있다.

평등은 한 사회가 그 구성원의 차이점을 어떻게 다루느냐의 문제로 귀결된다. 남녀, 노소, 빈부, 장애, 피부색, 교육, 종교, 언어 등 사회의 구성원은 서로 매우 다른 특징과 지향을 지니기 마련이다. 이때 평등의 목표는 이러한 차이점을 깔아뭉개고 모든 사람을 똑같이 만드는 것이 아니다. 그것은 사람들이 서로 다르다는 이유만으로 어떤 사람에게 불합리하게 불리한 대우를 하지 않는 것이다. 그리고 그러한 불합리한 불이익을 당한 사람이 있다면 그것을 시정하는 것이다. 여기서 두 가지를 기억해야 한다. 첫째, 만일 어떤 사람이 남들과 다르다 하더라도 어떤 목적을 이루는 데 그 차이점이 중대한 문제가 되지 않는다면, 그가 지닌 그 차이점은 무시되어야 한다. 예를 들어, 버스 운전이라는 목적을 달성하는 데 여성과 남성의 차이는 반드시 고려되어야 하는 사항이 아니다. 그러므로 버스 운전에서 여성이라는 정체성은 무시되어야 한다. 설령 그 차이점이 어떤 목적에 '약간' 필요하더라도 그런 차이점은 무시해야 마땅하다. 둘째, 진정한 평등이 이루어지려면 개개인의 차이를 감안해야 하며, 그 차이점에 맞춰 다르게 대우해야 한다. 예를 들어 서로 다른 사람을 똑같이 대우한다면 그것은 불평등에 해당한다. 차이점을 무시하고 평등하게 대우하는 것 자체가 차별이 될 수도 있다는 말이다.

© Octavio Roth, UN

벨기에의 여성학자 에바 브렘스Eva Brems는 페미니즘 시각의 발전을 앞서 말한 것과 같은 관점을 동원해 설명한다.[30] 처음에는 여성이 남성과 법적으로 평등해야 한다는 '같음sameness'의 원칙을 중시했다. 그다음에는 여성과 남성의 차이점을 감안해야 한다는 '다름difference'의 원칙을 강조하게 되었다. 마지막으로 '같음'과 '다름'이 질적으로 승화된 상태인 '변화 transformation'의 원칙에 눈을 뜨게 되었다. 예를 들어 아이를 직접 낳은 여성뿐 아니라 그 배우자인 남성도 육아 휴직을 가지게 된 것은 셋째 단계인 '변화'를 상징하는 추세라 할 수 있다.

평등 원칙에 따르면, 직접 차별과 간접 차별을 모두 금지해야 한다. '직접 차별direct discrimination'은 비슷한 상황에 있는 사람들을 똑같이 대우해야 마땅한데 서로 다르게 대우하는 것이다. 우리가 흔히 경험하는 차별을 말한다. 피부색, 종교, 언어 등의 차이를 근거로 불합리하게 차별하는 것이 이런 사례가 된다. '간접 차별indirect discrimination'은 배경이 서로 다른 출신의 사람들을 획일적으로 똑같이 대우하는 것을 말한다. 예를 들어 무슬림 직원이 섞여 있는 직장의 구내식당에서 모든 사람에게 돼지고기를 '똑같이' 내놓는다면 그것은 간접 차별에 속한다.

제7조에 나오는, "이 선언에 위배되는 그 어떤 차별에 대해서도, 그리고 그러한 차별에 대한 그 어떤 선동 행위에 대해서도"라는 문구를 기억할 필요가 있다. 한국에 온 외국인 노동자를 노골적으로 멸시하고, 외국인 혐오증을 공공연하게 부추기는 인터넷 토론방이 벌써 여럿 생겨나 활동하고 있다고 한다. 그러므로 이런 집단에 대해서는 제7조를 원용해, 차별을 선동한 것에 걸맞은 책임을 물을 수 있다. 필자는 제7조에서 차별 금지를 강조하면서도 그것을 더 강력한 언어로 표현했더라면 좋았을 것이라고 생각한다. 소수자에 대한 차별이 극단적인 인권침해 사건으로 이어진다는 점을 역사가 증명하기 때문이다. 지금은 해체된 유고슬라비아에서 1990년대에 세르비아계가 보스니아의 무슬림에게 가한 차별과 학살 사건도 그러했다. 적어도 세계인권선언 전문의 P3 단락에 나오는 정도로 다음과 같이 표현했더라면 더 좋았을 뻔했다. "소수자에 대한 차별이 비극적인 사태로

이어지지 않으려면, 법 앞에서 모든 인간이 평등하도록 인권이 반드시 보호되어야 할 것이다."

필자는 언젠가 워싱턴 DC를 방문한 기회에 옛 동창생을 만난 적이 있다. 그는 미국과 같은 경쟁사회에서 먹고사는 것이 쉽지 않다고 하면서도 이런 말을 덧붙였다. "그래도 여기는 경찰이 공정한 편이야. 누구에게나 '노 익셉션No exception!' 하면 그걸로 끝이야. 예외 없이 모든 사람에게 똑같이 법을 적용한다는 뜻이지." 나는 그 친구가 한 시민으로서 법 앞의 평등 원칙이 얼마나 중요한지 체험적으로 잘 이해하고 있음을 느꼈다. 군대 가는 문제부터 '유전무죄 무전유죄'라는 비아냥거림에 이르기까지 한국 사회는 아직도 모든 사람이 법 앞에서 평등하다고 말하기 어려운 구석이 한두 가지가 아니다. 세계인권선언은 이러한 현실이 모두 심각한 인권침해라는 점을 새삼 깨닫게 해준다.

쉬운 영어 | 제7조

The law is the same for everyone; it should be applied in the same way to all.

토론거리

__ '유전무죄 무전유죄'라는 말이 어떤 경우에 사용되는지 조사하고, 그런 식으로 대중의 마음속에 각인된 실제 사례를 이야기해보자.

__ 모든 인간이 법 앞에서 평등한 대우를 받을 수 있으려면 법관과 검사에게는 어떤 자질과 훈련이 필요할까?

더 읽을거리

권리의 문법 김도균 | 박영사 | 2008

페어 소사이어티: 기회가 균등한 사회(특히 제6장) 김태기 외 | 한국경제신문사 | 2011

검찰공화국, 대한민국 김희수 외 | 삼인 | 2011

제8조
법적 구제를 받을 권리

원문 Everyone has the right to an effective remedy by the competent national tribunals for acts violating the fundamental rights granted him by the constitution or by law.

해석 모든 사람은 헌법 또는 법률이 보장하는 기본권을 침해당했을 때 해당 국가의 법정에 의해 적절하게 구제받을 권리가 있다.

자신의 권리가 침해된 것이 1차적 인권침해라면, 그것에 대해 구제를 받지 못하는 것은 2차적 인권침해라 할 수 있다. 제8조는 이러한 2차적 인권침해를 방지하기 위해서 만들어졌다. 앞선 차별 금지 조항처럼 이 조항 역시 인권 영역 전반에 적용할 수 있는 대단히 폭넓은 권리를 규정한다. 국제법, 헌법, 일반 법률 등에 어긋난 인권침해에 대해서 적절한 조치를 하지 않는 경우 무조건 이 조항에 위배되기 때문이다. 과거사 청산 문제와 관련해서도 바로 이 조항이 지켜지지 않아 수많은 사람이 피해를 당했다. 국가권력에 의해 부당하게 죽음을 당하거나 고문 또는 투옥 등의 인권침해를 당한 사람은 그것만 해도 엄청난 1차적 인권유린을 당한 것인데, 공소시효가 지났다는 이유로 재심, 복권, 피해보상을 받지 못하고 수십 년씩 고생한 일이 비일비재했다. 1차적 인권침해 못지않은 2차적 인권침해를 당한 것이다. 필자는 과거사 청산이 정확하게 세계인권선언의 어느 조항에 해당하는지 궁금하다는 질문을 받은 적이 있다. 과거사 청산을 정치적·역사적으로 접근하는 것과 별개로 인권의 원칙에서 본다면, 그것은 '적절

한 구제를 받을 권리'에 입각해 있다고 할 수 있다.[31]

© Octavio Roth, UN

적절한 구제를 받을 권리가 침해받은 사례를 일일이 열거하기도 어렵다. 극히 다양한 경우가 있기 때문이다. 몇 가지 예만 들어보자. 법 집행 공직자의 부당 행위를 당국이 철저하게 조사하지 않는 것, 누군가가 장애인 시설을 혐오 시설이라고 하면서 자기가 사는 동네에 못 짓게 한 사건을 당국이 조사하지 않는 것, 행정적 결정을 법정에 정식으로 재판을 청구하지 못하게 막는 것 등을 예로 들 수 있다. 또한 성폭력 사건의 피해자가 조사 과정에서 피해를 입게 된 상황을 진술하는 도중 2차적 피해를 당한 것도 넓은 의미로 적절한 구제 권리의 침해로 볼 수 있다. 자기가 피해를 당한 것만 해도 억울한데, 수치심을 느끼는 방식으로 조사를 받거나 심지어 가해자와 함께 대질심문을 받으며 재차 피해를 당하는 일은 인권 원칙에 크게 어긋나는 일이다.

미디어 제국을 거느린 언론 재벌 루퍼트 머독Keith Rupert Murdoch이 소유한 신문사가 최근 불법 도청에 연루된 혐의로 조사를 받았다. 그런데 불법 도청 사실도 문제이지만, 불법 도청의 피해를 당한 사람들이 제기한 호소를 경찰이 고의적으로 무시했었는가 하는 것도 이 스캔들과 관련해 큰 정치적 쟁점이 되었다. 이들은 프라이버시 침해와 적절한 구제를 받을 권리에 대한 침해라는 두 가지 인권침해를 당한 것이다. 한국에서는 나병(한센병) 환자의 정상적인 아이를 (그 말부터가 차별적인) '미감아未感兒'라고 부르던 시절이 있었다. 당시 그들의 학교 입학 문제가 신문 사회면에 자주 등장하곤 했다. 병이 없는데도 나병에 감염될지 모른다는 근거 없는 이유를 들어 그들의 등교를 가로막는 사례가 있었던 것이다. 그때만 해도 인권에 대한 사회적 의식이 아주 낮은 때여서 미감아들이 이런 차별적 대우 앞에서 적절한 구제를 받지 못하는 사례가 비일비재했다.[32]

적절한 구제를 받을 권리와 관련해 잊지 말아야 할 분야가 경제적·사회적 권리다. 사회보장 프로그램을 삭감하거나 특히 극빈층의 사회지원비를 줄인다면, 이 때문에 기본권을 침해당한 이들은 제8조에 근거해서 효과적인 구제책을 국가에 요구할 '권리'가 있다. 모든 사람이 적절한 수준의 소득을 보장받을 권리가 있기 때문이다(제23조 참조). 캐나다 정부가 경제적 상황을 이유로 사회보장비를 줄이기로 했을 때, 유엔경제사회문화권위원회Committee on Economic, Social and Cultural Rights는 만인에게 국가가 일정한 생활수준을 보호해줄 의무가 있는데 그것을 위반한 것은 '적절한 구제 권리'의 침해에 해당한다고 결정했다.[33] 여성에게 가해지는 가정폭력과 관련해서도 적절한 구제 권리 침해에 해당하는 예가 많다. 유엔은 '가정폭력domestic violence'을 다음과 같이 규정한다. "남편이나 남자친구가 여성을 강제적으로 굴복시키거나 협박할 목적으로 폭력을 행사하거나 폭력 사용을 위협하는 것. 이런 폭력에는 밀치거나, 때리고, 목을 조르고, 뺨을 치고, 발로 차고, 불로 지지거나, 칼로 찌르는 행위 등이 포함된다."[34] 그런데 이렇게 심각한 일이 벌어져도 가정 내 문제라는 이유로 공권력이 개입하지 않는다면, 그것은 '적절한 구제를 받을 권리'를 공권력이 유린한 것이 된다. 미국 미시간 주 경찰은 가정폭력의 피해자들이 적절한 구제를 받을 수 있도록 경찰관에게 이 문제를 철저히 교육하는 것으로 유명하다.[35] 전 세계적으로 인권운동이 적절한 구제를 받을 권리에 기대어 국가를 제소하거나 국제기구에 호소하는 경우가 많다. 최근 콜롬비아에서 폭력단에게 불법적으로 농경지를 빼앗기고 국내 난민internally displaced persons이 된 원주민들이 미주인권위원회IACHR에 자신들이 구제받을 권리를 침해받았다고 진정을 한 사건이 국제적으로 주목을 받았다.[36] 이처럼 적절한 구제를 받을 권리는 피해자가 의지할 수 있는 대단히 포괄적이고 효과적일 수 있는 권리임을 기억할 필요가 있다.

쉬운 영어 | 제8조

You should be able to ask for legal help when the rights your country grants you are not respected.

토론거리

헌법재판소는 일본군위안부와 원폭 피해자의 배상청구권 문제에 대해 정부가 구체적인 해결 노력을 기울이지 않는 것이 피해자의 기본권 침해라고 판결했다. 일본군위안부 피해자들과 히로시마·나가사키 원폭 피해자들은 대한민국 정부가 1965년에 한일 간에 맺은 한일기본조약의 부속 협정인 청구권협정과 관련한 분쟁을 해결하려는 조처를 취하지 않아 자신의 기본권이 침해당했다며 2006년 7월 헌법소원심판 청구서를 제출했다. 헌법재판소는 이 사건의 본질이 일본 정부의 지속적이고 불법적인 행위라고 규정하면서, 대한민국 정부는 인간의 존엄과 가치가 심각하게 훼손당한 자국민의 배상청구권을 실현하도록 협력하고 보호해야 할 헌법적 의무를 진다고 지적했다. 그동안 우리 정부는 한일 과거사 문제 해결에 소극적인 태도로 일관한다는 비판을 받아왔다. 청구권협정 제3조에는 "협정의 해석 및 실시에 관한 분쟁이 있을 경우 우선 외교상의 경로를 통해 해결해야 하며, 이에 실패했을 때 중재위원회에 회부한다"라는 조항이 있다. 헌법재판소는 헌법 조문과 청구권협정의 해당 조항은 물론, 청구권협정 내용에 비춰보아도 한국 정부가 피해자의 배상청구권을 실현하도록 보호할 의무가 있음을 밝힌 것이다. 이는 국제적인 사안을 놓고 정당한 법적 구제를 받을 수 있는 자국민의 권리를 자국 정부가 보호하지 않았다는 점을 시사하는 견해이므로 인권과 관련해 대단히 중요한 의미가 있는 결정이다.

__ 청소년과 학생의 정당한 권리가 침해되었을 때 구체적으로 어떤 방법을 통해 구제를 받을 수 있는지 토론해보자. 예를 들어 아르바이트 수당을 정당하게 지급받지 못

했을 때 누구에게 하소연할 수 있는가?

더 읽을거리

저는 오늘 꽃을 받았어요: 가정폭력과 여성인권 정희진 | 또 하나의 문화 | 2002

재심·시효·인권: 국가기관의 인권침해에 대한 법적 구제방안 한인섭 엮음 | 경인문화사 | 2007

제9조
자의적으로 체포 · 구금되지 않을 권리

원문 No one shall be subjected to arbitrary arrest, detention or exile.

해석 **어느 누구도 함부로 체포 또는 구금되거나 해외로 추방되어서는 안 된다.**

'arbitrary arrest'는 흔히 자의적 체포라고 번역한다. '자의적恣意的'이라는 말에는 방자하게 제멋대로 한다는 뜻이 있다. 법도 규정도 없이 자기 마음대로 타인을 잡아 가두는 것이니 자의적 체포를 하는 권력은 그 자체가 이미 독재권력이라고 할 수 있다.

조금 더 구체적으로 살펴보자. 자의적으로 체포하거나 가두는 행위에는 두 가지 차원이 있다. 첫째는 어떤 범죄를 저질렀다는 근거도 없이 잡아 가두는 것이고, 둘째는 설령 범죄 혐의가 있다 하더라도 체포·구금하는 과정에서 적법한 절차를 지키지 않고 잡아 가두는 것이다. 민주주의국가에서 자의적 체포·구금은 상상하기 어려운 일이다. 그래서 이른바 민주주의국가를 자처하는 나라에서는 가두시위에 연루된 사람을 몇 시간 정도만 잡아두어도 중요한 인권침해로 큰 문제가 되곤 한다. 무고한 시민을 단 몇 시간만 불법으로 가둬두더라도 그런 행위는 민주주의국가가 자랑하는 '법의 지배' 원칙에 정면으로 어긋나고, 더 나아가 수백 년 동안 인류가 쌓아온 인신 보호 원칙을 깨뜨리기 때문이다.

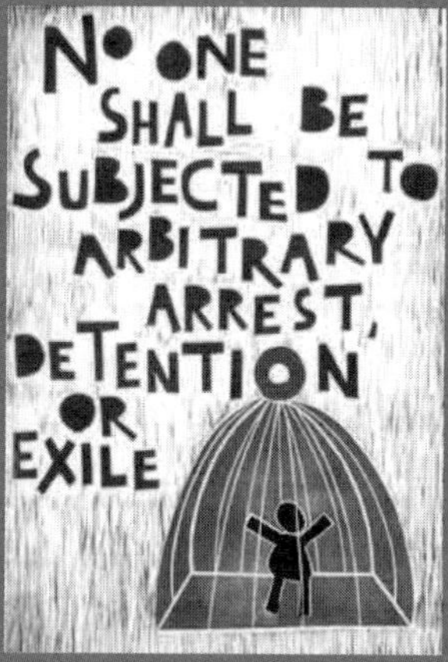

© Octavio Roth, UN

그런데 노골적인 독재국가일수록 자의적 체포와 구금이 아무렇지도 않게 일어나곤 한다. 이런 나라일수록 시민은 다음과 같은 일을 쉽게 경험한다. 우선, 왜 체포당했는지 설명을 듣지 못한다. 이 과정에서 법원이 발부한 체포영장이 제시되지 않는다. 자의적 체포일수록 외부와 연락이 끊긴 상태incommunicado로 갇혀 있기 쉽다. 이렇게 되었을 때 가족과 친지는 체포된 사람이 어떻게 되었는지 알 수 없다. 멀쩡하던 사람이 하루아침에 행방불명이 되는 것이다. 외부와 연락이 두절되고 홀로 갇힌 사람일수록 고문이나 가혹행위를 당하기 쉽다. 변호사를 만나지도 못하고 자신의 권리를 행사할 수도 없다. 이런 상태에서 사람을 체포해놓은 권력은 그에게 어떤 짓을 하더라도 탄로가 나거나 문제가 생기지 않을 것이라고 믿고, 마음대로 나쁜 짓을 가할 가능성이 크다. 게다가 행방불명된 사람은 법을 뛰어넘는 처벌—예를 들어 초법적 살인extrajudicial execution—을 당할 가능성이 크다. 1970~1980년대 라틴아메리카에서는 행방불명이 되면 초법적 살인을 당했다고 거의 단정할 정도로 인권침해가 심했다. 그래서 생겨난 말이 '실종disappearance'이었다. 따옴표를 붙여 '실종'이라고 표현하는 것은, 당국의 공식 설명은 실종이지만 사실은 어떤 사람을 '강제로 사라지게 한 것'이라는 의미를 강조하기 위해서다. 이 때문에 국제앰네스티는 이런 일을 '강요된 실종enforced disappearance'이라고 부르기도 한다.[37]

자의적 체포·구금 금지 조항은 세계인권선언뿐 아니라 시민적·정치적 권리에 관한 국제규약에도 나와 있다. 민주주의국가에서도 사람을 합법적으로 가두는 경우가 간혹 있다. 범죄를 저지르고 유죄 판결을 받은 사람, 중범죄 용의자, 정신이상자, 그리고 비상사태 등의 경우에 합법적 구금이 있을 수 있다. 그런데 사람을 '잡아 가두다'는 뜻의 단어는 굉장히 많다. 서로 의미도 조금씩 다르고, 각 단어는 그 나라의 특수한 사회적·역사적 경험을 반영한다. 예를 들어, arrest, apprehension, detention, incarceration, prison, reclusion, custody, remand 등이 모두 사람을 가두는 일과 관련된 단어다. 그래서 유엔인권위원회는 1997년 이 모든 용어들을 통일하여 '자유의 박탈deprivation of liberty'이라는 말을 공식적으로 쓰기로 했다. 그 뒤로는 자의적 체포·구금이라는 말도 '자의적인 자유의 박탈'이라고 표현되었다.[38] 유엔은 자유의 박탈을 매우 광범위하게 해석한다. 법적인 체포, 구속, 구금은 물론이고, 행정적인 구류처분, 가택연금, 노동교화 등이 모두 여기에 포함된다. 제5공화국 당시 운영되었던 삼청교육대는 '자의적인 자유의 박탈'을 극단적으로 보여준 사례다. '자의적'이라는 말 역시 유엔에서는 세계인권선언과 국제인권법의 규정에 어긋나는 모든 행위라고 넓게 해석한다. 세계인권선언이 어떤 나라가 민주주의국가인지 독재국가인지를 판별하는 기준을 제공하는 셈이다.

'해외 추방' 또는 '망명'은 외국으로 강제 출국되었거나, 자기 나라로 돌아갈 경우 엄청난 처벌 또는 보복을 당할 가능성이 커서 외국에 머무르기를 선택한 상황을 말한다. 실제로 한국에서 과거 민주화운동 당시 해외로 망명했거나 자의반 타의반으로 돌아오지 못한 채 외국에서 살아야 했던 사람이 적지 않았다. 라이베리아 출신의 알퐁세라는 인권운동가는 망명 생활을 이렇게 표현한다.

> 망명은 괴로운 일이다. 자기 나라를 갑자기 떠나야 하는 비자발적 행동이다. 어디로 망명 신청을 해야 할지 아무 계획도 없는 상태다. 비겁하게 도망간 것처럼 보이면 안 된다는 두려움도 있다. …… 돌아올 수 있다는 기대나 희망도 품지 못한다.[39]

필자가 중학교에 다니던 무렵 어느 날 아침 신문에 '솔제니친 추방'이라는 헤드라인과 함께 큰 사진이 실린 것을 인상 깊게 본 기억이 있다. 나중에 정확한 날짜를 찾아봤더니 그것은 1974년 2월 12일에 일어난 일이었다. 소련 당국이 반체제 작가였던 알렉산드르 솔제니친Aleksandr Solzhenitsyn을 독일로 내쫓고 소련 국적을 박탈해버렸던 것이다. 사진 속에서 솔제니친 옆에 서 있던 사람은 독일의 저명한 작가 하인리히 뵐Heinrich Theodor Böll이었다. 뵐은 쾰른에 있는 자기 집에서 솔제니친이 묵을 수 있도록 호의를 베풀었다. 그 후 솔제니친은 무려 20년 동안이나 해외를 떠도는 망명객 신세로 살아야 했다. 기나긴 세월 동안 자신의 기본권 — 자기 나라에서 살 수 있는 권리 — 을 박탈당했던 것이다.

쉬운 영어 | 제9조

Nobody has the right to put you in prison, to keep you there, or to send you away from your country unjustly, or without good reason.

토론거리

민주화가 이루어진 다음에는 많이 줄어들었지만, 과거 반민주 권위주의 시대에는 불법적인 체포와 구금이 다반사로 일어났다. 임의동행, 예비검속 등 초법적인 관행을 동원해 시민의 자유를 박탈하는 일이 예사로 벌어졌던 것이다. 이러한 일은 많이 줄어들기는 했으나 여전히 발생하고 있다. 최근에는 자신이 빌려준 돈을 받으려고 피해자를 불법적으로 체포·감금한 전직 경관에게 징역형이 선고되는 사건이 벌어졌다. 서울중앙지방법원에 따르면, 피해자를 불법적으로 체포·감금한 혐의(직권남용 체포)로 기소된 전직 경찰관 A 씨에 대해 징역형이 선고되었다고 한다. 이 전직 경관은 자신의 돈을 빌린 B 씨가 "C 씨가 수표를 가져가서 돌려주지 않고 있는데 문제를 해결해주면 돈을 갚겠다"라고 제안하자 이를 돕기로 약속했다. 당시 현직 경찰관이던 A 씨는 외출 중이던 C 씨를 B 씨의 지인들과 합세해 강제로 차에 태우려고 하다 C 씨가 격렬하게 저항하자 준비한 가짜 공문서와 경찰공무원 신분증을 보이면서 자신이 "OO서 형사인데 체포영장이 발부됐다"라고 속여 C 씨를 경찰청 청사로 데려온 후 당직자에게 신병을 인계하고 조사를 맡기기까지 약 20분간 불법 감금한 혐의로 기소되었다. 단지 20분이라는 짧은 시간 동안 일어난 불법 구금이라 하더라도 민주사회에서 결코 일어나서는 안 될 일이 일어난 것이다. 인신을 불법 구금하지 못하게 하는 조치는 역사 속에서 수백 년간의 투쟁과 발전을 거쳐 확립된 기본권이므로 반드시 지켜야 하는 문명사회의 약속이다.

__ 가두에서 합법적인 시위 도중 경찰 호송버스에 강제로 태워져 인신의 자유를 침해당한 사례를 찾아보고, 이런 상황에서 어떻게 대처해야 할지 토론해보자.

더 읽을거리

감옥으로부터의 사색: 신영복 옥중서간 신영복 | 돌베개 | 1998
한국 감옥의 현실: 감옥 인권실태 조사보고서 이승호 · 박찬운 외 | 사람생각 | 1998
형법과 사회통제 한인섭 | 박영사 | 2006

제10조
공정한 재판을 받을 권리

원문 Everyone is entitled in full equality to a fair and public hearing by an independent and impartial tribunal, in the determination of his rights and obligations and of any criminal charge against him.

해석 **모든 사람은 자신의 권리와 의무가 무엇인지를 가려내고, 자신에게 가해진 범죄 혐의에 대해 심판 받을 때에, 독립적이고 불편부당한 법정에서 다른 사람과 똑같이 공정하고 공개적인 재판을 받을 자격이 있다.**

공정한 재판을 받을 권리는 법의 지배가 확립된 모든 사회에서 인정되는 중요한 인권 사안이다. 법적 권리가 법정에서 실현되는 상징이기도 하다. 하지만 공정한 재판을 받을 권리는 법률 개념일 뿐만 아니라 윤리적·철학적 개념이기도 하다. 따라서 얼핏 단순하게 생각되는 권리이지만, 시대와 장소에 따라 복잡한 문제가 제기되기도 한다. 9·11 사태 이후 미국에서 외국 출신의 테러 용의자를 어떻게 재판해야 하는가 하는 문제를 놓고 논쟁이 벌어졌던 일을 기억할 것이다. 공정한 재판을 어떻게 진행할 수 있을까 하는 논쟁 때문에 부시 행정부는 용의자를 미국 본토로 데려오지 않고 미국법의 관할권이 미치지 않는 쿠바의 관타나모 기지에 임시감옥을 만들어 수백 명의 테러 용의자를 구금했다. 선거운동 기간 중에 관타나모 문제를 해결하겠다고 공약했던 오바마 대통령은 취임 후 아직까지도 이 문제를 완전히 해결하지 못하고 있다. 그만큼 공정한 재판을 받을 권리는 현실적으로 쉽지 않은 문제다.

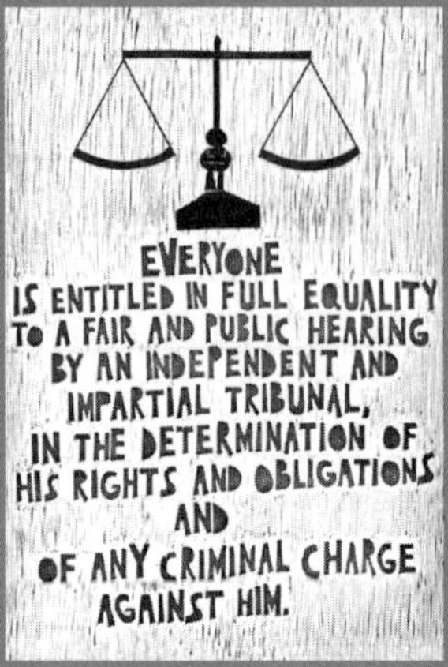
EVERYONE
IS ENTITLED IN FULL EQUALITY
TO A FAIR AND PUBLIC HEARING
BY AN INDEPENDENT AND
IMPARTIAL TRIBUNAL,
IN THE DETERMINATION OF
HIS RIGHTS AND OBLIGATIONS
AND
OF ANY CRIMINAL CHARGE
AGAINST HIM.
© Octavio Roth, UN

공정한 재판은 크게 보아 두 부분으로 나뉜다. 우선 피고인에게 공정한 처우를 해주어야 한다. 그리고 법정의 절차적 규칙이 제대로 지켜져야 한다. 법정의 절차적 규칙이 제대로 지켜지게 하려면 판사와 법률가가 편향 없이 재판을 할 수 있도록 그들의 신분과 지위를 보장해야 한다. 독립적이고 불편부당한 법정을 강조하는 것은 재판이 정치나 자본의 영향으로부터 초연해야 하기 때문이다. 'impartial'이라는 말은 판사가 누구의 편도 들지 않는다는 뜻이다. 그 사건에 대해 편견bias을 가져서도 안 되고 그 사건에 판사 개인의 이해관계가 얽혀 있어도 안 된다.

한국에서는 독립적인 법정의 원칙이 무너진 사례가 적지 않았다. 박정희 정권은 이른바 인혁당재건위 사건이라는 정치 사건을 조작해서 1975년 4월 8일 여덟 명의 피고인에게 사형을 선고한 다음 불과 18시간 만에 그들을 모두 사형에 처했다. 세계적으로 충격을 준 대한민국 사법부의 오점이었다. 이 사건은 결국 2007년 이루어진 법원의 재심에서, 조작되었던 것으로 결론이 났고, 피고인에게 무죄가 선고되었다. 세계인권선언 제10조를 헌신짝처럼 짓밟은 충격적인 사건이었다. 이런 식의 엉터리 재판으로 인권이 유린된 사건이 독재 기간에 수도 없이 일어났다. 이승만의 정적이었던 조봉암의 사형도 좋은 예다. 조봉암은 간첩혐의로 사형을 당했지만, 2011년 대법원의 재심에서 무죄가 확정되었다. 사법 살인이었음을 사법부가 스스로 인정한 것이다. 그런데도 사회 일각에서는 이러한 결정을 법원의 좌경화라고 비판한다. 한국에서 기본적 인권의 보장조차 얼마나

갈 길이 먼지를 보여주는 씁쓸한 풍경이다.

공정한 재판을 좀 더 상세히 살펴보자.[40] 우선 재판 전 절차로 다음의 권리가 보장되어야 한다. 자의적 체포·구금을 당하지 않을 권리, 체포의 이유를 알 권리, 법률가의 도움을 받을 권리, 구속적부심 심사를 받을 권리, 고문 및 가혹행위를 당하지 않을 권리, 외부 단절 구금을 당하지 않을 권리 등이 그것이다. 재판 도중의 권리로는 다음을 들 수 있다. 법 앞에서 평등할 권리, 공정하고 공개적인 재판을 받을 권리, 독립적이고 불편부당한 법정에서 재판을 받을 권리, 판결이 나기 전까지 무죄로 추정받을 권리, 변론을 준비할 시간을 부여받을 권리, 지체 없이 재판받을 권리, 자신을 변호할 권리, 증인을 심문할 권리, 통역을 제공받을 권리, 자신에게 스스로 죄를 부과하게 하는 '자기부죄自己附罪, self-incrimination'를 하지 않을 권리, 법의 소급 적용을 받지 않을 권리, 같은 사건으로 두 번 처벌받지 않을 권리(일사부재리) 등이다. 재판 후의 권리로는 다음이 있다. 항고할 권리, 그리고 판결이 잘못되었을 때 보상받을 권리 등이 그것이다. 세계인권선언에서 법적 권리를 다룬 부분을 읽다 보면 법률가들이 시민의 인권보호에 얼마나 큰 역할을 할 수 있는지, 또는 얼마나 부정적인 결과를 초래할 수 있는지를 확실하게 느낄 수 있다. 법률가 시험을 통과한 모든 이에게 세계인권선언을 준수하겠다는 선서를 하게 하면 어떨까?

쉬운 영어 | 제10조

If you go on trial this should be done in public. The people who try you should not let themselves be influenced by others.

토론거리

__ 한국의 현대사에서 사법살인이 일어났던 사례를 조사하고, 그것의 인권적 교훈을

이야기해보자.

__ 사법부가 권력의 시녀라는 소리를 듣지 않으려면 어떤 조치가 필요한가?

더 읽을거리

배심제와 시민의 사법참여 안경환 · 한인섭 | 집문당 | 2005

사법부의 독립과 권력분립 조지형 · 미래한국재단 엮음 | 미래한국재단 | 2010

세기의 재판: 그림으로 보는 30대 악명 높은 재판 처치 · 영 | 최재경 옮김 | 다연출판사 | 2006

사법살인: 1975년 4월의 학살 천주교인권위원회 엮음 | 학민사 | 2001

인권변론 한 시대: 홍성우 변호사의 증언 홍성우 · 한인섭 | 경인문화사 | 2011

제11조 판결 전까지 무죄로 추정받을 권리, 소급입법을 적용받지 않을 권리

원문 1. Everyone charged with a penal offence has the right to be presumed innocent until proved guilty according to law in a public trial at which he has had all the guarantees necessary for his defence.

2. No one shall be held guilty of any penal offence on account of any act or omission which did not constitute a penal offence, under national or international law, at the time when it was committed. Nor shall a heavier penalty be imposed than the one that was applicable at the time the penal offence was committed.

해석 1. 형사상 범죄 혐의로 기소당한 사람은 누구나 자신의 변호를 위해 필요한 모든 법적 보장이 되어 있는 공개재판에서 법에 따라 정식으로 유죄 판결이 나기 전까지는 무죄로 추정받을 권리가 있다.

2. 어떤 사람이 그전에 국내법 또는 국제법상으로 범죄가 아니었던 일을 행하거나 행하지 않았던 것을 두고 그 후에 유죄라고 판결해서는 안 된다. 또한 범죄를 저지른 당시에 부과할 수 있었던 처벌보다 더 무거운 처벌을 그 후에 부과해서도 안 된다.

제11조의 1항은 이른바 '무죄추정'의 권리를 다룬다. 흔히 무죄추정을 'presumption of innocence'라고 하는데, 세계인권선언에서는 그것의 구어체인 'innocent until proved guilty'로 표현한다. 이 말은 영국의 법률가 윌리엄 개로William Garrow의 말을 그대로 인용한 것이다. 유죄로 입증될 때까지는 원칙적으로 무죄로 간주한다는 원칙은 근대법에서 너무나 유명하고 중요한 기본권으로 간주된다. 세계인권선언을 필두로 국제인권규약, 유럽인권협정 등에 모두 나와 있는 권리다. 이 원칙이 중요한 것은, 어떤 사람이 범죄를 저질렀다고 고발(소추)하는 측에게는 ─ 고발당한 사람이 아니라 ─ 그 사람의 범죄 사실을 의심의 여지 없이 확실하게 입증할 책임이 있다고 보기 때문이다. 그래서 무죄추정의 원칙을 라틴 법언으로 "입증의 의무는 고발하는 사람에게 있지, 고발당한 사람에게 있지 않다Ei incumbit probatio qui dicit, non qui negat"라고 한다.

세계인권선언에서 이러한 내용을 언급한 것은 결국 역사적으로 볼 때 그렇지 못한 경우가 많았음을 시사한다. 과거에는 권력자가 어떤 무고한 사람을 범인으로 지목했을 때 지목받은 사람이 자기가 범인이 아니라는 것을 입증해야 했다. 앞뒤가 바뀐 처사였다. 그러므로 베카리아의 근대법 개혁 이래 고발하는 측(그것이 검찰이든 고발인이든 간에)에게 범죄의 입증 의무를 부과한 것은 형사법 사상 획기적인 일이었다. 즉, 99명의 범인을 놓치는 한이 있더라도 1명의 억울한 범죄자를 만들어서는 안 된다고 하는

Article 11

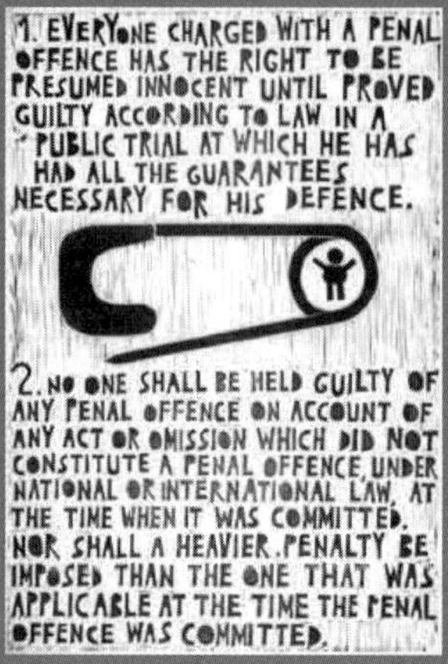
1. EVERYONE CHARGED WITH A PENAL OFFENCE HAS THE RIGHT TO BE PRESUMED INNOCENT UNTIL PROVED GUILTY ACCORDING TO LAW IN A PUBLIC TRIAL AT WHICH HE HAS HAD ALL THE GUARANTEES NECESSARY FOR HIS DEFENCE.
2. NO ONE SHALL BE HELD GUILTY OF ANY PENAL OFFENCE ON ACCOUNT OF ANY ACT OR OMISSION WHICH DID NOT CONSTITUTE A PENAL OFFENCE, UNDER NATIONAL OR INTERNATIONAL LAW, AT THE TIME WHEN IT WAS COMMITTED. NOR SHALL A HEAVIER PENALTY BE IMPOSED THAN THE ONE THAT WAS APPLICABLE AT THE TIME THE PENAL OFFENCE WAS COMMITTED.
© Octavio Roth, UN

인도적 법정신이 이 원칙 속에 녹아 있다.

케네스 페닝턴Kenneth Pennington의 설명에 따르면, 무죄추정 원칙은 흔히 앵글로색슨의 법 전통이라는 통설과는 달리 13세기 말에 생겨나 유럽의 공동법jus commune 전통 내에 보존되었고 유대인, 이단자, 마녀 등 사회의 소수파에 속하는 피고인을 변호하기 위해 사용된 법리였다. 그 후 무죄추정 원칙은 16~18세기에 고문을 반대하기 위한 논거로도 활용되었다. 따라서 이 원칙은 여러 나라의 법 전통이 섞이고 서로 영향을 주면서 발전해온 진정한 의미에서의 보편적 인권 원칙으로 볼 수 있다.[41] 즉, 특정 국가의 법률에 규정된 권리만을 권리로 인정하는, 오스틴John Austin류의 법실증주의에 반대되는 사례로 볼 수 있다는 말이다. 이런 초국적 전통 때문인지 유럽연합에서 추진 중인 법률 평준화legal approximation 작업에서도, 재판에서 절차적 안전장치의 핵심으로 무죄추정 원칙을 든다.[42]

최근 프랑스의 사회당 정치인이자 IMF의 총재를 지내다가 뉴욕의 한 호텔에서 여성 노동자를 성추행한 혐의로 체포되었던 도미니크 스트로스칸Dominique Strauss-Kahn의 뉴스가 큰 주목을 끌었다. 사건의 성격 때문인지 선정적인 보도가 다수를 차지했다. 그러나 미국의 대표적인 진보 성향의 주간지인 ≪더 네이션The Nation≫은 "이 사건으로 무죄추정의 원칙이 실종되었다"라는 기사를 내면서 인권의 대원칙을 지키지 않는 주류 언론의 행태를 비판했다.[43] 그 후 뉴욕 지방검찰은 피해자의 증언을 신뢰할 수 없다는 이유로 기소 취소 처분을 내렸다. 이른바 '없었던 일'이 된 셈이다. 이 사건은 우리에게 확실히 유죄 판결이 나올 때까지는 무죄로 추정해야 한다는 인권 원칙을 재삼 상기하게 해준 셈이다. 이런 원칙은 설령 나중에 유죄 판결이 나온다 하더라도 지켜져야 할 원칙이다. 만일 '유죄 판결이 나왔으니 처음부터 유죄로 추정한 것이 결과적으로 옳았다'라고 말한다면, 이는 인권의 원칙을 전혀 이해하지 못하는 태도다. 스캔들과 같은 사건이 발생했을 때 언론의 속성상 그리고 대중의 심리상 화끈한 쪽으로 이야기를 키우고 그런 방향으로 여론을 몰고 가는 경향이 있다. 과거에는 권력자가 개인에게 죄를 뒤집어씌웠다면, 요즘에는 여론 재판이 개인을 죄인으로 만든다. 인권을 옹호하는 사람이라면 깊게 생각하고 여론 몰이에 쉽게 동조하지 않는 냉철한 사고를 할 수 있어야 한다는 사실을 가르쳐주는 교훈이 아닐 수 없다.

제11조의 2항은 소급입법의 문제를 다룬다. 나중에 법을 만들어 그 이전의 행위(또는 '부작위', 즉 어떤 행위를 하지 않은 것)를 범죄로 만들면 안 된다는 원칙이다. 이를 라틴 법언으로 "법에 규정되어 있지 않으면 죄도 없다nullum crimen, nulla poena sine lege"라고 한다. 인권의 시각으로 보면 소급입법을 통해 뒤늦게 죄를 만들거나 더 무거운 처벌을 하는 것만이 문제가 된다. 따라서 지은 죄에 대해 나중에 법을 만들어 형을 줄여주거나 면제해준다면 그것도 소급입법의 일종이라 할 수 있지만, 그런 것은 인권침해로 간주하지 않는 것이 보통이다. 이 조항은 사후에 범죄성을 구성하는 것과 사후에 처벌성을 강화하는 것, 이 두 가지 모두가 인권에 위배되는 행위임을 강조한다. 소급입법 금지 원칙은 국가 비상사태가 일어나도 위반할 수 없을 만큼 중요한 무게를 지닌 인권 원칙이다(제30조 해설을 참조할 것).

쉬운 영어 | 제11조

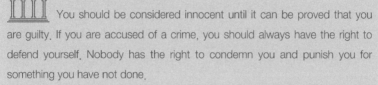

You should be considered innocent until it can be proved that you are guilty. If you are accused of a crime, you should always have the right to defend yourself. Nobody has the right to condemn you and punish you for something you have not done.

토론거리

서울시 교육감이 후보 단일화를 둘러싸고 상대 후보에게 대가성 돈을 주었다는 혐의로 구속된 사건이 있었다. 당시 교육감의 변호인은 검찰의 언론 플레이와 언론의 소설 쓰기는 너무나 심각했다고 한다. 검찰이 매일같이 피의 사실을 공표하고 수사 자료를 언론에 흘리면서 여론 몰이를 주도한 결과, 대중 사이에서 이 사건을 유죄로 추정하는 분위기가 형성되었다. 한창 진행 중인 수사 내용이 이른바 속보라는 이름으로 언론 매체를 통해 거의 실시간으로 중계되다시피 했다. 수사의 주체가 검찰이므로 검찰이 의도적으로 언론에 정보를 공개하지 않으면 발생할 수 없는 일이 일어나고 있었던 것이다. 게다가 수사 과정에서 전혀 나오지도 않은 내용이 뉴스 속보에서 그럴듯하게 언급되면서 유죄추정의 여론이 더욱 형성되는 계기가 되었다. 검찰이 정보를 의도적으로 유출하고 일부 언론이 그것에 맞장구치는 여론 재판의 행태는 근대 인권의 대원칙을 정면으로 거부하는 중대한 인권침해라 할 수 있다. 판결이 나중에 유죄로 나오든 무죄로 나오든 이 점은 마찬가지다. 일방적으로 여론이 형성되고 나서는 당사자의 소명이나 반론권이 행사될 여지가 극히 줄어든다. 또한 일단 어떤 사회적 사건에 대해 대중의 인지적 프레임이 특정한 방향으로 굳어지면 그 후 상황이 변하더라도 사람들의 판단은 한 방향으로 내려지기 쉽다. 또한 사회적 분위기는 재판의 결과에 대해서도 직간접적인 영향을 미치기 마련이다. 비슷한 범죄라 하더라도 유죄추정 분위기가 강할 때 더 엄중한 처벌이 나올 수 있다. 피의 사실이 보도되어 '여론 재판'이 이미 이루어진 상태에서 법관은 어떤 판결을 내리더라도 편파적이라는 비난을 받기 쉽다. 뻔한 결론을 뒤늦게 추인하는 '들러리' 신세가 되거나 여론과 정면으로 싸워야 하는 '혁명투사'가 되어야 한다. 더욱 심각한 문제는 설령 판결을 통해 애초에 보도된 것과 정반대 결과가 나온다 하더라도 그때쯤이면 이미 대중의 관심사가 바뀌어 있을 것이므로 다수 대중은 재판 결과와 상관없이 초기 여론 재판 분위기에서 형성된 고정관념을 그대로 지니고 있기 쉽다. 재판에서 설령 무죄가 나오더라도 한번 실추된 개인의 명예를 다시 회복하기는 어렵다는 것이다. 무죄추정의 원칙과 같은 고전적 인권 항목조차 제대로 지켜지지 않는 사회에서 여타 인권이 어떻게 보장될 수 있을까?

__ 여론 재판을 통해 일찌감치 유죄로 추정되었다가 나중에 무죄로 판명이 났던 사건의 사례를 제시해보자. 그리고 세 팀으로 나눠, 각각 ① 유죄로 여론 몰이를 하는 언론, ② 유죄라고 믿게 되는 대중, ③ 피해자의 역할을 맡아 상황극을 연기해보자.

더 읽을거리

국가범죄: 한국 현대사를 관통하는 국가폭력과 그 법적 청산의 기록 이재승 | 앨피 | 2010

무죄추정 스콧 터로 | 최승자 옮김 | 대흥 | 1992

세계인권선언을 만드는 과정에서 계속 제기되었던 문제는 세 가지였다. 첫째, 개인의 권리와 국가의 권리를 어떻게 조절할 것인가? 둘째 시민적 · 정치적 권리와 경제적 · 사회적 권리를 어떻게 조화시킬 것인가? 셋째, 인간이 권리를 가질 수 있는 근거가 무엇이며 그러한 권리가 어디에서 연유된 것인가? 이런 질문들이 선언을 작성하는 과정에서 계속 우리 머릿속을 떠나지 않았다. — 찰스 말리크

제 5 장

인권의 둘째 기둥

세계인권선언의 둘째 기둥에서는 시민사회에서 보장되어야 하는 권리를 다룬다. 그런데 둘째 기둥부터 넷째 기둥까지 순서대로 보면 토머스 마셜 Thomas H. Marshall이 『시티즌십과 사회계급Citizenship and Social Class』에서 제시했던 시티즌십의 세 가지 차원이 차례대로 표현되어 있음을 알 수 있다.[1] 즉, 둘째 기둥은 18세기에 발전된 시민적 권리, 셋째 기둥은 19세기에 발전된 정치적 권리, 넷째 기둥은 20세기에 발전된 사회적 권리를 각각 포함하고 있는 것이다. 네 기둥 전체를 보면, 첫째 기둥에서는 법적으로 진화해온 역사적 기본권을 규정하고, 그다음 세 기둥에서 시티즌십의 전체 양상을 제시하는 구조로 기둥이 세워져 있다. 여기서 우리는, 인간이 어떤 공동체에서 한 인간으로 대접받기 위해 필요한 조건을 제공하는 것이 인권의 궁극적인 존재 의의라는 것을 알 수 있다.

두 가지를 지적하고 넘어가자. 우선, 시티즌십이란 흔히 시민권이라고 번역되지만 그것이 아주 정확한 번역어는 아니다. 시티즌십의 개념에는 권리만 들어 있는 것이 아니라 구성원으로서 공동체에 져야 하는 의무까지도 들어 있기 때문이다. 세계인권선언의 지붕(제28조~제30조)에서 의무를 규정한다는 사실을 떠올려보면, 인권이 인간의 의무를 포함한 시티즌십의 완성을 지향하는 사상이라는 것을 알 수 있다. 그리고 세계인권선언에서는 마셜의 시티즌십 개념보다 더 세계적인, 일종의 초국적 시티즌십 개념을 제시한다. 둘째 기둥에 나오는 이동과 거주의 자유, 망명의 권리, 국적 취득의 자유 등은 한 국가 안에서만 통용되는 권리가 아니다. 이런 견해는 1948년 시점에서 대단히 전향적이었고, 최근 들어 본격적으로 논의되는 전 지구적 시티즌십 사상을 당시에 이미 제시한 것이었다.[2]

그렇다면 둘째 기둥에서 다루는 시민적 권리란 정확히 어떤 권리를 말하는가? 이를 이해하려면 우선 시민사회civil society가 무슨 뜻인지를 알아야 한다. 시민사회란 우리가 흔히 이해하듯 시민운동이 일어나는 공간을 말하는가? 시민사회, 즉 'civil society'는 그리스어 '폴리티케 코이노니아 πολιτική κοινωνία' 또는 라틴어 '소시에타스 시빌리스societas civilis'에서 온 말이다. 그러므로 'civil'이라는 말은 자연 상태state of nature와 구분되는 사회공동체civil state라는 뜻에서 나왔다. 즉, 사람들이 원시적인 자연 상태를 벗어나 평등한 개인의 자격을 가지고 함께 모여 사는 공동체를 이루었다는 뜻이다. 야만 상태가 아닌 문명사회에서, 개별적인 생존이 아닌 공동체적인 생활을 한다는 뜻이다. 그러므로 둘째 기둥에서 규정해놓은 '시민적 권리'란 인간이 사회공동체 내에서 평등하고 개명된 생활을 함께 누리기 위해 서로 인정해주어야 할 권리인 것이다.[3] 둘째 기둥에 나오는 시민적 권리는 다음과 같다.

제12조 | 사생활을 보호받을 권리

제13조 | 이동과 거주의 자유

제14조 | 망명의 권리

제15조 | 국적을 가질 권리

제16조 | 결혼과 가정의 권리

제17조 | 재산을 소유할 권리

제12조
사생활을 보호받을 권리

원문 No one shall be subjected to arbitrary interference with his privacy, family, home or correspondence, nor to attacks upon his honour and reputation. Everyone has the right to the protection of the law against such interference or attacks.

해석 **어느 누구도 자신의 사생활, 가족관계, 가정, 또는 타인과의 연락에 대해 외부의 자의적인 간섭을 받지 않으며, 자신의 명예와 평판에 대해 침해를 받지 않는다. 모든 사람은 그러한 간섭과 침해에 대해 법의 보호를 받을 권리가 있다.**

프라이버시privacy는 라틴어의 프리바투스privatus, 즉 공적인 영역으로부터 분리된 영역이라는 뜻이다. 사적인 영역에 머무를 권리, 자신의 일을 남들이 알지 못하게 할 권리, 익명으로 남을 권리, 자신에 관한 정보의 적절한 사용과 보호에 관한 권리가 모두 프라이버시에 포함된다. 대한민국 헌법 제17조에도 "모든 국민은 사생활의 비밀과 자유를 침해받지 아니한다"라고 나와 있다. 그런데 프라이버시는 사생활과 관련해 남에게 숨겨야 할 어떤 '비밀'을 반드시 전제로 하는 개념이 아니다. 꼭 숨겨야 할 일이 아닌, 그저 평범한 사항이라 하더라도 남에게 그것을 알리고 싶지 않다면 그것도 프라이버시에 해당한다. 필자는 언젠가 독신의 중년 남성에게서 다음과 같은 하소연을 들은 적이 있다. "혼자 사는 것 자체는 아무 문제 없는데 사람들 등쌀에 도저히 못 견디겠어요. 결혼을 했느냐, 안 했느냐, 왜 안 했

ⓒ Octavio Roth, UN

느냐, 아예 결혼할 생각이 없느냐, 한다면 언제 할 생각이냐, 중매를 놔주랴……. 왜 이다지도 남의 일에 관심이 많은지!" 그렇다. 사생활의 비밀을 침해받지 않는 것뿐 아니라, '남의 일에 신경을 꺼주는 것'도 프라이버시에서 중요한 부분이다. 우리도 남을 도와주어야 할 경우에는 철저하게 무관심하면서, 정작 관심을 기울이지 않아야 할 때는 악착같이 참견하지는 않는지 돌이켜볼 일이다.

프라이버시는 앵글로색슨 전통에서 특히 발달한 개념이다. 여타 서구 국가에는 프라이버시에 해당하는 적절한 용어가 없는 경우도 많다. 러시아에서는 고독과 비밀과 사생활이라는 뜻을 조합한 단어를 쓰고, 이탈리아에서는 la privacy, 프랑스에서는 la vie privée, 등 프라이버시라는 단어를 거의 그대로 사용한다. 하지만 종교역사학자들은 각 종교와 문명마다 프라이버시 개념이 나름대로 존재했다고 지적한다. 예를 들어, 기독교 신약성경의 『묵시록』 제2장 17절을 보라.

> 귀 있는 사람은 성령께서 여러 교회에 하시는 말씀을 들어라. 승리하는 사람에게는 숨겨진 만나를 주고 흰 돌도 주겠다. 그 돌에는 그것을 받는 사람 말고는 아무도 모르는 새 이름이 새겨져 있다.[4]

또는 이슬람의 『코란』 제24장 27~28절을 보라.

믿는 자들이여 허락을 받고 그 집안 가족에 인사를 하기 전까지는 너희 집이 아닌 어떠한 가정도 들어가지 말라 그것이 너희에게 복이 되리니 너희가 교훈으로 삼으라 그 안에서 아무도 발견치 못했을 때는 너희에게 허락이 있을 때까지 들어가지 말라[5]

특히 정보 통신 기술이 비약적으로 발전하면서 프라이버시 권리가 여타 권리, 특히 정치적 권리에까지 직접적인 영향을 주게 된 까닭에 오늘날 정보 인권 분야는 날이 갈수록 복잡해지고 그 중요성이 커지고 있다. 예컨대 프라이버시가 보장되지 않으면 결사의 자유나 말할 자유가 없는 것이나 마찬가지다. 싱가포르는 헌법에 프라이버시 권리가 규정되어 있지 않다. 정부는 시민의 경제적·사회적 활동에 압도적인 영향력을 행사하며 경찰이 개인의 집을 영장 없이 수색할 수도 있다. 이런 분위기에서 시민의 정치 활동 폭은 제한될 수밖에 없다.[6] 프라이버시 인터내셔널Privacy International이라는 국제 인권 NGO가 전 세계 프라이버시 관련 법률과 정책을 조사한 적이 있다.[7] 75개국을 연구했는데, 거의 대부분의 나라에서 헌법에 프라이버시 권리를 언급했다. 당시 작성된 보고서에서는 프라이버시를 네 가지 측면, 즉 정보 관련, 신체 관련, 통신·연락 관련, 영역 관련으로 나누었다. '영역 관련 프라이버시territorial privacy'란 일터나 대중 공간에서 개인이 지녀야 할 사적 영역을 뜻한다. 그런데 CCTV 또는 일상적인 ID 확인 절차 등은 영역 관련 프라이버시를 침해할 잠재적 요인이 된다. 프라이버시 인터내셔널은 현대사회에서 사생활을 보호하기 위해 필요한 조치를 제안한다. 우선, 종합적인 프라이버시 법률을 마련하는 방법이 있다. 또는 개별 이슈에 관한 법률을 제정할 수도 있다. 기업이나 지자체 등에서 자율적으로 규제하는 것도 하나의 방법이다. 그리고 암호화, 프록시 서버 등 현대의 기술을 이용해 적극적으로 프라이버시를 방어해야 한다. 한국에서 국가 정보기관이 개인의 인터넷 회선에 접속해 패킷 감청을 한다는 의혹을 받은 적이 있다. 이것이 사실이라면 한국도 이미 '빅브러더'가 지배하는 감시 사회가 된 셈이다. 국민 혈세를 이용해 인권침해를 자행하는 저질 정부라 하지 않을 수 없다.

'평판'에 대한 관심도 인권에서 더욱 중요해지고 있다. 언론의 자유와 권리를 강조하는 시대적 추세를 역이용해 자유에 반드시 따라야 하는 책임을 도외시하면, 그 피해를 입는 사람은 엄청난 인권유린을 당하게 된다. 일단 언론 또는 미디어로부터 명예훼손을 당하고 나면 설령 나중에 사과나 손해보상을 받는다 하더라도 한 번 실추된 개인의 평판이 완전히 회복되기는 어렵다. 다음은 언론 인권을 오랫동안 연구한 어느 변호사의 의견이다.

> 취재 과정에서의 사생활 침해, 무단촬영, 초상권 침해, 허가 없는 문서 반출, 신분 사칭, 강제 인터뷰, 함정 취재, 속임수 부탁, 도청 등이 다반사처럼 일어나는데도 언론은 이를 심각하게 보지 않는다. 보도의 목적을 위해서는 법과 윤리의 한계를 벗어나더라도 어쩔 수 없는 것이 현실이 아니냐는 식이다.[8]

따라서 요즘은 징벌적 손해배상제를 도입해서 개인에 대한 언론의 악의적인 권리 침해를 처벌해야 한다는 주장도 나오고 있다. 최근 영국에서 언론 재벌 루퍼트 머독이 경영하는 신문사에서 취재를 빙자해 개인의 사생활을 침해한 것이 세계적인 뉴스거리가 된 적이 있다. 이 일로 무소불위를 자랑하던 머독의 미디어 제국은 큰 타격을 입었다. 명예훼손에 따른 인권 문제는 이처럼 심각하다. 언론기관 종사자들은 언론의 자유를 보장한 세계인권선언의 제19조만 기억할 것이 아니라, 개인의 인권보호를 규정한 제12조도 명심할 필요가 있다. 현대사회에서 인권운동이 해야 할 일은 갈수록 늘어나고 있다.

쉬운 영어 | 제12조

You have the right to ask to be protected if someone tries to harm your good name, enter your house, open your letters, or bother you or your family without a good reason.

토론거리

국가정보원(이하 국정원)이 개인의 인터넷 사용을 감시하는 실태가 공개되었다. 국정원이 '패킷 감청'이라는 기술을 이용해 미국 구글의 이메일 서비스인 지메일(Gmail)의 수신·발신 현황을 감청한 사실이 드러난 것이다. 국정원이 국가보안법 혐의자에 대한 재판 과정에서 직접 밝힌 바에 따르면, 외국계 이메일 시스템 역시 국정원의 전자감청에서 자유롭지 않다. 지메일은 보안을 강화하기 위해 암호화된 통신규약인 HTTPS를 이용한다. 그런데도 이런 시스템을 감청한다는 것은 국정원이 고도의 기술력으로 개인의 통신 내용에 무제한 접근하고 있음을 뜻한다. 현대사회에서 이메일 등 인터넷 사용이 늘어나면서 인터넷이 공론장에서 차지하는 비중이 대폭 증가했는데, 패킷 감청을 통해 개인의 사적인 콘텐츠를 감시하게 되면 이는 개인 프라이버시의 완전한 노출이나 마찬가지의 상황이 된다. 패킷 감청이란 기존의 감청 기술과 달리 인터넷으로 오가는 모든 정보를 실시간으로 들여다볼 수 있는 기술이다. 패킷 감청은 인터넷으로 오가는 특정 사용자의 패킷 전체를 길목에서 열어보는 특수 기술로, 방대한 양의 패킷 정보에서 원하는 정보만을 모니터링하고 검열할 수 있어서 대단히 위력적인 감청 기술이라고 알려져 있다. 이러한 중간 도청을 막기 위해 전자우편의 보안 기능을 강화하려는 움직임이 계속해서 있었다. 하지만 이러한 보안 기능마저 무력화하는 감청 기술이 계속 나오는 한, 그리고 그런 기술을 보유한 정보기관이 감청의 유혹에서 벗어나지 않는 한, 현대인의 프라이버시 보장은 앞으로 더욱 어려워질 수밖에 없을 것이다.

__ 인터넷과 모바일에서 개인정보 유출로 피해가 발생한 사례를 들고, 이를 예방할 수 있는 방안을 기술, 법률, 국가, 개인의 차원에서 토론해보자.

더 읽을거리

프라이버시 침해: 디지털 시대에 당신을 어떻게 보호할 것인가 마이클 하이엇 | 한선형 옮김 | 해나무 | 2006

프라이버시의 철학: 자유의 토대로서의 개인주의 이진우 | 돌베개 | 2009

제13조
이동과 거주의 자유

원문 1. Everyone has the right to freedom of movement and residence within the borders of each State.

2. Everyone has the right to leave any country, including his own, and to return to his country.

해석 **1. 모든 사람은 자기 나라 내에서 어디에든 갈 수 있고, 어디에든 살 수 있는 자유를 누릴 권리가 있다.**

2. 모든 사람은 자기 나라를 포함한 어떤 나라로부터도 출국할 권리가 있으며, 또한 자기 나라로 다시 돌아올 권리가 있다.

제13조의 1항은 거주·이전의 자유를 규정한다. 그러나 "자기 나라 내에서"라는 중요한 단서가 붙어 있다. 국경선으로 둘러싸인 국민국가 체제를 확실히 염두에 둔 조항이다. 따라서 이른바 '보편적'인 세계인권선언에서 드물게 보는 국내용 권리다. 그런데 제1항을 제2항과 비교해보면 헷갈리기 쉽다. 서로 모순되는 것 같기도 하다. 제13조는 지구화 시대의 특징이

자 한국 사회의 특징이기도 한 이주자들의 증가를 둘러싼 개념적 혼란과 불확실성을 여실히 보여주는 조항이다. '시민적·정치적 권리에 관한 국제규약' 제12조에서는 "합법적으로 어느 국가의 영토 내에 있는 모든 사람"이 거주·이전의 자유를 누린다고 되어 있다. 즉, 이른바 불법 체류자에게는 이 권리가 적용되지 않는다는 뜻이다. 그러나 그렇다고 해서 이른바 불법 체류자를 반강제로 가둬놓고 바깥출입을 못하게 하는 것이 정당화될 수는 없다. 세계인권선언 제4조에서 어느 누구도 타인에게 예속된 상태에 놓여서는 안 된다고 규정하기 때문이다.

© Octavio Roth, UN

필자는 (합법적) 이주노동자의 일상생활을 다룬 다큐멘터리를 본 적이 있다. 그런데 이들은 주말이나 쉬는 날에도 방안에서만 지내고 있었다. 왜 그럴까? 돌아다니고 싶어도 외출하면 돈을 써야 하니까 못 나간다고 했다. 여기서 우리는 시민적 권리로서의 이동의 자유와 그것을 실질적으로 뒷받침해줄 수 있는 경제적·사회적 자유는 전혀 다른 차원의 문제라는 것을 알 수 있다. 프랑수와 바뵈프François Émile Babeuf가 말했듯이, 시민적·정치적 자유라는 것은 자칫 은쟁반에 지나지 않을 수도 있다. 은쟁반이 있으면 무엇하는가? 그 쟁반에 담을 음식이 없다면 말이다.

필자가 독일 베를린에서 초빙교수로 있던 중 어떤 동독 출신 사람에게서 들었던 이야기가 있다. 동서독이 통일된 직후 동베를린 시민들이 주말이면 서베를린 지역을 자주 방문하면서 '이동의 자유'를 만끽했다고 한다. 그토록 가보고 싶었던 자본주의사회의 번쩍거리는 거리와 상품들……. 그러나 얼마 안 가서 서베를린 방문이 뜸해졌다고 한다. 가봤자 쓸 돈이 없으면 그림의 떡임을 알게 된 것이다. 게다가 서독 사람들이 돈 없는 동독 출신들을 싸늘하게 바라보는 눈초리를 느낀 것도 한 이유였다. 거주·이전의 자유에 대해 우리가 그 뉘앙스까지 이해해야 할 이유가 여기에 있다.

제13조 2항은 여러 국가를 자유롭게 다닐 권리가 있다고 말하는 것일까? 철학적 차원에서 이 조항에 찬성하는 측의 견해는 다음과 같다. 우선, 이 세상은 인류가 공동으로 소유하는 혹성이다. 국민국가 형성 전에는 모든 사람의 이동이 자유로웠다. 세계주의적 윤리는 완전한 거주·이전의 자유를 요구한다. 그리고 자유 이민은 송출국과 유입국 모두에 도움이 된다. 그러나 현실적으로 대부분의 국가에서는 출국과 귀환의 자유의 허용 범위를 여행과 이주로 나누어 서로 다르게 적용한다. 자유 여행은 비교적 허용하기 쉽지만, 자유로운 이주를 완전히 허용하기란 현실적으로 어렵다는 말이다. 특히 유럽 국가의 시민은 여행에 관한 한 많은 자유를 누린다. 이들에게 여행비자란 이제 거의 희박한 개념이 되었다. 대부분의 나라를 무비자로 다니는 것이 상식처럼 되었기 때문이다. '헨리 국제비자 제한지수 Henley International Visa Restrictions Index'에 따르면, 2010년 현재 지구상에서 비자 제한 없이 여행할 수 있는 대상국이 가장 많은 국가는 영국이다. 영국인은 전 세계 166개국을 비자 없이 다닐 수 있다. 이 지수의 상위권은 거의 대부분 유럽 국가이고, 미국은 7위, 한국은 13위다. 한국인은 151개국을 무비자로 여행할 수 있다고 한다. 조사 대상 국가 중 최하위는 아프가니스탄이다.[9]

어떤 국가를 떠날 권리와 돌아올 권리는 이주가 활발해진 21세기에 새롭게 부각된 권리다. "가장 모호하게 표현되고 가장 엄격하게 통제되는 권리"라고 불리기도 한다. 세계인권선언 제13조 2항은 국제법 역사상 최초로 이 내용을 언어로 표현한expressis verbis 역사적 조항이다. 디미트리 코체노프Dimitry Kochenov는 이 조항을 가장 발본적으로 해석한 국제법 학자로 유명하다. 그는 그 누구도 인간의 이동을 제한할 권리가 없다고 단언한다.

> 법률책에 어떻게 나와 있든, 국가가 무슨 조치를 취하든, 사람들은 계속 이주를 한다. 더 나은 삶을 찾아 이동하는 것은 인류 문명 발전의 원동력이었다. 바로 이 때문에 인류 문명사에서 뒤늦게 나타난 국민국가 체제, 특히 자유민주국가들이 인간의 이주를 완전히 막지 못하는 것이다. 인간의 이주에 대해 사람들이 눈살을 찌푸리게 된 것은 극히 최근의 현상에 지나지 않는다.[10]

인간의 국제적 이동을 가로막는 국가의 행정조치, 여권 발급 관행, 비자 통제 등으로 말미암아, 이토록 중요한 권리가 제대로 실행되지 못하고 있다는 비판인 것이다.[11] 심지어 우크라이나와 우즈베키스탄 같은 나라에서는 출국비자exit visa 제도까지 만들어 시민의 외국 여행을 철저히 통제하기도 했다. 국제인권규약에서는 국가안보, 공중질서, 공중보건, 미풍양속 등의 이유로 국가 간 이동을 제한할 수 있다고 되어 있다. 오늘의 국제질서 현실 속에서 코체노프의 견해는 대단히 급진적인 관점에 속하지만, 국제적 이동 및 여행의 자유화와 그 나라의 민주화 수준 사이에 상관관계가 있는 것만은 분명하다. 여행 자유화가 되기 전까지 한국에서도 외국 여행 기회를 얻는 것이 하늘의 별 따기만큼 어려웠다. 일회용 단수여권에 신원조회, 신원보증, 출국 전 의무교육 등등, 김포공항에서 비행기를 타기 전에 이미 기진맥진한 상태가 되었다. 그 시절을 기억하는 사람의 눈으로 볼 때, 만일 여행 금지 시대가 다시 온다면 그것은 독재 시대와 동의어로 받아들여질 것이다.

쉬운 영어 | 제13조

You have the right to come and go as you wish within your country. You have the right to leave your country to go to another one; and you should be able to return to your country if you want.

토론거리

__ 여권을 발급받아 외국으로 여행을 다녀온 경험이 있으면 나눠보자. 여권을 분실했을 때 등 자신이 어느 나라에 속한 국민이라는 사실을 강하게 느낀 경험이 있으면 이야기해보자.

__ 거주·이전의 자유가 인간에게 왜 중요한지 생각해보자.

더 읽을거리

여행할 권리 김연수 | 창비 | 2008

인권과 소수자 이야기: 우리가 되지 못하는 사람들 박경태 | 책세상 | 2007

타자의 권리: 외국인, 거류민, 그리고 시민 세일라 벤하비브 | 이상훈 옮김 | 철학과 현실 | 2008

제14조
망명의 권리

원문 1. Everyone has the right to seek and to enjoy in other countries asylum from persecution.

2. This right may not be invoked in the case of prosecutions genuinely arising from non-political crimes or from acts contrary to the purposes and principles of the United Nations.

해석 1. 모든 사람은 박해를 피해 다른 나라에 가서 피난처를 구할 권리와 그

것을 누릴 권리가 있다.

2. 그러나 이 권리는 순수하게 비정치적 범죄로써 제기된 법적 소추, 또는 유엔의 목적과 원칙에 위배되는 행위로써 제기된 법적 소추의 사례에는 적용되지 않는다.

제14조의 1항에는 2항의 조건이 숨어 있다. 즉, 정치적 성격의 박해일 경우 다른 나라에서 피난처를 구할 권리가 있다는 뜻이다. 1951년에 체결된 난민지위협정에 따르면, 인종이나 국적, 종교, 정치적 견해, 사회집단 소속, 사회적 활동 등의 이유로 본국에서 박해를 받았거나 박해받을 가능성이 큰 경우 '난민refugee'으로 인정될 수 있다.[12] 1990년대에 들어 성적인 이유로 박해받는 이가 난민으로 인정되는 사례도 늘면서 이 영역에 대한 관심 또한 점차 확대되었다.[13] 특히 아프리카나 중동 지역에서 LGBTI, 즉 레즈비언, 게이, 양성애자, 성전환자, 성분화 이상•에 속한 성소수자가 사회적으로 박해받는 현실이 널리 알려지면서 이들에게도 난민 지위를 인정하기 시작한 것이다. 최근에는 여성생식기절제female genital mutilation: FGM를 피해 망명을 요청하여 받아들여진 사례도 있었다.[14] 정치적 이유의 망명은 인류의 오래된 현상이다. '파리의 택시운전사'로 잘 알려진 홍세화 씨의 프랑스 망명을 비롯해,[15] 데카르트의 네덜란드 망명, 홉스의 프랑스 망명, 마르크스의 영국 망명 등 수없이 많은 인사가 해외에서 피난처를 구해야 했다. 한편 라틴아메리카에는 현지의 외국 대사관에 망명을 신청하면 그 나라를 무사히 빠져나갈 수 있도록 보장해주는 외교 관례도 있다.

제14조는 제2차 세계대전에서 인류가 경험한 것을 바탕으로 작성되었

• **성분화 이상**(性分化異常, intersex)은 간성(間性) 또는 중간성(中間性)이라고도 한다. 자세한 내용은 김건석(2001)을 참조할 것.

Article 14

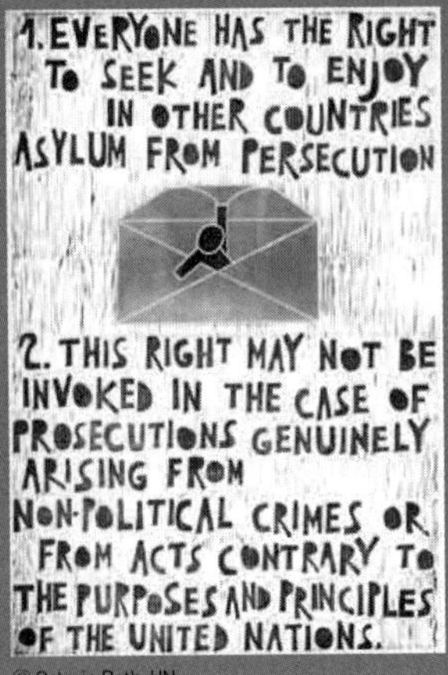

© Octavio Roth, UN

다. 유대인이 살던 곳에서 강제로 추방되고 말도 못 할 고통을 당해야 했던 시절, 그리고 국경선의 재조정으로 졸지에 난민이 된 수백만 명의 사람들이 정착하지 못하고 임시수용시설에서 생활하던 시절에 세계인권선언이 만들어졌던 것이다. 독일 태생의 유대인으로 나치를 피해 미국으로 망명했던 한나 아렌트Hannah Arendt는 인권 문제의 궁극적인 해결책으로 자신이 원하는 나라에 가서 살 권리를 보장하는 것을 들기도 했다.[16] 이런 과정을 거치면서, 강제로 추방되어 자기를 보호해줄 국가가 없는 사람이 겪는 비애에 대해 인류가 처음으로 진지하게 고민하는 계기가 마련되었다. 그런 까닭에 피난처를 찾을 권리는 1948년 당시만 해도 모두가 인정하는 중요한 권리였다. 그러나 이런 권리를 최종 판단할 권한이 난민을 심사하는 국가에 있기 때문에, 난민 권리는 국가주권 원칙 앞에서 허망하게 무너지곤 했다. 한국도 난민을 처음으로 인정한 지 이제 겨우 10여 년밖에 되지 않는다. 난민 신청자는 정식 난민 판정을 받으면 적어도 법적 지위에 대해 한시름 덜게 된다. 버마에서 민주화 운동을 하다가 1994년 한국으로 망명해 8년간의 소송 끝에 2008년 난민 지위를 부여받은 마웅저 씨는 "내가 드디어 인간이 되었다는 느낌이 들었다"라고 당시를 회고한다. 난민으로 정식 인정을 받으면 여행증명서를 발급받아 외국 여행을 할 수도 있다. 이때 받는 여행증명서를 영어로 '트래블 도큐먼트Travel Document', 프랑스어로 '도퀴망 드 보야지Document de Voyage'라고 하며, 여기에는 1951년 난민협약에 의한 문서라는 표시가 되어 있고, 여권과 같은 효력이 있다는 설명문이 들어 있다.• 정식 국민은 아니지만 적어도 국가의 보증을 받을 수 있는 신분이 되는 셈이다. 그만큼 난민 지위를 얻는 것은 당사자에게 생사가 걸린 문제라 할 수 있다.

그런데 전 세계적으로 경제 상황이 악화되면서 난민 자격 심사가 점점 까다로워지고 난민 신청자를 범죄자 취급하는 분위기가 생겨났다. 유엔인권위원회 산하 '인권 증진과 보호에 관한 인권소위원회Sub-Commission on the Promotion and Protection of Human Rights'는 이를 감안해 이렇게 권고한다.[17] 우선, 강제송환 금지 원칙principle of non-refoulement을 철저히 준수해야 한다. 본국으로 되돌아가면 박해를 받을 가능성이 큰 사람을 강제로 송환해서는 안 된다는 것이다. 그리고 외국인과 망명 신청자에게 가해지곤 하는 인종주의, 인종차별, 외국인 혐오 등에 대해, 정부나 정부 간 기구, 비정부 기구에서 교육 활동을 전개하는 등 강력히 대처해야 한다. 또한 비국적자non-citizen의 권리를 명확히 설정해야 한다. 국가주권과 난민 보호 사이의 긴장은 국가체제가 지속되는 한 쉽게 해소되기 어렵다. 어쩌면 난민과 망명의 근본적 해결책은 전 세계 분쟁의 평화적 해결, 그리고 모든 국가의 민주화일 것이다. 이른바 선진국들이 협력해서 난민 수용 인원을 서로 조정하고, 난민을 많이 수용한 개도국의 사회적 압박을 줄일 방도를 찾는 것도 중요하다.

제2항에서 말하는 비정치적 범죄는 일반적으로 형사범을 지칭한다. 이런 경우는 난민 자격에서 제외한다는 뜻이다. 그러나 여기에도 불분명한 영역이 존재한다. 쿠바는 미국 국내에서 테러분자로 지명수배가 된 정치범들, 예를 들어 블랙팬서Black Panthers••에 속한 이들에게 망명처를 제공

• 대한민국 정부는 '난민여행증명서'라고 표기된 증명서를 발급한다. 다른 나라의 경우 그냥 '여행증명서'로 되어 있다. 한국에 사는 난민 당사자들은 이런 표현에서 차별감을 느낀다고 한다.

하곤 했다. 약 100명 정도 그런 사례가 있었다고 한다. 이에 대해 미국 정부는 세계인권선언 제14조 2항을 위반했다고 쿠바를 비난했고, 쿠바는 테러지원국 목록에 올랐다. 그런데 미국은 쿠바에서 반체제인사로 지목된 사람에게 망명처를 제공했다. 망명과 난민의 해석에 정치적 판단이 개입할 여지가 크다는 사실이 여기서 드러난다.

이 조항의 설명을 마치기 전에 망명asylum과 난민refugee의 차이점을 간략히 알아보자. 자기 나라에서 박해를 받거나 신변에 불안을 느껴 다른 나라에 보호를 요청하거나 국경을 넘어간다는 점에서 둘의 개념은 같다. 한편 어떤 사람을 난민이나 망명자로 인정할 것인지 여부를 결정하는 것은 해당 국가의 주권 사항에 속한다. 미국 정부는 망명과 난민을 개념적으로 확실히 구분한다.[18] 이에 따르면 망명은 그 개인의 내적 동기와 결심이 상당히 느껴지는 행위다. 그러므로 망명자asylee는 흔히 정치적·종교적 이유를 주관적으로 강하게 품은 정치인, 혁명가, 반체제인사, 종교적 비순응자를 지칭한다. 이렇게 본다면 망명자의 수는 난민보다 적기 마련이며, 망명자는 흔히 망명하고자 하는 나라에 도착한 후 망명 신청을 할 수 있다. 이와 달리 난민은 상당한 수의 집단에 해당하는 말이다. 난민은 자기 나라의 정치 상황이 불안하거나 대규모 비상사태가 발생하여 어쩔 수 없이 고향을 떠나 다른 나라로 이주해 가는 일단의 사람들을 지칭한다. 또한 난민 희망자는 이주하고자 하는 나라 바깥에서 난민 자격을 신청할 수 있다. 그런데 망명자와 난민의 정의가 나라마다 다르기 때문에 이들을 받아들이는 국가가 정한 바에 따라 망명과 난민 사이의 차이가 크기도 하고 작기도 하

●● **블랙팬서**(또는 흑표당)는 1966년에 결성된 미국의 급진적인 흑인운동단체다. 이들은 흑인의 자유·완전고용·주거·교육·의료 등의 권리를 주장하며 흑인에 대한 사회적 폭력에 강경하게 대응했다. 미국 연방수사국과 경찰의 집중적인 압박으로 1970년대 이후 세력이 약화되었다.

다. 예컨대, 오스트레일리아 정부는 망명 신청자asylum seeker를 난민refugee 자격을 신청해놓고 심사를 기다리는 사람으로 규정한다.[19] 두 범주를 사실상 동일하게 취급하는 것이다. 대한민국 정부도 난민이라는 대범주 아래에서 난민 신청자의 동기에 따라 비공식적인 분류만 하고 있다. 한국에 난민 자격을 신청한 이들의 동기로는 정치적 박해와 탄압이 가장 많고, 소수민족에 대한 탄압, 종교적 박해, 종족 간 내전 등이 그 뒤를 따른다.

쉬운 영어 | 제14조

If someone hurts you, you have the right to go to another country and ask it to protect you. You lose this right if you have killed someone and if you, yourself, do not respect what is written here.

토론거리

경제적·정치적 이유로 북한을 탈출해 남한으로 온 이른바 새터민이 한국 사회에 적응하지 못해 다시 다른 나라로 망명 신청을 하는 사례가 생겼다. 이들을 '탈남 탈북자'라고 부르기도 한다. 자유를 찾아 남한으로 왔는데 남한에서도 설 땅이 없다고 느낀 것이다. 이들은 미국이나 유럽 각국에 망명 신청을 하면서, 본국(한국)으로 돌아가면 박해·위험·공포를 경험할 가능성이 크다는 점을 입증하려 애쓴다. 하지만 일단 한국 국적을 취득한 상태에서 제3국에서 다시 망명 허가를 받기는 쉽지 않다. 망명을 허용할지 추방할지 여부를 가리는 심사를 통과하려면 부적격 판정, 항소, 재심 등 길고도 피 말리는 과정을 거쳐야 하는데, 이것이 때로는 몇 년씩 걸리기도 한다. 그 과정에서 변호사를 선임해 비용을 내야 하므로 돈을 벌기 위해 밤낮으로 일해야 한다. 살기 위한 자격을 얻기 위해 피눈물 나는 고생을 해야 하는 셈이다. 요즘 탈북자들이 남한 사회에 정착하기가 쉽지 않다는 소문이 퍼진 탓인지 한국을 거치지 않고 바로 서구권으로 망명을 하는 사례가 늘고 있다. 중국이나 동남아를 거쳐 미국으로 바로 입국했을 때에는 난민 자격을 얻기가 비교적 쉽다. 탈북 난민은 미국 입국과 동시에 비행기 삯 등을 미국 정부에 빚진다. 망명이든 난민이든 자기 고향을 떠나 언어도 통하지 않고 문화도 이질적인 나라에서 정착하기는 쉽지 않다. 이 때문에 자살이나 가족해체, 가정폭력, 마약중독, 범죄 등에 연루되는 일도 드물지 않게 일어난다.

__ 한국 정부의 난민 수용 정책을 조사하고, 난민의 정착 추세와 이들이 겪는 각종 문제를 논의해보자.

더 읽을거리

난민과 국민 사이: 재일조선인 서경식의 사유와 성찰 서경식 | 임성모 · 이규수 옮김 | 돌베개 | 2006

난민의 개념과 인정 절차 정인섭 · 황필규 엮음 | 경인문화사 | 2011

제15조
국적을 가질 권리

원문 1. Everyone has the right to a nationality.

2. No one shall be arbitrarily deprived of his nationality nor denied the right to change his nationality.

해석 **1. 모든 사람은 국적을 가질 권리가 있다.**

2. 어느 누구도 함부로 자신의 국적을 빼앗기지 않으며, 또한 자신의 국적을 바꿀 권리를 부정당하지 않는다.

오래전 필자가 외국에 있을 때 겪은 일이다. 어느 날 체류 연장 신청을 하고자 여권을 들고 이민국에 갔다. 이런 경험이 있는 사람은 잘 알겠지만, 죄인도 아닌데 이민국 사무소에 들어가는 순간 괜히 심리적으로 위축되기 마련이다. 그런데 그날따라 담당자가 유난히 까다롭게 굴더니 여권을 압수하면서 서류를 다시 갖춰 도장을 받으라고 하는 것이 아닌가. 아무리 설명해도 쇠귀에 경 읽기였다. 그날은 발걸음을 돌릴 수밖에 없었고, 다시 서류를 준비하는 동안 큰 스트레스를 받았다. 외국 땅에서 수중에 여권이 없다는 사실, 일시적으로나마 국적을 증명할 길이 없어졌다는 사실이 상당히 부담스러웠다. 그 심정을 말로 표현하기란 어렵다. 지금도 그때를 생각하면 인간에게 국적은 어떤 의미인가 하는 서글픈 상념에 사로잡히게 된다.

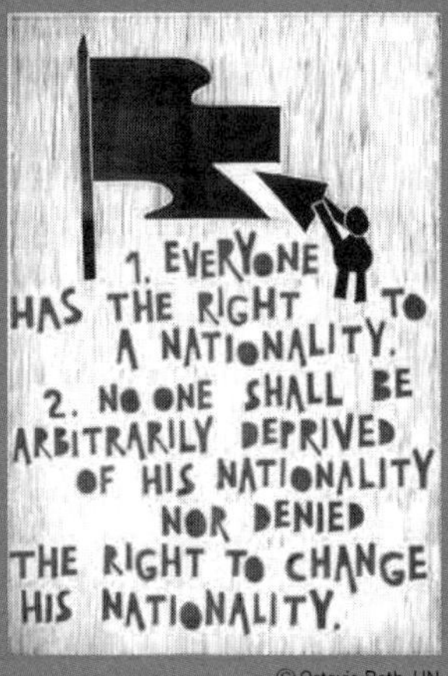

© Octavio Roth, UN

Article 15

제15조는 국적이 인권의 중요한 일부분이라는 점을 1948년 당시에 이미 꿰뚫어 본 조항이다. 세계인권선언의 제13조~제15조는 지구화와 이주의 물결이 휩쓸고 있는 21세기에 날이 갈수록 중요해지고 있는 부분이다. 제15조만 하더라도 인권 역사상 최초로 국적을 인권의 중요한 부분으로 규정한 조항이다. 그 후 이 조항에 의거해 광범위한 국제인권법 영역이 발전했다. 이처럼 세계인권선언이 그 이후의 인권 이론과 실천에 큰 공헌을 했으므로 세계인권선언을 '국제 인권 발전의 촉매제'라고 부르기도 한다.

인권을 말하는 데 '국적'이 그토록 중요한 이유는 크게 두 가지다. 그 첫째로는 인간의 귀속적 특성을 들 수 있다. 인간은 어느 집단, 어느 무리, 어느 공동체에 속하게끔 되어 있는 사회적 동물이다. 그러므로 국적은 한 인간의 정체성을 형성하는 극히 중요한 요소라 할 수 있다. 좋든 나쁘든, 내 나라를 사랑하든 싫어하든, 내가 한국인이라는 정체성을 지녔다고 할 때 그것은 우리 존재와 의식에 엄청난 영향을 끼칠 수밖에 없다. 다른 하나는 국가의 현실적 영향력 때문이다. 1800년 이전만 해도 근대적 의미에서의 국민국가는 전 세계에 14개밖에 없었다고 한다.[20] 그러나 국민국가의 수는 계속해서 늘어났고, 2011년 8월 현재 독립국가의 수는 197개국으로 추산된다. 그중 유엔 가입국은 193개국이다. 지구상에서 사람이 실제 거주하는 영토 중 국민국가가 다스리지 않는 곳이 거의 없다고 해도 과언은 아니다. 그만큼 국민국가 체제가 국제적 표준이라는 말이다. 그러므로 현실적으로 인간의 정치적 운명을 좌우할 수 있는 가장 큰 공동체는 국가가 된다. 그런 뜻에서 국적이 있고 없고는 그 사람이 현실적으로 인간 대우를 받을 수 있느냐 없느냐 하는 본질적인 차이를 발생시킨다.

국적을 취득하는 것을 흔히 시티즌십 또는 시민권을 취득했다고 말하기도 하지만, 정확한 표현은 아니다. 시티즌십은 법적 의미의 국민국가 구성원 가입이라는 뜻보다도 정치철학적 의미에서의 권리와 의무를 뜻하기 때문이다. 어떤 나라의 국적을 취득하면 그 나라의 정식 '국민'이 되고, 그 순간부터 그 나라 시민에게 주어지는 모든 자격이 발생한다. 선거에 참여할 수 있고, 의무교육도 받아야 하고, 건강보험 대상자가 되기도 한다. 물론 자기 이름이 새겨진 여권도 받을 수 있다. 그런데 국가는 개인의 권리를 침해하는 주체가 되기도 한다. 세계인권선언에서 제시한 인권 목록의 상당수도 국가의 인권침해에서 개인을 보호하기 위해 만들어진 것이다. 그러나 국적 취득의 권리는 그런 차원을 벗어나 한 개인이 어떤 국가공동체의 구성원으로 인정받고 정치적 삶에 참여할 수 있는 것을 의미하므로, 국가가 개인의 인권을 침해하는 것과는 별개의 차원에서 이해해야 한다.

그런데 어떤 사람을 한 나라의 구성원으로 인정하느냐 여부를 누가 결정하는가? 결국 해당 국가 당국이 정하게 된다. 그 과정에서 국제 공법의 규정을 참고하기도 한다. 크게 봐서 국적을 결정하는 기준은 그 땅에서 태어났는지(속지주의, jus soli), 부모가 어느 나라 사람인지, 또는 누구의 피를 타고 났는지(속인주의, jus sanguinis), 귀화naturalization 했는지 여부로 결정한다. 이러한 기준에 의거하여 어떤 사람에게 국적을 부여하는 순간 국가는 그 사람에 대해 법적인 관할권을 행사하기 시작하며, 그 사람은 국가에 대해 자신을 보호해달라는 요구를 할 권리가 생긴다. 그런데 이 과정이 나라마다 차이가 크고 불분명한 경우가 많다. 국적 취득권이 아직도 명확하게 자리 잡지 못했다는 증거다. 그래서 유럽평의회Council of Europe에서는 유럽 내에서 이루어지는 국적 취득 절차를 통일하기 위해 1997년 유럽국적협약European Convention on Nationality을 제정했다.[21] 이 협약에서는 국적을 얻을 수 있는 절차, 그리고 국적이 없는 상태statelessness를 예방하기 위한 방안을 규정해놓았다.

한편 국적을 부여하는 것이 개인을 위한 것만은 아니다. 이주노동자에게 국적을 부여하지 않아서 전 사회적으로 큰 위기를 겪은 사례도 있다. 아프리카의 코트디부아르 정부는 수백만 명에 달하는 장기 이주노동자에게 시민권을 부여하지 않고 의도적으로 배척한 결과 오랫동안 내전과 쿠데타, 정치 불안을 겪어야 했다.[22]

제15조에 대한 설명을 마치기 전에 'nationality'라는 용어에 대해 약간의 설명을 덧붙이려 한다. 이 용어에는 국민국가nation-state에 속하는 '국적'이라는 뜻과 국민국가의 하위 공동체, 즉 네이션nation에 속한다는 뜻이 함께 담겨 있다. 예컨대, 스페인은 하나의 국민국가인 동시에 아라곤, 바스크 등 여러 네이션Nacionalidades으로 이루어져 있다. 이라크의 쿠르드족은 독립국가가 아니지만 하나의 네이션이다. 마찬가지로 중국은 하나의 국민국가이지만 인구의 약 91.6퍼센트를 차지하는 한족 외에도 총 55개의 소수민족ethnic groups, 즉 네이션이 있다. 제15조에서 말하는 'nationality'는 이러한 네이션에 적용되는 것은 아니라고 봐야 한다.

쉬운 영어 | 제15조

You have the right to belong to a country and nobody can prevent you, without a good reason, from belonging to a country if you wish.

토론거리

__ 국적을 빼앗기거나 국적이 없는 사람들이 어떤 취급을 받는지, 잠재적으로 어떤 인권침해를 받을 가능성이 커지는지를 조사해서 토론하라.

더 읽을거리

디아스포라 기행: 추방당한 자의 시선 서경식 | 김혜신 옮김 | 돌베개 | 2006

예루살렘의 아이히만 한나 아렌트 | 김선욱 옮김 | 한길사 | 2006

재일조선인 그들은 누구인가 한일민족문제학회 엮음 | 삼인 | 2003

제16조
결혼과 가정의 권리

원문 1. Men and women of full age, without any limitation due to race, nationality or religion, have the right to marry and to found a family. They are entitled to equal rights as to marriage, during marriage and at its dissolution.

2. Marriage shall be entered into only with the free and full consent of the intending spouses.

3. The family is the natural and fundamental group unit of society and is entitled to protection by society and the State.

해석 1. 성인이 된 남녀는 인종이나 국적, 종교에 따른 어떠한 제약도 받지 않고 결혼할 수 있는 권리 그리고 가정을 이룰 권리가 있다. 남성과 여성은 결혼 도중 그리고 이혼할 때, 혼인과 관련된 모든 문제에 대해 서로 똑같은 권리를 지닌다.

2. 결혼은 오직 배우자가 되려고 하는 당사자 간의 자유롭고 완전한 합의에 의해서만 유효하다.

3. 가정은 사회의 자연적이고 기본적인 구성단위이므로 사회와 국가의 보호를 받을 자격이 있다.

가정이 사회와 국가의 보호를 받을 수 있다고 한 제16조 3항은 세계인권선언 이전부터 많은 나라에서 관습적으로 행해오던 관행이자 법률의 표현이었다. 그러나 결혼 당사자 간의 완전한 평등을 규정한 제1항과 제2항은 당시로서는 파격적이고 시대를 한참 앞서 나간 선진적인 조항이었다. 따라서 제16조는 결혼과 가정에 대한 새로운 사상과 전통 사상이 융합된 내용이 되었다. 그 후 신생독립국의 헌법에 혼인에서의 평등 조항을 넣는 것이 대세가 되기도 했다. 특히 제2항의 "자유롭고 완전한 합의free and full consent"라는 전제조건은 전통사회와 근대사회를 구분하는 하나의 시금석처럼 사용될 정도다. 특히 여기서 '자유롭고'라는 말은 핵심어다. 그 누구의 간섭, 강압, 종용, 지시, 압력을 받거나 눈치를 보지 않고 자기 의사대로 결혼을 할 수 있어야 그것이 인권에 부합한다는 의미이기 때문이다. 이때 간섭하는 주체가 누구인지는 중요하지 않다. 부모든, 친지든, 결혼 상대방이든, 문중의 어른이든, 공권력이든 그 누구도 성인 간의 결혼에 부자유스러운 간섭을 해서는 안 된다. 자유롭지 않은 상태에서도 '완전한' 합의를 해줄 수 있기 때문에, 더욱더 '자유'라는 말이 중요하다고 할 수 있다.

Article 16

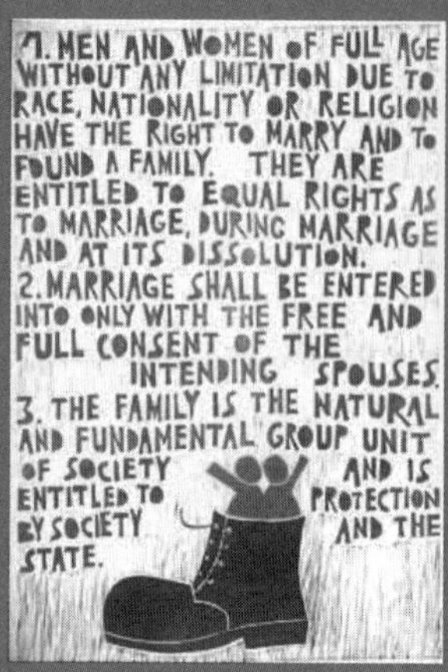
1. MEN AND WOMEN OF FULL AGE WITHOUT ANY LIMITATION DUE TO RACE, NATIONALITY OR RELIGION HAVE THE RIGHT TO MARRY AND TO FOUND A FAMILY. THEY ARE ENTITLED TO EQUAL RIGHTS AS TO MARRIAGE, DURING MARRIAGE AND AT ITS DISSOLUTION.
2. MARRIAGE SHALL BE ENTERED INTO ONLY WITH THE FREE AND FULL CONSENT OF THE INTENDING SPOUSES.
3. THE FAMILY IS THE NATURAL AND FUNDAMENTAL GROUP UNIT OF SOCIETY AND IS ENTITLED TO PROTECTION BY SOCIETY AND THE STATE.
© Octavio Roth, UN

혼인에서의 남녀평등 조항은 특히 사우디아라비아의 반발을 불러일으켰다. 사우디아라비아는 이슬람 전통과 자신의 사회적 관습을 이유로 이런 식의 평등·자유 조항이 서구의 문명적 간섭이라고 주장하면서 세계인권선언 채택을 위한 표결 과정에서 기권을 선택했던 것이다. 정치적 견해 만큼이나 사회 전통 역시 국제관계에 큰 영향을 미칠 수 있음을 보여주는 예라 할 수 있다. 결혼은 사회적인 결합이자 법적인 계약이기도 하고 종교적 성사聖事일 수도 있다. 그리고 결혼만큼이나 역사적·인류학적으로 어떤 사회의 조직 방식을 잘 드러내는 제도도 흔치 않다. 결혼은 혈족 관계kinship를 사회가 규제하고 일정한 형식으로 보존하는 습속이기 때문이다. 따라서 결혼 관계에서 남녀가 평등해야 한다는 원칙은 일단 제쳐놓더라도, 결혼 당사자의 의사가 중요하다는 원칙조차 전통사회에서는 통용되지 않는 생각이었다. 자식을 낳아 공동체의 한 단위를 구성하고 생산력을 유지한다는 기능주의적 사고방식이 바탕이 되어, 당사자의 의견이나 남녀평등 같은 것은 전혀 고려할 대상이 아닌 사회가 더 많았던 것이다. 멀리 갈 것 없이 한국만 보더라도 결혼을 하는 데 규범적·관습적·암묵적 압력과 간섭이 얼마나 심한가? 그러므로 제16조는 사회적 의미에서 아직까지도 대단히 진보적인 조항이라 할 만하다.

그러나 시대가 바뀌고 대중의 인식이 변화하면서 제16조는 예상치 못했던 상황과 비판에 직면했다. 그중 큰 줄기만 꼽아보자. 첫째, 급진 페미니즘에서 제기한 결혼 제도 비판이 있다. 이에 따르면, 결혼이라는 것 자체가 가부장적 권력관계를 지속시키는 제도이고, 심하면 거의 노예제에 가까운 종속관계를 만들어내기도 한다. 그런데 가부장적 결혼 제도 내에서도 '저항'이 불가능하지는 않다는 페미니즘 견해도 있다. 예를 들어 결혼 상대자들이 가정 내 전통적 성역할과 노동시장에서의 전통적 성역할을 가로지를 수 있다면, 부부가 함께 가부장제에 저항할 수 있다는 말이다. 따라서 오늘날, 전통적 결혼 제도는 변화하고 있으며 일종의 확장된 결혼 개념으로 발전해가고 있다고 한다.[23] 둘째, 남자와 여자가 모여서 결혼을 한다는 전제가 이성애를 중심으로 한 구식 결혼관이 아니냐는 비판이 있다. 동성 간 결혼same-sex marriage은 왜 공식적으로 인정하지 않는가? 세계 대다수 지역에서는 동성 간 결혼을 인정하지 않으며, 일부 시민적 결합civil union의 형태로 인정하기도 한다. 시민적 결합이란 정식으로 법적 혼인의 지위를 부여하지 않더라도 그것과 비슷한 각종 권리(예를 들어 보험, 상속, 재산분할 등)를 보장하는 것이다. 2011년 6월 미국 뉴욕 주에서 동성 간 결혼을 인정하는 법이 통과되었다. 미국 내에서 코네티컷, 아이오와, 매사추세츠, 뉴햄프셔, 버몬트, 워싱턴 DC의 뒤를 잇는 조치였다.[24] 앞으로도 이런 추세는 늘어날 것으로 예상된다.• 셋째, 결혼을 해서 가정을 이루어야 그것이 정상적인 가족관계인 것처럼 여기는 추세를 반대한다. 그것이 가정 중심의 혈연관계를 우위에 둔 사고방식이라는 비판이다. 이런 견해를 주장하는 사람들은 결혼 제도를 통해서만 법적 혈연관계가 유지·인정되는 현행 제도가 차별적이라고 본다. 예컨대, 결혼하지 않은 상태에서 자녀를

• 2011년 현재 다음 국가에서 동성 간 결혼이 전국적으로 허용된다. 아르헨티나, 벨기에, 캐나다, 아이슬란드, 네덜란드, 노르웨이, 포르투갈, 스페인, 남아프리카, 스웨덴. 오스트레일리아, 뉴질랜드, 나이지리아에서는 이 제도의 도입을 논의하고 있고, 아시아에서는 처음으로 네팔에서 앞으로 마련될 개정헌법에 동성 간 결혼 조항을 넣을 예정이라고 한다.

둔 비혼모single mom는 이러한 제도하에서 차별을 겪을 수 있는 것이다.

제16조 조항에 대해 비판만 있는 것은 아니다. 특히 종교계에서는 결혼 제도의 신성함을 지키는 것이 사회적 결속의 토대가 된다는 견해를 완강하게 고수하곤 한다. 한 예로, 교황 요한 바오로 2세의 말을 들어보자.

> 역사의 이 시점에서 가정은 그것을 파괴하거나 또는 다른 모습으로 바꾸려 하는 여러 가지 힘들의 대상이 되고 있고, 교회는 사회와 교회의 안녕이 바로 선선한 가정과 밀접히 직결되어 있음을 의식하기 때문에, 혼인과 가정에 대한 하느님의 계획을 모든 사람에게 선포할 사명을 절감하고 있습니다.[25]

여기서 종교계의 기본 입장이 세계인권선언의 제16조와 유사하다는 것을 알 수 있다. 그러나 전 세계적인 추세는 세속화와 존엄, 평등, 자유, 형제애라는 인권 원칙이 확대되는 방향으로 가고 있다. 이는 사회적 이슈를 놓고 인권을 보편적으로 지지하는 사람들(세속화된 휴머니즘과 종교계) 사이에서도 의견이 갈릴 수 있음을 보여주는 전형적인 사례라 할 수 있다. 이 글을 읽는 여러분은 어떻게 생각하는가?

쉬운 영어 | 제16조

As soon as a person is legally entitled, he or she has the right to marry and have a family. In doing this, neither the colour of your skin, the country you come from nor your religion should be impediments. Men and women have the same rights when they are married and also when they are separated.
Nobody should force a person to marry.
The government of your country should protect you and the members of your family.

토론거리

최근 국가인권위원회(이하 인권위)는 국제결혼중개업 관련 법의 인권 규정을 신설해야 한다고 판단한 의견을 냈다. 인권위는 국제결혼 당사자의 권리를 보호하기 위해 여성가족부 장관에게 '결혼중개업의 관리에 관한 법률 시행령' 개정안에 대한 의견을 표명했다.

여성가족부가 '결혼중개업의 관리에 관한 법률 시행령' 개정안에 대해 인권위에 의견 조회를 요청해 이뤄진 것이다. 인권위는 "국제결혼 중개업체를 통한 국제결혼의 부정적 요소를 해소해야 한다"라고 하면서 "일부 이주여성에 대한 성매매 강요 등 범죄 행위를 차단하는 차원에서 범죄경력증명서에 성매매 알선 및 강요 범죄를 포함시켜야 한다"라고 지적했다. 또한 "국제결혼 중개업자가 개인신상정보를 임의로 작성하거나 과장·허위로 작성할 가능성을 차단하는 것이 필요하다"면서, "국제결혼 중개업체에서 작성한 개인신상 정보확인서 및 그 증빙서류를 해당 국가의 언어로 번역해 제공하는 것이 바람직하다"라고 결정했다. 이어 "정보를 검토한 상대방이 서면 동의서를 제출해야만 만남을 주선할 수 있도록 해야" 하며, "건강진단서에 포함되는 정신질환의 범위를 결혼생활 유지에 중대한 지장을 초래하는 정신질환으로 한정하는 것이 바람직하다"라고 강조했다. 이는 여성가족부가 제출한 개정안보다 더 강화된 내용으로서 국제결혼 중개업체를 통해 결혼을 하는 사람들이 완전하고 자유로운 결정권을 행사할 수 있어야 한다는 인권 원칙을 재확인한 것이다.

__ 국제결혼 중개업체에서 외국인 신붓감을 알선하는 과정을 조사하고, 인적 정보를 광고·중개·홍보하는 현재의 관행이 인권의 원칙으로 보아 어떤 문제점을 갖고 있는지 토론하라.

더 읽을거리

여성주의, 남자를 살리다 권혁범 | 또 하나의 문화 | 2006

여성의 권리옹호 메리 울스턴크래프트 | 문수현 옮김 | 2011 | 책세상

국제결혼 이주여성, 한국사회에 적응하는가 정천석 | 한국학술정보 | 2010

한국 여성인권운동사 한국여성의전화연합 엮음 | 도서출판 한울 | 1999

제17조
재산을 소유할 권리

원문 1. Everyone has the right to own property alone as well as in association with others.

2. No one shall be arbitrarily deprived of his property.

해석 1. 모든 사람은 다른 사람과 공동으로 재산을 소유할 권리 그리고 단독으로 재산을 소유할 권리가 있다.

2. 어느 누구도 자기 재산을 함부로 빼앗기지 않는다.

세계인권선언의 제17조만큼 논란이 되었던 조항도 없을 것이다. 미국은 '재산'이 아니라 '사유재산private property'이라는 말을 넣자고 주장했다. 소련은, 사유재산에 근거한 경제체제만을 정당한 경제체제로 인정할 수 없고, 다양한 경제체제의 존재를 인정해야 한다는 태도를 취했다. 당시 클레멘트 애틀리Clement R. Attlee 수상의 노동당이 집권 중이던 영국 대표단은 이 조항을 아예 삭제하자고 주장했다. 재산 소유 관련 논쟁에서 영국이 가장 강경한 태도를 취했던 것은 흥미로운 사실이다. 이와 달리 라틴아메리카 국가들은 좋은 환경에서 살기 위해 '충분한 사유재산'을 소유할 권리가 명시되기를 원했다. 결국 토론 끝에 '사유재산'이라는 말 대신 그냥 '재산'이라고 표기하기로 합의가 되었다. 또한 "다른 사람들과 공동으로in association with others"라는 말을 넣음으로써 사회주의적 집단 소유 형태도 인정하는 쪽으로 타협을 이루었다. 그 결과 제17조는 대단히 추상적이면서 이중적 해석이 가능한 조항, 다시 말해 일반적인 선언의 의미만 가지는 조항이 되었다.

자기 재산을 소유하고 그것을 남에게 빼앗기지 않을 권리는 인권의 역사 속에서 오랫동안 발전해온 사상이다.[26] 근대 초기 신흥 부르주아는 절대국가의 원리에 반발해 출신 성분보다는 소유(재산)권 원칙을 바탕으로 조직되는 사회를 염원했고, 17세기 말부터 이런 주장을 자연권 이론으로 정당화하기 시작했다.[27] 자연권natural rights은 절대권absolute rights이라는 말과 유사하게 사용되었으므로, 소유권을 자연권으로 정당화했다는 말은 소유권을 생명이나 자유와 같은 정도의 절대적 권리로 간주했음을 뜻한다. 1215년의 마그나카르타에 이미 계약에 근거한 재산권 개념이 등장했다. 그 후 1789년 프랑스혁명의 '인간과 시민의 권리선언' 제17조는 "소유권은 불가침의 신성한 권리다. 누구도 법적으로 확인된 공공의 욕구가 명백히 요구하는 경우가 아니라면, 그리고 공정한 사전 보상의 조건이 설정된 경우가 아닌 한, 자신의 재산을 박탈당하지 않는다"라고 했다. 또한 1791년 미국 헌법 수정 조항 제5조는 "누구도 적법 절차에 의하지 않고 생명, 자유, 또는 재산을 박탈당하지 아니한다. 사유재산은 정당한 보상 없이 공공의 목적을 위해 수용되지 아니한다"라고 규정했다. 이처럼 소유권은 초기에는 절대권(자연권)으로 이론화되었지만, 역사적 진화 과정에서 일정한 제한 조건이 부가된 권리로 발전했다.

© Octavio Roth, UN

하지만 소유권에 대한 제한 조건이 그 권리의 '절대적' 성격을 약화시킬 정도는 아니었으므로 19세기 전반까지 사적 소유권은 서구에서 확고한 보호를 받았고, 경제 영역에서 신성불가침하고 거의 유일한 권리라고 생각되었다. 그때만 해도 고전적 자유주의가 대세였던 시절이었음을 기억할 필요가 있다. 소유권을 신성불가침의 영역으로 보는 견해에서는 소유권에서 파생된 재산권, 계약권, 부의 축적권 등을 '법적으로 정할 수 있는justiciable' 권리라고 해석한다. 이렇게 보면, 고전적 자유주의적 자본주의가 주장하는 '절대적' 소유권은 엄밀하게 말해 재산소유자가 누릴 수 있는 법적 권리인 것이다.[28] 그런데 19세기 후반부터 약 1세기 동안 고전적 소유권은 인권 담론에서 그 비중이 점차 줄어들다가, 나중에는 시장경제로부터 소외된 계층을 위해 광범위한 경제적·사회적 권리로써 보완되어야 할 권리, 또는 경제적·사회적 권리에 종속되는 2차적 권리로 전환이 이루어졌다.[29] 소유권이 절대권이 아니라 조건부 권리로 강등된 것이다. 냉전의 산물이었던 세계인권선언의 제17조가 미완의 기획이라는 평을 들었던 이유도 재산권을 구체적으로 정의하지 않고 그것의 행사 방식만 나열했기 때문이다.[30]

그 후 1966년의 국제인권규약에서 재산권 규정이 아예 배제되었다. 당시 규약의 성안자成案子들은 재산권의 적절한 정의와 합법적 한계, 그리고 국가가 사유재산을 통제할 수 있는 범위와 조건에 대해 합의할 수 없었으므로 재산권을 규약 본문에 반영할 수 없었던 것이다.[31] 그러나 현대의 국제인권법 또는 지역인권법 전통에서는 개인의 선익을 위해 필요한 맥락에서 조건부로 재산권을 인권으로 규정하고 있다. 대표적으로 유럽인권협정 제1의정서 제1조는 공익에 반하지 않는 이상, 그리고 법으로 정한 조건하에서, 소유권을 향유할 수 있다고 규정한다. 세계 각국의 헌법에서도 조건부로 재산권을 인정하는 경우가 많다. 1987년에 개정된 대한민국 헌법 제23조는 모든 국민의 재산권을 보장하되 그 내용과 한계는 법률로 정하며, 재산권의 행사는 공공복리에 적합하게 해야 하고, 정당한 보상을 지급할 경우 재산권의 수용이나 사용 또는 제한이 가능하다고 규정한다. 더 나아가 제119조 2항에서 국가가 적정한 소득의 분배를 유지하고 시장의 지배와 경제력의 남용을 방지하며 경제의 민주화를 위해 경제에 관한 규제와 조정을 할 수 있다고 규정한다. 따라서 현대 인권 담론에서 재산권이 차지하는 위상을 정확히 표현한다면, 그것은 개인의 절대권이라기보다 국가가 보호하고 통제하는 제한적 권리라고 할 수 있다. 바로 이 점이 절대권으로서의 인권과, 조건부 법적 권리로서의 재산권을 근본적으로 구분하는 경계다. 마지막으로, 제17조는 "재산의 많고 적음에 관계없이 모든 권리와 자유를 누릴 수 있다"라고 규정한 제2조, 그리고 법 앞의 평등과 차별 금지를 역설한 제7조와 연결시켜 이해하는 것이 중요하다.

쉬운 영어 | 제17조

You have the right to own things and nobody has the right to take these from you without a good reason.

토론거리

__ 대한민국 헌법에서 재산권 관련 조항을 찾아 그것의 범위와 특징을 토론해보자.
__ 요즘 들어 기업의 사회공헌 활동을 강조하는 사회적 추세가 존재한다. 그것의 논리와 재산권과의 관계를 토론해보자.

더 읽을거리

재산권 사상의 흐름 김남두 편역 | 천지 | 1993
통치론: 시민정부의 참된 기원, 범위 및 그 목적에 관한 시론 존 로크 | 강정인 · 문지영 옮김 | 까치 | 1996
인권의 역사적 맥락과 오늘의 의미 차병직 | 지산 | 2003

유럽에서 최초로 인권과 관련된 진보적인 사상이 나오기 시작했던 18세기에 볼테르, 케네, 디드로 등과 같이 봉건제에 맞서 휴머니즘의 기치를 내걸던 사상가들은 중국 철학자들의 저술을 번역으로 읽고 그로부터 큰 영향을 받았다. — 장평춘

제 6 장

인권의 셋째 기둥

둘째 기둥의 시민적 권리에 이어 셋째 기둥에서는 정치적 권리 네 가지를 다룬다. 셋째 기둥의 권리들을 심의하는 과정에서 상당히 많은 논란이 있었다. 특히 공산권 대표들은 인간의 자유가 집단적으로 실현될 수 있다는 철학을 견지했으므로 개인주의적 색채가 뚜렷한 셋째 기둥의 권리들을 '부르주아적 권리'라고 비판하곤 했다. 이런 권리들은 명칭만 있지 실질적으로는 아무것도 보장되는 않는 껍데기뿐인 허상이라고 생각했던 것이다.[1] 소련학술원의 국가법연구소 책임자였던 안드레이 비신스키 Andrey Vyshinsky의 말을 들어보자.

> 부르주아지들이 선포한 권리들이 피억압인민에게 중요한 점이라고는 그것들이 형식적인 선언이라는 사실밖에 없다. 자본의 압력 탓에 피억압인민은 그러한 권리를 단 하나도 실제로 누릴 수 없다. 하지만 피억압인민에게 부

> 과되는 의무는 철저하게 구체적이고 실질적인 중요성을 지닌다. 권리는 누릴 수 없어도 군 복무, 납세, 법규 준수 등 모든 의무는 실제로 수행해야 한다. …… 이와 달리 부르주아지들이 사회에서 누리는 권리와 특권은 진정으로 구체적인 것이다. 모든 정치적·경제적 권력이 부르주아지들의 수중에 있으므로 그들은 모든 권리를 한껏 누릴 수 있다.[2]

시민적·정치적 권리를 이렇게 비판적으로 보았으므로 작성 과정에서 동서 진영 간 타협이 아주 어려웠음은 말할 나위도 없다.

그런데 소련 대표단은 셋째 기둥의 권리들을 완전히 삭제하기보다 소련 헌법에 부합하는 방향으로 수정하기를 원했다.[3] 예를 들어, 시민의 개인 권리가 무제한으로 허용되기보다는 그러한 권리가 사회 전체의 이익에 부합하는 방식으로 행사되기를 원했던 것이다. 예컨대 1936년의 소련 헌법 제130조는 다음과 같이 규정한다. "소련의 모든 시민은 소련 헌법을 준수하고 법률을 지키며, 노동규율을 유지하고, 공적 의무를 성실하게 수행하며, 사회주의적 공공질서를 존중할 의무를 진다." 즉, 이러한 시민의 의무 위에서 공적인 목적을 위해 권리를 누릴 수 있다는 말이었다. 공산권의 태도가 이렇게 확고했으므로 네 개 조항을 심사하는 데 오랜 시간 많은 토론이 벌어졌다. 결국 셋째 기둥의 조항들은 표결에 부쳐져 오늘날의 형태로 통과되었다. 하지만 미국을 비롯한 민주자본주의 진영에서 원했던 내용보다 상당히 일반적인 내용으로 문안이 조정되었다.

오늘날의 시각에서 보면 제18조~제21조에서 제시된 권리들은 단순히 정치적 권리만이 아니다. 냉전 당시 시민적·정치적 권리는 주로 민주자본주의 진영에서 선호하고, 경제적·사회적 권리는 주로 사회주의 진영에서 옹호하는 권리라는 식으로 도식적으로 이해하는 경향이 있었다. 하지만 사회주의권이 붕괴한 후 새로운 사회구조를 찾으려는 노력이 활발해진 오늘날에, 셋째 기둥의 정치적 권리들은 부르주아적·형식적 권리를 훨씬 뛰어넘어 경제적·사회적 권리를 뒷받침할 수 있는 강력한 우군이 되었다. 세계적인 명성의 마르크스 정치학자였던 랄프 밀리밴드Ralph Miliband는 "부르주아 민주주의의 일부인 시민적 자유가 아무리 미미하고 보잘 것 없어 보일지라도 그것은 수세기에 걸친 대중의 끈질긴 투쟁의 결과다"라고 하면서 소련식 해석과는 전혀 다른 관점을 제시한다.[4] 다시 말해, 진보정치를 표방한다고 하더라도 부르주아적 권리를 조롱해서는 안 되며, 그런 자유를 적극적으로 옹호하는 정치가 되어야 한다는 것이다. 여기서 우리는 민주주의를 심화하고 그것을 새로운 사회 진보의 원동력으로 삼아야 하는 시대적 과제를 상상할 수 있어야 할 것이다. 셋째 기둥에 나오는 권리들은 다음과 같다.

제18조 | 사상·양심·종교의 자유

제19조 | 의사 표현의 자유

제20조 | 집회와 결사의 자유

제21조 | 국정에 참여할 권리, 인민주권·민주주의 원칙

제18조
사상 · 양심 · 종교의 자유

원문 Everyone has the right to freedom of thought, conscience and religion; this right includes freedom to change his religion or belief, and freedom, either alone or in community with others and in public or private, to manifest his religion or belief in teaching, practice, worship and observance.

해석 모든 사람은 사상의 자유, 양심의 자유, 종교의 자유를 누릴 권리가 있다. 이러한 권리에는 자신의 종교 또는 신앙을 바꿀 자유도 포함된다. 또한 이러한 권리에는 혼자 또는 다른 사람과 함께, 공개적으로 또는 사적으로, 자신의 종교나 신앙을 가르치고 실천하고 예배드리고 엄수할 자유가 포함된다.

사상의 자유는 '생각의 자유freedom of thought'를 뜻한다. 양심의 자유는 '내면의 자유freedom of conscience'를 뜻한다. 종교의 자유는 '신앙과 믿음의 자유freedom of religion or belief'를 뜻한다. 제18조는 인류의 역사를 자유가 확대되는 과정으로 보았던 헤겔Georg W. F. Hegel의 통찰을 상기시킨다. 폴 슈메이커Paul Schmaker는 인간이 서로 다르게 생각하는 현실을 인정하고 그 바탕 위에서 상호 공존할 수 있는 정치체제를 마련하는 데 수천 년의 시간이 걸렸다고 말한다.[5] 그도 그럴 것이 과거에는, 서로 생각이 다르다거나 서로 종교가 다르다는 이유만으로 서로 싸우고 죽이는 것을 아주 당연하게 생각했다. 신앙이 다른 이를 그냥 내버려두는tolerate 것을 큰 죄악으로 여겼고, 그런 인간을 억지로라도 개종시키거나 아니면 죽이는 것이 자신의

EVERYONE
HAS THE RIGHT TO
FREEDOM OF THOUGHT,
CONSCIENCE AND RELIGION;
THIS RIGHT INCLUDES
FREEDOM TO CHANGE HIS
RELIGION OR BELIEF,
AND FREEDOM, EITHER ALONE
OR IN COMMUNITY WITH
OTHERS AND IN PUBLIC OR
PRIVATE, TO MANIFEST
HIS RELIGION OR BELIEF
IN TEACHING, PRACTICE,
WORSHIP AND OBSERVANCE.
© Octavio Roth, UN

신성한 의무라고 생각했다. 멀리 갈 것도 없다. 해방 후 우리나라에서 발생했던 민간인 학살 사건들은 세계인권선언 제18조의 정신을 지키지 않았기 때문에 일어난 것이다. 그런데 제18조에 나오는 사상·내면·믿음의 자유를 완전히 보장해주는 사회는 그리 많지 않다. 이 때문에 제18조를 지키기 위해 창립된 인권단체도 많다. 국제앰네스티가 대표적인 사례다. 2011년 7월 노르웨이에서 한 극우파 청년이 벌인 테러를 떠올려보라. 이슬람에 대한 혐오, 이주자를 포용하려는 국내 진보 세력에 대한 적개심, 자기 사회가 외부 세력에 대해 충분히 배타적이지 않은 것에 대한 환멸, 이런 것이 그 사람을 끔찍한 행동으로 몰아넣었던 것이다. 이처럼 인류 의식의 진화는 더디다.

특히 한국은 아직 갈 길이 멀다.[6] 사상(생각)의 자유를 옹호하면서 국가보안법 폐지를 주장하면 그 즉시 빨갱이 소리를 들어야 한다.[7] 사상의 자유를 옹호하는 것은 어떤 특정한 입장에서 그 이념에 동조해서가 아니다. 사상의 자유가 인간의 기본적 존엄성에 해당하기 때문에 국가보안법을 없애자고 하는 것이다. 국가보안법을 폐지하자고 해서 국가안보 자체를 반대하는 것은 아니다. 국가의 안보가 필요한 경우가 분명히 있을 수 있다. 하지만 개인이 자유롭게 생각할 권리까지 빼앗으면서 지켜야 할 국가안보란 있을 수 없다. 그런 사회는 이미 내부적으로 안보가 허물어진 사회일 것이기 때문이다. 또 있다. 내면(양심)의 자유를 옹호하면서, 양심에 따른 병역 거부자를 처벌하지 말라고 주장하면, 그 즉시 반역자 소리를 들어야 한다. 그러나 자신의 평화적 신념에 따라 병역을 거부한다고 해서 자기 나라를 배신하는 것은 아니다. '양심에 따른'이라는 표현은 그 행위가 도덕적이라거나 다른 행위보다 더 우월하다는 말이 아니다. 자신의 마음 깊은 곳에서 진심으로 우러나온 개인적 성찰에 따라 어떤 선택을 했다는 뜻이다. 이런 이유로 병역을 거부하는 사람에게는, 그의 주장이 사회 주류의 통념에 아무리 어긋난다 하더라도, 병역 이외의 방식으로 사회공동체에 봉사할 수 있는 기회를 주어야 한다.[8] 양심에 따른 병역 거부자는 단순히 군대에 가기 싫어하는 무책임하고 반사회적인 이들이 아니다. 이들은 감옥에 가는 한이 있더라도 자신의 내면 깊숙한 곳에 자리 잡은 신념을 지키고 싶어 한다. 이들은 비겁자가 아니다. 제1차 세계대전 당시 병역 거부자들은 자신들이 반역자가 아니고 비겁자가 아님을 입증하기 위해 앰뷸런스 운전을 자원하곤 했다. 당시 앰뷸런스 운전사는 일반 병사보다 사망률이 더 높았다고 한다. 산림 화재 소방수를 자원한 병역 거부자들도 있었다. 이들 역시 전투병보다 훨씬 위험한 근무 조건에서 일해야 했다. 필자가 수업시간에 늘 강조하는 것이지만, 병역 거부자는 군 복무가 어렵고 위험하기 때문에 그것을 회피하려는 사람이 아니다. 설령 사병의 봉급이 대기업 연봉보다 더 높고, 기합·구타·기수열외·폭언·따돌림이 전혀 없으며, 군 내무반이 5성급 호텔 수준이고, 군 복무 기간이 6개월밖에 되지 않는다 하더라도 양심에 따른 병역 거부를 할 수밖에 없는 사람들이다. 군대의 존재 의의를 고려할 때 그 자체가 잠재적으로 타인을 죽일 수도 있는 제도라고 보기 때문이다. 필자는 여기서, 어떤 전쟁도 인정할 수 없다는 절대적 평화주의자로서 병역 거부를 옹호하는 것이 아니다.[9] 설령, 때에 따라 전쟁이 필요할 수 있다고 생각하는 사람이라도, 인권의 원칙에 의거해 병역 거부자를 옹호할 수 있다는 말이다.

제18조는 우리에게 무척 큰 함의가 있는 내용이어서, 한국 사회를 이 조항만으로 분석할 수 있을 정도다. 만일 한국이 이 조항 하나만이라도 제대로 이해하고 존중하는 사회가 된다면 그것은 엄청난 사회 진보일 것이라고 필자는 단언한다. 제18조는 인권학계에서 이른바 '식은 죽 먹기easy case'라고 부른다. 너무 기본적이고 상식적인 내용이어서 깊게 논의할 필요조차 없다는 뜻이다. 그런데 역설적이게도 이렇게 쉬운 '식은 죽 먹기'가 우리 사회에서는 그렇게도 실천하기가 어렵다. 어떤 사람의 주장에 동의하는 것과는 별개로, 그런 주장을 펼 수 있는 자유를 보장해주는 태도는 성숙한 사회의 아주 기본적인 요건이다. 진정한 입헌적 보수주의자라면 누구보다 앞장서 보호해주어야 할 가치인 것이다. 인터넷에 떠도는 섬뜩한 증오의 언어들, 자신의 입맛에 맞지 않으면 그 어떤 이야기라도 빨갱이와 친북으로 몰아버리는 야만적 상상력(!)이 지배하는 한국 사회에 세계인권선언 제18조는 생각할 거리를 아주 많이 던져준다. 필자는 미국 대사관이 주관한 비공개 좌담 자리에 나간 적이 있다. 도착해보니 한국 사회의 진보와 보수를 대표하는 인사들이 몇 명 모여 있었다. 이야기의 내용은 새로울 것이 없었다. 그런데 대화 도중 필자가 놀란 점이 하나 있었다. 사상과 양심의 자유에 관해 이야기를 나누는데, 한국 측 보수 인사의 견해가 너무 극단적이어서 오히려 미국 외교관이 중간에서 뜯어말리는 진풍경이 연출된 것이다. 한국 사회의 지도층 보수주의자들의 내면세계가 어떤지를 들여다본 좋은 기회였지만, 한편으로는 같은 한국인으로서 창피함을 금하기 어려웠다.

세계인권선언을 준비하는 과정에서 종교의 자유에 관한 부분을 작성할 때 많은 논란이 있었다. 특히 사우디아라비아를 위시한 이슬람권 국가에서는 종교를 바꿀 자유를 명시하는 것에 대해 우려를 나타냈다. 해당 구절

자체를 반대하지는 않았지만, 기독교 선교사들이 악용할 수도 있다는 의구심 때문이었다. 소련 측에서도 이의를 제기했다. 소련 헌법 제124조에서 '종교예배의 자유와 반종교적 선전의 자유'를 모두 보장하는 현실을 반영하고 싶어 했기 때문이다.[10] 그러나 이런 반대를 무릅쓰고 이 구절은 원안대로 통과되었다. 그런데 종교의 자유를 강조하는 NGO들은 특히 그것이 오늘날 전체 인권운동 내에서 큰 관심을 끌지 못하고 있다고 불평한다.[11] 종교는 개인의 내면적 행위이므로 그것의 침해를 딱 부러지게 판단하기란 어렵다. 또한 전체적으로 세속화가 진행된 현대사회에서 종교적 신념 때문에 박해받는 이들에 대한 대중의 동정이 줄어든 이유도 있을 것이다. 그런데 종교를 바꿀 자유는 오늘날 이른바 문명의 충돌을 주장하는 문화론자의 견해와 맞물리면서,[12] 인권보호의 원천이 아니라, 오히려 갈등의 원인으로 떠오른 감이 없지 않다. 그리스의 경우 동방정교회 이외의 개종 활동을 헌법에서 금지하고 있고, 이슬람권에서는 기독교인의 종교 활동이 여러 제약을 받고 있으며, 기독교인으로 개종한 무슬림은 직접적인 탄압의 대상이 된다.[13] 중국에서는 정부로부터 공인받지 않은 종교 단체의 종교 활동은 원칙적으로 금지된다. 이런 현실은 분명히 제18조에서 제시한 인권을 침해하는 것이다. 그런데 타 종교인이 이슬람권 내에서 공격적이고 무차별한 방식으로 선교 활동을 하는 것이 세계인권선언 제29조 2항의 정신에 어긋난다는 주장도 나온다. 완전히 개방되고 타인의 삶에 대해 자율성을 인정하는 경험이 쌓인 자유로운 사회에서 선교 활동을 벌이는 것과, 종교가 삶 그 자체이고 타 종교와 자기 종교가 자유롭게 교류하고 경쟁하는 경험을 해보지 않은 폐쇄적인 사회에서 공세적인 개종 활동을 벌이는 것은 전혀 다른 차원이라는 것이다. 심지어 그러한 개종 활동에 대해 종교 제국주의라는 비난까지 나오는 형국이다. 인권이 그것을 주장하는 사람의 목적에 따라 얼마나 다르게 이해되고, 얼마나 큰 갈등의 원천으로 작용할 수 있는지를 보여주는 사례라 할 수 있다.

쉬운 영어 | 제18조

You have the right to profess your religion freely, to change it, and to practise it either on your own or with other people.

토론거리

2011년 현재 한국에는 양심에 따른 병역 거부로 구금된 이가 804명에 달한다고 한다. 사반세기 이전에 민주화가 이루어진 민주주의국가로 자처하는 나라에서 양심수가 이렇게 많다는 사실은 대단히 비정상적인 일이 아닐 수 없다. 한국전쟁 이래 대한민국에서 양심에 따른 병역 거부로 형사처벌을 받은 이는 총 1만 6,200명 정도인 것으로 집계된다. 양심에 따른 병역 거부는 최근까지 주로 특정 종교인들만 주장하던 인권이라는 이유로 일반 대중에게는 생소한 영역이었다. 하지만 종교적 신념에 따른 병역 거부뿐 아니라 평화적 신념에 따른 병역 거부자도 근년 들어 꾸준히 이어지고 있다. 국제앰네스티에 따르면, 양심에 따른 병역 거부는 징집된 군인뿐 아니라 때에 따라서는 자원입대를 하고 나서 깨달은 양심상의 근거로 병역을 거부하는 사람에게도 적용되는 인권이다. 실제로 군 복무가 없더라도 잠재적인 군 병력 자원을 조사하기 위한 등록에 거부하다가 처벌된 경우도 양심수의 범주에 포함할 수 있다. 또한 국제앰네스티는 양심에 근거한 병역 거부자에게는 대체복무를 할 수 있는 기회를 주어야 하며, 대체복무는 순수한 민간 성격의 업무로서 민간이 주체가 되어 시행해야 한다고 지적한다. 양심에 따른 병역 거부자에게 실형을 선고하는 나라는 전 세계에서 한국을 포함해 아르메니아, 아제르바이잔, 투르크메니스탄 등 네 나라에 지나지 않는다. 그리고 최근 유럽인권재판소가 아르메니아에 대해 대체복무제 도입을 명령함으로써 한국은 전 세계에서 거의 유일하게 양심에 따른 병역 거부자를 형사처벌하는 국가로 전락할 가능성마저 있다.

__ 사회 일각에서는 양심에 따른 병역 거부를 인정하여 대체복무제를 시행하면 그 제도를 악용해 군대를 기피할 사람이 많다는 우려를 제기한다. 이런 주장은 얼마나 근거가 있으며, 그러한 우려를 불식할 방안은 무엇인가?

더 읽을거리

서준식 옥중서한: 1971~1988 서준식 | 야간비행 | 2002

우리가 싫어하는 생각을 위한 자유: 미국 수정헌법 1조의 역사 앤서니 루이스 | 박지웅 · 이지은 옮김 | 간장 | 2010

양심과 사상의 자유를 위하여 조국 | 책세상 | 2001

다 죽여라, 다 쓸어버려라: 한국전쟁전후 민간인 학살에 관한 짧은 기록 한국전쟁전후 민간인학살 진상규명 범국민위원회 | 한국전쟁전후 민간인학살 진상규명 범국민위원회 | 2004

제19조
의사 표현의 자유

원문 Everyone has the right to freedom of opinion and expression; this right includes freedom to hold opinions without interference and to seek, receive and impart information and ideas through any media and regardless of frontiers.

해석 모든 사람은 의사 표현의 자유를 누릴 권리가 있다. 이 권리에는 간섭받지 않고 자기 의견을 가질 수 있는 자유와, 모든 매체를 통하여 국경과 상관없이 정보와 생각을 구하고 받아들이고 전파할 수 있는 자유가 포함된다.

뉴욕 맨해튼 5번가에 있는 뉴욕공립도서관의 주 열람실 입구에는 "좋은 책은 주인정신의 소중한 보혈"이라는 문구가 적혀 있다. 시인 존 밀턴John Milton의 말이다. 그런데 밀턴은 단순히 양서를 읽으라는 뜻으로 이 말을 한 것이 아니다. 국가의 허락 없이 어떤 책이라도 출판할 수 있는 권리를 표현한 것이다. 그는 자신의 생각을 마음대로 출판하지 못하게 하는 검열제도를 자유의 결정적 침해로 보고 그것과 평생을 싸웠다. 당시로서는 엄청나게 인기가 없던 주제인 이혼의 자유에 관해 글을 쓰고 싶었으나 번번이 검열에 걸려 실현하지 못하던 그는 1644년 『아레오파지티카Areopagitica』를 썼다. 원문으로 60여 쪽에 불과한 팸플릿이었는데, 이는 출판 자유에 관한 불후의 명저로 꼽힌다. 책의 부제는 "검열받지 않을 자유를 위하여"라고 되어 있다. 여기서 밀턴은 검열제도를 유지하려고 하는 의회 의원들에게 다음과 같이 말한다.

Article 19

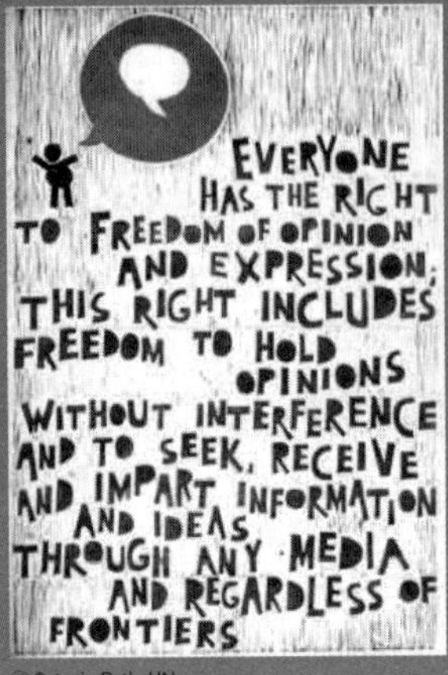

© Octavio Roth, UN

> 여러분이 스스로를 진정한 자유의 애호가, 진정한 자유의 설립자가 아닌 수준으로 전락시키지 않는 한, 여러분은 우리를 진리를 누릴 수 없는 존재, 진리를 알지 못하는 존재, 진리를 찾지 않는 존재로 만들 수 없다. …… 그 어떤 자유보다도, 알 수 있는 자유, 말할 수 있는 자유, 양심에 따라 마음대로 주장할 수 있는 자유를 달라.[14]

자신의 의견을 자유롭게 가질 권리는 반드시 많이 배우고 식견이 풍부한 사람에게만 해당하지 않는다. 자녀 양육을 해본 사람은 알겠지만, 어린아이도 말을 하기 시작하면 자기 고집(의견)을 내세우는 법이다! 자유롭게 말하고 자기 의견을 표출할 자유가 근대적 의미에서 중요한 인권이라는 생각은 밀턴의 시대인 17세기부터 시작되었다. 1688년 영국의 권리장전에서는 의원들의 발언에 대해 면책특권을 부여했고, 1789년 프랑스혁명 '인간과 시민의 권리선언'에서도 이 권리를 열렬히 승인했다. 얼마나 중요하다고 봤는지 별도의 2개 조항을 만들었다. 제10조에는 "누구도 자신의 의사 표현이 평화를 해치지 않는 한 그 의견이 종교적 사안이건 아니건 상관없이 그 때문에 고통을 당해서는 안 된다"라고 되어 있다. 또한 제11조에서는 다음과 같이 규정한다. "사상과 의견의 자유로운 소통은 가장 소중한 인권에 속한다. 그러므로 모든 시민은 자유롭게 말하고 쓰고 출판할 수 있다." 제11조 마지막에는 다음과 같은 단서를 붙여놓았다. "그러나 법이 정한 경우에는 그 자유의 남용에 대해 응분의 책임을 져야 한다." 이때만 해도 이런 권리를 통틀어 '말할 자유freedom of speech'라 했고, 이것을 출판에 적용할 때에는 '출판의 자유freedom of the printing'라 불렀다. 검열이 얼마나 인간의 정신을 억압한다고 생각했는지 어떤 사람은 정치적 암살을 '검열의 극단적 형태'라고까지 표현했다. 그러므로 말할 자유, 언론의 자유를 규정한 제19조는 사상의 자유를 규정한 제18조의 논리적 연장선상에 있고, 왜 모든 권리가 내재적으로 연결되는지를 가르쳐준다. 사상의 자유를 역사적으로 고찰했던 존 베리John B. Bury는 사상이 어떤 식으로든 가치가 있으려면 그것이 언론의 자유를 반드시 포함해야 한다고 역설한다.[15]

19세기 후반쯤부터 말할 자유와 출판의 자유를 합쳐 '언론의 자유freedom of the press'라고 부르기 시작했는데, 영국을 필두로 구미의 대다수 국가에서 언론의 자유를 신성불가침의 인권으로 인정했다. 심지어 부르주아적 권리를 경멸해 마지않던 마르크스도 언론 검열을 노예제에 비유했고, 언론 자유만큼은 누구보다도 열렬히 지지했다.[16] 20세기 후반부에 와서 언론의 자유는 다시 '정보의 자유freedom of information'로 불렸고, 이는 '알 권리right to know'라는 개념으로 뻗어나갔다. 민주사회에서 정보를 자유롭게 입수하고 정부와 기업이 도대체 무슨 일을 하는지를 시민이 파악할 수 있는 것이 극히 중요해졌기 때문이다. 파리드 자카리아Fareed Zakaria는 양심의 자유, 언론의 자유, 집회 및 결사의 자유와 같은 자유주의적 권리가 민주주의보다 역사적으로 먼저 확립되었다고 말한다.[17] 구미 각국에서 보통선거와 주권재민이 실현되기 이전에 이미 자유주의적 권리가 자리 잡았기 때문에 그 후에 따라온 민주주의가 쉽게 뿌리를 내릴 수 있었다는 주장이다. 다시 말해, 선거만 실시한다고 민주주의가 제대로 실현되는 것이 아니라, 그전에 각종 시민적·정치적 권리를 제대로 보장하는 것이 훨씬 더 중요하다는 것이다. 그는 만일 민주화가 진행 중인 개도국에서 시민적·정치적 자유와 선거민주주의 사이에서 우선순위를 정해야 한다면 전자를 택해야 할 것이라고까지 말한다.[18] 이 주장에 동의하든 하지 않든 간에, 셋째 기둥의 제18조~제20조에 규정된 정치적 권리는 역사적으로 그만큼 의미가 크고 중요한 가치다.

제19조는 제2차 세계대전이 끝나고 나서 정보의 자유에 대해 사람들의 관심이 대단히 높아졌던 시대적 분위기를 상징한다. 이 조항을 심의할 때 소련 측은 파시스트와 나치에게는 말할 자유를 부여하지 말자고 제안했다. 그러나 제29조와 제30조에 제약·의무 조항이 있으므로 굳이 그렇게 규정할 필요가 없다는 결론이 내려졌다. 제19조는 제7조에서 말한 "차별에 대한 그 어떤 선동 행위에 대해서도 똑같은 보호를 받을 자격"과 함께 짝을 이루어 이해해야 한다. 즉, 모든 사람이 자유롭게 말할 권리를 가지되, 증오의 선동으로부터 보호받을 권리도 있다는 뜻이다. 또한 언론의 자유는 언제나 언론의 책임과 짝을 이루어 행사되어야 할 권리라는 점은 앞서 제12조 해설에서 이미 말한 바 있다.

'의사 표현의 자유freedom of expression' 역시 원론적으로 보면 전혀 어렵지 않은 원칙이지만, 사회적으로 늘 문제가 되곤 한다. 예컨대, 이른바 '쥐 그림 포스터'에 대해 처벌이 가능한가? 인권의 원칙으로 보면 아예 질문거리 자체가 되지 못한다. 또는 인터넷에 올린 성기 사진을 방송통신심의위원회가 음란물로 지정해 삭제하라고 명령할 수 있는가? 인권의 원칙으로 보면 별 질문거리가 되지 못한다. 그러나 방송통신심의위원회는 삭제하기로 결정했다. 검열을 시행한 것이다. 이 사안을 심의했던 한 위원이 "사회질서를 해한다거나 하는 명백하고 현존하는 위험이 없는 한 처벌 대상이 되어서는 안 된다"라고 하면서 그 사진을 자기 블로그에 올린 것이 또 논란이 되었다.[19] 이 논쟁을 보면 사회의 일반적 통념과 도덕적 감각이 인권의 오래된 원칙을 잘 따라잡지 못하는 것처럼 보인다. 인권을 제대로 이해하고 받아들이려면 그 사회의 전반적 분위기에 여유가 있어야 하고, 유머감각도 있어야 하며, 무엇보다도 세상 사물을 일일이 규범적으로 재단하기 전에 너그러운 의식의 완충재가 있어야 한다. '고추' 사진 하나로 우리 사회가 무너진다? 껄껄 웃고 넘어가면 될 일인데 화들짝 놀라 경건주의적인 공황 상태에 빠진다. 사람들의 '통'이 조금만 더 커지면 굳이 이런 정도의 인권 논쟁이 필요 없을 텐데 하는 생각이 들 때가 많다. 필자는 인권을 공부하는 연구자이지만, 모든 이슈를 일일이 인권 문제로 개념화하고 환원하는 사회를 지향할 필요는 없다고 생각한다. 아무 병에나 항생제를 쓰면 내성만 커지는 것과 같은 이치다.

쉬운 영어 | 제19조

You have the right to think what you want, to say what you like, and nobody should forbid you from doing so. You should be able to share your ideas also — with people from any other country.

토 론 거 리

미국산 쇠고기 광우병 위험성을 보도한 MBC 〈PD수첩〉 제작진에 대해 대법원이 무죄 판결을 내렸다. 검찰이 〈PD수첩〉의 광우병 보도가 과장되고 왜곡되었으므로 농림수산식품부 장관과 공무원의 명예를 훼손했다고 기소한 사건의 최종판결에서 언론의 자유가 승리한 것이다. 대법원은 언론이 정부의 정책을 비판했을 때 그것이 정책결정자 개인의 명예를 훼손했다는 이유로 언론인을 처벌하려면 대단히 신중해야 한다고 지적했다. 대법원은 광우병과 같이 국민의 먹을거리와 관련된 정부정책을 언론이 다루는 것은 중요한 문제에 관한 여론 형성이라는 측면에서 봐야 하며, 그러므로 그러한 보도에는 공공성과 사회성이 인정된다고 결정했다. 보도 내용 속에 일부 허위 사실이 들어 있었더라도 이처럼 중요한 공익이 걸려 있는 문제에서는 언론 보도의 자유가 공직자의 명예훼손에 앞선다고 본 것이다. 그리고 그런 비판적 보도가 났다고 해서 공인의 명예와 직접적인 연관이 있다고 볼 수 없고 악의적인 공격으로 볼 수도 없으므로 명예훼손의 책임을 물을 수 없다고 했다. 공공성과 사회성이 강하게 반영된 사안에 대해서는 대중의 알 권리를 충족시켜주기 위해 언론의 자유를 공직자 개인의 '명예'보다 중시해야 한다는 점을 밝힌 중요한 판결이 아닐 수 없다.

__ 공적인 사건과 사적인 사건을 놓고 '언론의 자유 대 개인 명예훼손' 문제가 대립했던 사례를 각각 들고, 인권의 관점에서 토론해보자.

더 읽을거리

누가 표현의 자유를 억압하는가 김호석 | 도서출판 한울 | 2002

왜 언론자유, 자유언론인가 손태규 | 기파랑 | 2011

언론의 자유와 책임 장호순 | 도서출판 한울 | 2005

제20조
집회와 결사의 자유

원문 1. Everyone has the right to freedom of peaceful assembly and association.

2. No one may be compelled to belong to an association.

해석 **1. 모든 사람은 평화적 집회 및 결사의 자유를 누릴 권리가 있다.**

2. 어느 누구도 어떤 모임에 소속될 것을 강요당해서는 안 된다.

제20조에는 'association'이라는 단어가 두 번 나온다. 제1항에서는 '결사結社', 즉 어떤 모임을 결성하는 행위를 가리키고, 제2항에서는 '결사체', 즉 그러한 모임이나 단체 자체를 가리킨다. '평화적'이라는 말은 간디 이후의 비폭력non-violent 저항의 정신을 직접 계승한 것이다. 독자들은 전문 P3 단락에 나오는 무장투쟁에 근거한 저항권을 기억할 것이다. 또한 그러한 투쟁이 '법의 지배'로 예방되는 것이 인권의 취지라는 점도 기억할 것이다. 제20조는 평화적 집회의 권리가 인권이라는 점을 명시함으로써 세계인권선언 작성자들이 생각한 저항권이 비폭력·평화적 저항임을 분명히 밝히고 있다. 물론 평화적이라는 말을 어떻게 규정하느냐를 둘러싼 논쟁 자체가 민주주의에서 중요한 고려 사항이 된다. 이 문제를 연구한 에이프릴 카터April Carter는 민주사회에서 일어나는 여러 형태의 직접행동 거의 모두를 비폭력적civil 행동으로 간주해야 한다고 한다.[20] 그런 관점에서 보면 무장봉기, 유혈폭동과 같이 본격적인 폭력 수단을 동원한 행동이 아닌 대다수 직접행동형 사회운동은 민주사회에서 인정되어야 하고, 그것은 민주주의

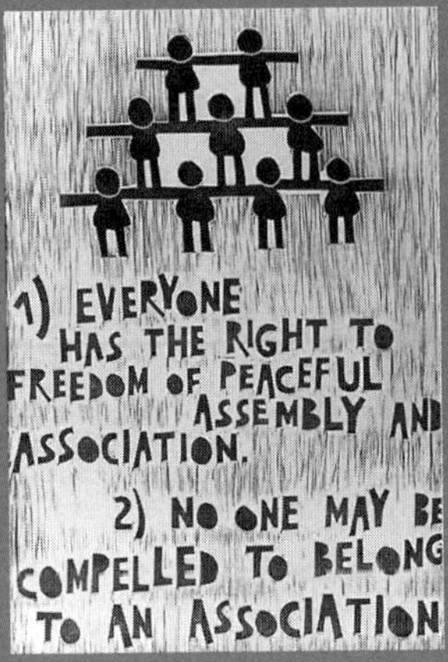

ⓒOctavio Roth, UN

를 — 심지어는 잘 작동하고 있는 민주정치에서조차 — 확대하고 강화할 수 있는 하나의 유력한 방법이 된다. 집회가 시위만을 의미하는 것은 아니다. 거리 모임, 농성, 행진, 피케팅, 1인 시위, 카니발, 페스티벌 등등 모든 종류의 집회가 'assembly'의 범주에 들어간다.

집회의 자유freedom of assembly와 결사의 자유freedom of association는 정치적 권리를 행사하는 데 필요불가결한 자유다. 타인과 함께 모일 수 있는 자유가 없으면 어떻게 정치적 의견을 주고받고 누구를 지지할 수 있겠는가? 사람들이 모여서 '회會'를 조직하고 어떤 목적을 지닌 단체를 만들 수 없으면 어떻게 시민사회가 존재할 수 있겠는가? 그 어떤 단체도 존재하기 어렵고, NGO도 존재할 수 없으며, 가족을 제외한 모든 모임이 국가의 직접적인 통제를 받는 사회가 될 것이다. 문화, 예술, 스포츠, 경제, 취미, 정치 등등 모든 종류의 모임에 이런 통제가 가해질 수 있다. 바로 그러한 사회가 전체주의사회다. 중국이 눈부신 경제발전을 이룩했는데도 그 나라의 정치적 권리 상황에 심각한 의문이 제기되는 까닭은 시민사회의 기본권에 대해 국가가 불신을 거두지 않기 때문이다. 파룬궁法輪功에 대한 중국 당국의 탄압은 빙산의 일각일 뿐이다. 국가가 중간 매개 조직을 제거하고 시민을 직접 수직적으로 통제하는 사회에서, 인간의 자유를 위한 공간은 만들어질 수 없다. 냉전 당시 동구권에서 국가의 전체주의적 통제에 염증을 느끼던 시민들은 국가의 촉수를 벗어나 사람들이 자유롭게 숨 쉬고 토론하며 의견을 표출할 수 있는 공간을 '시민사회'라고 상상했고, 그것을 '병행 도시parallel polis'라고 부르기도 했다. 국가의 통제를 받지 않는 결사의 자유, 시민사회를 형성하는 행위는 그 자체로 하나의 목표가 된 셈이었다.[21] 이런 사례를 보면 집회 및 결사의 자유는 어떤 목표를 위한 도구적 개념일 뿐 아니라, 그 자체가 내재적 가치를 지닌 개념임을 알 수 있다.

바로 이 때문에, 2008년 촛불집회를 비롯한 일련의 사태를 둘러싸고, 시민의 평화로운 집회 및 결사의 자유를 제한하는 것이 한국 민주주의의 퇴보로 볼 수 있는가 하는 논란이 일었던 것이다.• 그리고 나중에 다시 보겠지만, 집회 및 결사의 자유는 민주사회에서 가장 중요한 조건 중 하나인 노동의 지위를 지키기 위해 노동자에게 허용된 최소한의 보호 장치 역할을 한다. 제2항에 규정된 '모임에 강제로 가입하지 않을 권리'는 결사체의 성격이 자발적인 결사체일 때에만 인권보호의 대상이 된다는 뜻이다. 강제로 가입하게 하거나 속임수로 가입하게 한 모임은 형사처벌 대상이 되며, 인권의 이름으로 보호받지 못한다. 예를 들어, 미성년자를 거짓말로 유혹하여 집창촌에 가둬놓고 성매매를 하게 하는 것은 노예 상태를 금지하는 제4조와 비자발적 단체 가입을 금지하는 제20조에 위배된다.

쉬운 영어 | 제20조

You have the right to organize peaceful meetings or to take part in meetings in a peaceful way. It is wrong to force someone to belong to a group.

토론거리

__ 결사의 자유와 시민사회 간의 관계를 생각해보고, 1987년 이후 시민사회단체의 수가 크게 늘어난 것을 민주화와 연관하여 해석해보자.

• 국제앰네스티의 보고에 따르면, 한국에서 촛불집회의 탄압으로 표출된 민주주의의 퇴보는 단순한 우려가 아니라 실제적인 현상이다(Amnesty International, 2008a).

__ 집회의 자유를 무제한 보장하면 인근 상인의 생존권이 위협받는다는 반론이 있다. 이처럼 권리가 충돌하는 상황을 어떻게 조정할 수 있을까?
__ 복수노조 설립 허용, 결사의 자유, 노동자 권리 보호 사이에 어떤 관계가 설정될 수 있는지 토론해보자.

더 읽을거리

길은 복잡하지 않다: 골리앗 전사 이갑용의 노동운동 이야기 이갑용 | 철수와 영희 | 2009
집회의 자유와 집시법 이희훈 | 경인문화사 | 2009
아직 희망을 버릴 때가 아니다 하종강 | 한겨레출판사 | 2008

제21조
국정에 참여할 권리, 인민주권 · 민주주의 원칙

원문 1. Everyone has the right to take part in the government of his country, directly or through freely chosen representatives.
2. Everyone has the right to equal access to public service in his country.
3. The will of the people shall be the basis of the authority of government; this will shall be expressed in periodic and genuine elections which shall be by universal and equal suffrage and shall be held by secret vote or by equivalent free voting procedures.

해석 1. 모든 사람은 자기가 직접 참여하든 또는 자유롭게 선출된 대표를 통해 간접적으로 참여하든 간에, 자기 나라의 국가 운영에 참여할 권리가 있다.
2. 모든 사람은 자기 나라의 공직을 맡을 동등한 권리가 있다.
3. 인민의 의지가 정부 권위의 토대를 이룬다. 인민의 의지는, 주기적으로 시

행되는 진정한 선거를 통해 표출된다. 이러한 선거는 보통선거와 평등선거로 이루어지고, 비밀투표 또는 비밀투표에 해당하는 자유로운 투표 절차에 따라 시행된다.

제21조는 인권학자들이 '혁명 속의 작은 혁명'이라고 부르는 구절이다. '총통의 말이 모든 법 위에 있다'라는 총통 지도원리Führerprinzip에 따라 움직이는 체제가 아니라, 진정으로 모든 사람의 의지가 모여서 정부의 권위를 형성한다는 인민주권popular sovereignty 원칙을 인권으로서 천명했기 때문이다. '민주'라는 말을 한 번도 쓰지 않고 민주주의를 규정했다는 점이 이 조항의 특징이다.• 또한 이 조항은 개인 권리가 아니라 어느 정치공동체에 속한 모든 시민에게 집단적으로 해당하는 권리다. 민주주의의 집합적 성격이 그대로 드러나는 대목이 아닐 수 없다. 또한 정부의 구성원리 자체를 다루고 있으므로 정부가 구성된 후 어떻게 운영되는가 하는 점은 차후의 과제로 미뤄져 있다.

제21조에서는 직접민주주의direct democracy와 대의민주주의representative democracy를 모두 언급함으로써 현대 민주주의사회에서 이 두 가지 원칙이 상호 배타적이지 않음을 암시했다. 흔히 대의민주주의만을 실현 가능한 민주주의 형태로 보는 사람들에게 하나의 경종이 되는 셈이다. 제3항에서는 대의민주주의의 작동 방식을 다룬다. 여기서 인민의 의지가 한 번 더 강조되는데, 이 말은 선거 때에만 국민과 정부가 연결되는 것이 아니라 지속적으로 국민과 정부가 연결되어야 한다는 뜻이다. 선거는 국민과 정부를 이어주는 한 가지 방식이다. 그런데 논리적으로 볼 때 현대 국가에서

• 세계인권선언 전체를 통틀어 민주주의를 직접적으로 가리키는 단어는 제29조에 나오는 'democratic' 하나뿐이다.

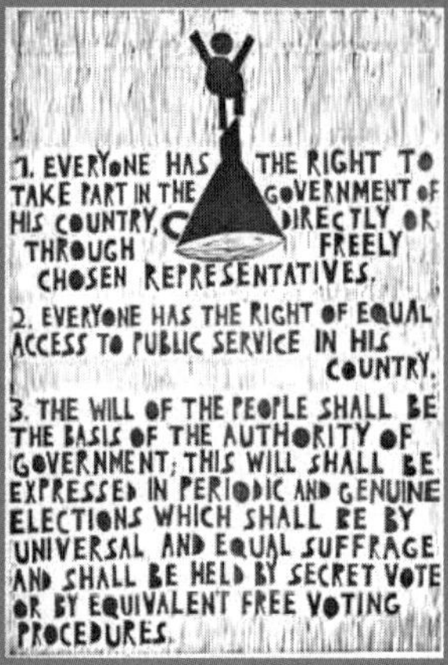
1. EVERYONE HAS THE RIGHT TO TAKE PART IN THE GOVERNMENT OF HIS COUNTRY, DIRECTLY OR THROUGH FREELY CHOSEN REPRESENTATIVES.
2. EVERYONE HAS THE RIGHT OF EQUAL ACCESS TO PUBLIC SERVICE IN HIS COUNTRY.
3. THE WILL OF THE PEOPLE SHALL BE THE BASIS OF THE AUTHORITY OF GOVERNMENT; THIS WILL SHALL BE EXPRESSED IN PERIODIC AND GENUINE ELECTIONS WHICH SHALL BE BY UNIVERSAL AND EQUAL SUFFRAGE AND SHALL BE HELD BY SECRET VOTE OR BY EQUIVALENT FREE VOTING PROCEDURES.
© Octavio Roth, UN

선거가 시행되려면 대부분의 경우 유권자의 지향과 갈등 구조를 집단적으로 표현하고 유권자와 정부를 매개해주는 정당이 있어야 한다. 이 때문에 세계인권선언문 작성 과정에서 벨기에 대표가 2개 이상의 다당제 시스템이 있어야 진정한 민주주의라고 주장했다. 그러나 소련 측 대표는 소련 시스템이 전체적으로 하나의 "완전한 대표성을 지닌" 정당이라고 주장하면서 복수정당제를 이 조항에서 빼자고 주장해 이를 관철했다. 아무튼 이 조항은 최종 투표에서 공산권, 자본권, 왕정국가 등 거의 모든 나라의 찬성으로 통과되었다. 필자는 권좌에서 쫓겨난 이집트의 독재자 무바라크 전 대통령이 들것에 실려 법정에 출두한 사진을 보면서 세계인권선언 제21조의 효력이 지금 이 순간에도 살아 있음을 절실히 느낀다.

제21조에서 규정하는 '인권적' 선거의 요건은 모두 여섯 가지다. 주기적으로 선거가 시행되고, '진정한' 선택이 가능해야 하며, 성년이 된 누구에게나 허용되는 보통(보편)선거여야 하고, 누구에게나 1인 1표제가 적용되는 평등선거여야 하며, 비밀선거와 자유의사를 기초로 한 선택이 보장되어야 한다는 것이다. 동구권이 붕괴하고 난 다음 1990년대에 전 세계적으로 민주화되는 국가가 늘어나면서, 제21조를 바탕으로 한 각국의 선거 감시가 전 세계 인권운동의 중요한 부분이 되었다. 예를 들어, 2001년 막 독립한 동티모르에서 최초의 총선이 치러졌을 때 한국 시민운동의 활동가들도 선거 감시 요원으로 참석했고, 2011년 7월 3일에 치러진 타이 총선 때도 한국의 활동가들이 선거 감시에 참여했다. 시민의 국정 참여 권리가 그

자체로 극히 중요한 인권으로 부각되면서 '민주적 거버넌스 참여권'이라는 개념도 생겼다. "거버넌스에 자유롭고 동등하게 참여할 권리가…… 전 세계적으로 일종의 연결망처럼 확산되었다."[22]

어떤 이는 20세기에만 해도 '권리 선언'에 머물러 있던 세계인권선언이 이처럼 민주적 참정권의 중요성이 재발견되면서 '민주주의 헌장'으로 자리매김했다고 평가하기도 한다. 이제 인권의 향상을 평가한다는 말은 민주적 과정 자체를 평가한다는 말과 동의어가 된 것이다.[23] 이 점은 특히 신생독립국이나, 분쟁 후 안정을 되찾는 나라의 민주주의 평가에 잘 적용된다. 예를 들어, 2011년 새로 독립한 남수단에서 민주주의가 어떻게 작동하고 있는지 평가하려면 세계인권선언의 조항을 기준으로 삼아 평가해 보면 된다. 독립이 된 것은 민족자결권이 보장된 것이고(제2조), 난민이 자기 고향으로 돌아갔는지(제13조), 주거는 마련되었는지(제25조), 여러 민주적 권리가 보장되는지(제13, 19, 21조) 등을 평가 기준으로 삼을 수 있다.

제2항에 나온 '자기 나라의 공직을 맡을 동등한 권리'는 어려운 말로 '동등한 공무담임권'으로 불린다. 이와 거의 유사한 규정이 '시민적·정치적 권리에 관한 국제규약' 제25조에도 나온다. 유엔자유권위원회UN Human Rights Committee의 해설에 따르면, 동등한 공무담임권에는 세 가지 차원이 공존한다. 첫째는 공적인 사안에 참여할 권리right to participate in public affairs, 둘째는 투표할 권리voting rights, 셋째는 동등한 공무담임권right of equal access to public service이다.[24] 세 가지 모두 긴밀하게 연관되는 개념이다. 그러나 제2항을 공무담임권과 전혀 다른 방식으로 해석하는 경우도 있다. 즉, '공공서비스에 대한 동등한 접근권'으로 보는 시각이 그것이다.[25] 만일 그렇게 해석한다면 이때의 공공서비스는 가용성(효과적인 서비스), 접근성(저렴하거나 무료인 서비스), 타당성(투명하고 시민에게 책임지는 서비스)이 보

장되어야 한다. 그래야 국가가 시민에게 제공하는 공공서비스가 인권 원칙에 부합한다고 말할 수 있다는 뜻이다.

제21조의 위치에 관해 짧게 언급하면서 설명을 마치려 한다. 제21조는 셋째 기둥의 마지막이자 넷째 기둥 바로 앞에 있다. 즉, 첫째 기둥부터 셋째 기둥까지의 법적·시민적·정치적 권리(제3조~제20조)와 넷째 기둥의 경제적·사회적 권리(제22조~제27조)를 연결하고 결합하는 조항이 제21조인 것이다. 또한 제21조는, 개인 권리가 아니라 민주주의의 일반 권리를 규정하므로, 민주주의가 선제 인권을 중간에서 하나로 묶는 연결고리라는 점을 가르쳐준다. 이 때문에 인권은 민주주의의 성격을 규정하는 판단 기준qualifier인 동시에, 민주주의를 진전시키는 촉매제catalyst라 할 수 있는 것이다.[26] 이런 점을 떠올릴 때면 필자는 제21조가 명당자리를 잡았다고 감탄하곤 한다.

쉬운 영어 | 제21조

You have the right to take part in your country's political affairs either by belonging to the government yourself or by choosing politicians who have the same ideas as you. Governments should be voted for regularly and voting should be secret. You should get a vote and all votes should be equal. You also have the same right to join the public service as anyone else.

토론거리

__ 1960년 4·19 학생혁명의 계기가 되었던 3·15 부정선거, 그리고 1987년 6월 민주항쟁의 구호였던 대통령직선제 개헌 요구를 조사하고, 선거권이 민주주의에 얼마나 중요한 역할을 하는지 토론해보자.

__ 남아프리카공화국에서 1994년 사상 최초로 실시되었던 자유 총선거를 조사하고, 그것이 남아프리카공화국의 민주화 과정에서 어떤 의미가 있었는지 말해보자.

더 읽을거리

한국의 정치개혁과 민주주의 강원택 | 인간사랑 | 2005

만델라 자서전: 자유를 향한 머나먼 길 넬슨 만델라 | 김대중 옮김 | 두레 | 2006

페미니즘 위대한 역설 조앤 W. 스콧 | 공임순 · 이화진 · 최영석 옮김 | 앨피 | 2006

전 세계 사회가 내부적으로 소수의 특권층과 다수의 빈곤층으로 이루어져 있을 때, 그리고 외부적으로 소수의 부국과 다수의 빈곤국으로 이루어져 있을 때, 평화는 오지 않고 전쟁의 위협만 커질 것이다. — 에르난 산타크루즈

제 7 장
인권의 넷째 기둥

마지막 기둥에 나오는 여섯 가지 권리들(제22조~제27조)은 국가가 그 국민을 위해서 무엇을 해주어야 하는지를 다룬다. 주로 제3조에서 제20조 사이의 권리들이 국가가 국민에게 무엇을 '하지 말아야' 하는지를 규정하는 것과는 정반대라 할 수 있다. 그런데 흔히 알려진 바와는 달리 자본주의 진영에서 경제적·사회적 권리 자체를 반대한 것은 아니었다. 미국이 어느 정도 미온적이었던 것은 사실이지만, 전후에 노동당이 집권했던 영국, 그리고 1946년에 사회주의, 공산주의, 중도파들이 제4공화국을 세웠던 프랑스는 경제적·사회적 권리에 대해 우호적이었다. 그런데 여러 나라들이 복지의 총론에는 동의했지만, 복지를 위해 국민에게 어떻게 해주어야 하는지에 관한 방법론을 놓고 자본주의 진영과 사회주의 진영은 한 치도 물러서려 하지 않았다. 자본주의 진영에서는 자유시장의 활성을 해치는 조치를 되도록 피하려 했고, 사회주의 진영에서는 국가의 강력한 역할이 없으면 교육, 복지, 건강 등의 조치가 무용지물이 된다는 논리를 폈다. 이런 논쟁의 와중에서 당시 각국 헌법에 이 규정들이 이미 나와 있는 나라도 적지 않았지만, 세계인권선언의 제22조부터 제27조까지의 내용은 '새로운' 경제적·사회적 권리라고 불렸다. 국제적 차원에서 새로운 권리를 소개했다는 의미에서였다.

개인 차원에서는, 칠레 대표단을 이끈 산타크루즈가 제22조부터 제27조까지의 조항을 가장 열심히 옹호했다. 아옌데의 친구이자 라틴아메리카 노동운동에서 큰 영향을 받았던 법률가였던 산타크루즈는 어머니와 어린이를 위한 특별지원책을 주창했고, 세계 무대에서 가난한 나라의 처지를 효과적이고 의연하게 대변했다. 산타크루즈의 지칠 줄 모르는 열정 덕분에 세계인권선언이 18세기 계몽주의 시대의 인권선언과 다른 차원의 문서가 될 수 있었다.[1]

넷째 기둥의 경제적·사회적 권리들은 제2차 세계대전으로 잠시 중단되었던 19세기 말 이래의 사회적 입법의 전통을 다시 이은 것이었다. 그러한 흐름에는 사회민주주의, 사회주의, 사회교리social teaching에 따른 기독교 사상 등이 함께 포함되어 있었다.[2] 오늘날 한국 사회에서 '복지'라는 화두는 대단히 중요한 정치적·경제적·사회적 어젠다로 떠오르고 있다. 아주 중요한 패러다임의 변화라 할 수 있다.[3] 그런데 복지라는 개념에 권리 개념을 합한 '복지권'에 대해 우리는 좀 더 관심을 기울일 필요가 있다.[4] 겉으로 엇비슷해 보이는 복지정책을 진보적 관점에서 확실하게 판별하려면 그것이 단순한 공리주의적 정책인지, 인권에 기초한rights-based 복지정책인지를 따져보는 것이 중요하다. 그런 점을 염두에 두고 제22조부터 제27조의 내용을 살펴보는 것은 한국 사회의 향후 청사진을 그려보는 작업과도 일맥상통한다.[5] 넷째 기둥에 나오는 권리는 다음과 같다.

제22조 | 사회보장권, 경제적·사회적·문화적 권리

제23조 | 노동할 권리

제24조 | 휴식과 여가의 권리

제25조 | 적절한 생활수준을 누릴 권리

제26조 | 교육을 받을 권리

제27조 | 문화생활에 참여할 권리

제22조
사회보장권, 경제적 · 사회적 · 문화적 권리

원문 Everyone, as a member of society, has the right to social security and is entitled to realization, through national effort and international co-operation and in accordance with the organization and resources of each State, of the economic, social and cultural rights indispensable for his dignity and the free development of his personality.

해석 **모든 사람은 사회의 구성원으로서 사회보장을 받을 권리가 있다. 또한 모든 사람은 국가의 자체적인 노력과 국제적인 협력을 통해, 그리고 각 나라가 조직된 방식과 보유한 자원의 형편에 맞춰 자신의 존엄성과 인격의 자유로운 발전에 반드시 필요한 경제적·사회적·문화적 권리를 실현할 자격이 있다.**

첫째 기둥의 제3조가 제11조까지의 조항들에 대한 모자의 역할, 즉 모두조항이었던 것처럼, 넷째 기둥의 제22조 역시 제22조부터 제27조까지의 모두조항 역할을 한다. 인권학자들은 제22조가 제3조보다 더 확실하고 더 선언적인 모두조항이라고 지적한다. 제22조는 그때까지만 해도 상당히 낯설다고 여겨지던 경제적·사회적 권리의 '탄생'을 소리 높여 선포하고 있기 때문이다. 옛말에 갓난아이가 태어나 처음으로 우는 소리를 고고지성呱呱之聲이라 했는데, 제22조를 이에 비유해도 좋을 듯하다. 세계인권선언의 작성자들은 '새로운' 권리를 인류에 선보이면서 이 선언문을 읽는 이들에게 제22조에 와서는 옷깃을 여미고 신경을 써서 주의를 집중해줄 것을 요구한다. "자, 여러분, 여기서부터 주의를 기울이셔야 합니다. 이 권리들이

Article 22

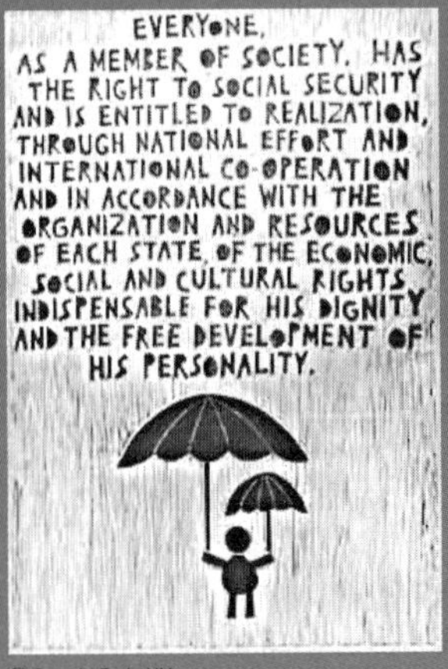
EVERYONE,
AS A MEMBER OF SOCIETY, HAS
THE RIGHT TO SOCIAL SECURITY
AND IS ENTITLED TO REALIZATION,
THROUGH NATIONAL EFFORT AND
INTERNATIONAL CO-OPERATION
AND IN ACCORDANCE WITH THE
ORGANIZATION AND RESOURCES
OF EACH STATE, OF THE ECONOMIC,
SOCIAL AND CULTURAL RIGHTS
INDISPENSABLE FOR HIS DIGNITY
AND THE FREE DEVELOPMENT OF
HIS PERSONALITY.
© Octavio Roth, UN

생소하게 들리겠지만, 정말 중요한 것이니 신경 써서 잘 들어보세요"라고 하는 작성자들의 목소리가 들리는 듯하다. 그런데 이제 몇 년만 더 있으면, 세계인권선언이 나온 지 70년이 될 터인데, 아직도 넷째 기둥을 전혀 이해하지 못하거나 낯설게 여기거나 아니면 그냥 무시해버리는 사람들이 적지 않나. 특히 정치인이 그러하다. 무지하고 무식하고 몽매한 태도가 아닐 수 없다. 2011년 초·중학생 대상 무상급식을 놓고 서울시가 추진한 주민투표가 논란이 되었다. 투표 정족수가 미달되어 결국 단계적 급식을 주장했던 보수파가 사실상 패배한 것으로 결말이 났지만, 이 투표는 애초부터 인권 원칙을 고려했을 때 무리가 많은 것이었다. 소득수준별로 줄을 세워 일부만 무상급식을 하겠다는 말은 '모든 사람의 권리'라는 제22조의 인권 원칙에 정면으로 위배된다. 좀 심하게 말하자면, 우리 정치인의 의식 수준은 1948년 당시 세계인의 의식 수준에도 미치지 못한다.

제22조는 제27조까지의 모자 역할을 하면서도 하나의 독자적인 권리인 사회보장권을 언급한다. 사회보장social security은 사회보험social insurance이라는 말과 함께 20세기 중엽에 복지국가의 정책을 표현하는 방식이었다. 복지국가의 청사진을 만든 사람 중 대표적인 인물로 꼽히는 윌리엄 베버리지William H. Beveridge는 1942년에 내놓은 복지국가 설계도에서 다섯 가지 거악Giant Evils과 싸워야 한다고 주장했다.[6] 즉, 결핍want, 질병disease, 불결한 환경squalor, 할 일 없음idleness, 무지ignorance가 인류를 위협하는 가장 큰 적이라는 말이었다. 프랭클린 루스벨트가 말한 '결핍으로부터의 자유'

를 대폭 확장한 개념이라고 보면 된다.• 이 다섯 가지 거악과 싸우기 위해 복지국가가 필요한 것인데, 모두 넷째 기둥에 나와 있는 내용이다.[7] ① 결핍과 싸우기 위해서는 개인의 안녕을 지킬 수 있는 생활수준이 보장되어야 한다(제25조). ② 질병과 싸우기 위해서는 적절한 의료가 제공되어야 한다(제25조). ③ 불결한 환경과 싸우기 위해서는 적절한 주거가 제공되어야 한다(제25조). ④ 할 일 없음과 싸우기 위해서는 노동할 권리(제23조)가 보장되고 직장을 잃었을 때 보호 조치(제25조)가 제공되어야 한다. ⑤ 무지와 싸우기 위해서는 교육이 제공되어야 한다(제26조).

필자는 베버리지가, '거악'이라는, 판타지 영화에나 나올 법한 이미지를 차용해 복지국가를 제창한 일화를 자주 떠올려보곤 한다. 이 거대한 악 – 그리고 거악을 정당화하고 그것을 지속하려는 거악의 추종 세력 – 은 언제 어디서나 우리를 지배하고 억압하려 든다. 최근 미국에서 발표된 연구에 따르면, 복지 예산을 삭감하고 사회적 응집력을 줄이는 공화당 정부가 집권한 시기에는 자살과 살인사건 등 사회적 폭력이 급격히 늘어났고, 그와 반대로 민주당 정부가 집권한 시기에는 자살과 살인율이 줄어들었다.[8] 이처럼 우리 모두가 자기 자신과 공동체를 살리기 위해서는 베버리지가 말했던 거악에 대해 분노를 느끼고, 그것과 투쟁해야 하는 것이다.

제22조는 "국가의 자체적인 노력과 국제적인 협력"을 규정함으로써 모든 나라가 복지국가를 지향하는 것이 인권 원칙에 부합한다는 점을 분명히 했다. "국가의 자체적인 노력"이 정부만의 노력을 의미하는 것이 아니

• '결핍'이라는 개념은 대단히 광범위한 것이어서 국내의 빈곤 문제뿐 아니라 국제적인 빈곤 퇴치에서도 늘 쓰이곤 하는 용어다. 시민사회에서는 빈곤과의 전쟁(war on want)이야말로 정당성이 있는 유일한 '전쟁'이라고 하는 시각도 존재한다. 국제발전 분야에서 첫손 꼽히는 단체로 'War on Want'라는 NGO도 있다. 빈곤과의 전쟁에 관해서는 루치포드와 번스(Luetchford and Burns, 2003)를 참조할 것.

라 정부와 기업, 시민사회가 서로 보완하는 노력을 지칭한다는 관점이 최근의 대세가 되었다. 사회적 기업이나 협동조합형 생산·유통 방식을 토대로 하는 경제적·사회적 권리 역시 중요하게 취급되기 시작한 것이다. 또한 이 조항은 국제적인 협력을 강조함으로써 전 세계적으로 부자 나라가 가난한 나라를 도울 의무가 있고, 가난한 나라는 도움을 받을 '권리'가 있음을 분명히 했다. 국제적인 협력의 개념을 논리적으로 확대하면, 국가 간에도 부의 재분배를 위한 조치가 필요하다.[9] 국내에서도 일정한 부의 재분배가 필요하듯이, 전 지구적 차원에서도 인권이 보장되고 평화가 오려면 부의 재분배가 필요한 것이다. 최근 국제발전원조에 대한 관심이 높아지면서 이런 분야로 진출하려는 사람들이 많아지고 있다. 단순히 공적개발원조Official Development Assistance: ODA 등의 기술적인 주제에만 한정하지 말고, 개도국 스스로가 발전을 주장할 수 있는 권리의 주체라는 점을 염두에 두고 접근해야 할 것이다. 이와 관련해서는 제28조에서 다시 다룬다.

이 조항에 나오는 "각 나라가 조직된 방식과 각 나라가 보유한 자원의 형편에 맞추어"라는 구절은 항상 문제가 되었다. 문안을 만들던 당시에도 이집트나 인도와 같은 나라들이 자국의 형편에 넘치는 경제적 권리를 무한정 보장해줄 수 있겠느냐고 염려했기 때문이다. 경제적·사회적 권리에 대한 여러 가지 비판은 크게 두 가지로 요약된다. 한편으로는 경제적·사회적 권리를 구체적으로 지정하기 어렵다는 '불확정성indeterminacy' 비판이 있고, 다른 한편으로는 자원이 부족해서 그런 권리를 충족시키기 어렵다는 '가용성availability' 비판이 있다. 이 문제에 대해 현재까지 나온 가장 정교한 대응은 샌드라 프레드먼Sandra Fredman의 이론이다.[10] 프레드먼은 경제적·사회적 권리를 마치 어떤 '규정'이 준수되었는지 또는 위반되었는지 하는 식으로 보면 안 된다고 말한다(시민적·정치적 권리의 경우 '규정'의 준수

여부를 판별하기가 상대적으로 쉽다). 경제적·사회적 권리는 규정이라기보다 '원칙'의 문제이기 때문이다. 원칙의 힘은 법적 강제력에서 나오지 않고 자명한 구속력, 다시 말해 일관된 방향성에서 나온다. 즉, 경제적·사회적 권리는 그것이 준수되었느냐 그렇지 않느냐의 문제가 아니라, 경제적·사회적 권리를 '일관된' 방향으로 추구하느냐 그렇지 않느냐 하는 것으로 판별할 수 있다는 것이다. 자원이 있느냐 하는 두 번째 질문에 대한 답은 국가가 충족시켜야 할 적극적 의무에 따르는 '구성 요건'에 비추어 판단할 수 있다. 그 나라가 아무리 가난하더라도 자기 나름의 수준에서 유효성·참여성·책무성·평등성의 원칙을 지켜야 한다는 말이다.

끝으로, 복지를 그냥 제공하는 것과 복지를 인권으로 보는 것의 차이에 대해 지적하고 넘어가자. 예를 들어, 갑이라는 사람이 어떤 복지를 제공받았다 해도 그것이 국가가 주는 것(시혜)으로서 받은 것과 자신의 권리로서 청구해 받아낸 것(권리) 사이에는 질적인 차이가 있다. 어차피 결과는 같지 않으냐고 물을 수도 있을 것이다. 그러나 인권의 정신은 인간이 스스로 권리를 지닌 주체로서 자력화empower하는 것을 지향한다. 그러므로 복지를 국가의 선심성 혜택으로 보는 것과 시민이 당당히 요구할 수 있는 권리로 보는 것은 본질적인 차원에서 매우 큰 차이가 있다. 넷째 기둥이 '새로운' 내용을 담고 있다고 간주된 것도 바로 권리에 기초한 복지rights-based welfare 개념을 내놓았기 때문이다.

쉬운 영어 | 제22조

The society in which you live should help you to develop and to make the most of all the advantages(culture, work, social welfare) which are offered to you and to all the men and women in your country.

토론거리

__ 현대 한국인이 생애주기별 각 단계에서 누릴 수 있는 사회보장을 종류별로 조사해 보자.

__ 사회보장을 권리로 접근하는 것과 국가의 시혜로 접근하는 것 사이의 차이점은 무엇인가? 그리고 두 접근이 사람들에게 미치는 사회적·심리적·정치적 효과의 차이는 무엇인가?

더 읽을거리

들리지 않는 진실: 빈곤과 인권 아이린 칸 | 우진하 옮김 | 바오밥 | 2009

사회보장의 발명 자크 동즐로 | 주형일 옮김 | 동문선 | 2005

복지국가 정원오 | 책세상 | 2011

제23조
노동할 권리

원문 1. Everyone has the right to work, to free choice of employment, to just and favourable conditions of work and to protection against unemployment.

2. Everyone, without any discrimination, has the right to equal pay for equal work.

3. Everyone who works has the right to just and favourable remuneration ensuring for himself and his family an existence worthy of human dignity, and supplemented, if necessary, by other means of social protection.

4. Everyone has the right to form and to join trade unions for the protection of his interests.

해석 1. 모든 사람은 노동할 권리, 자유롭게 직업을 선택할 권리, 공정하고 유리한 조건으로 일할 권리, 실업 상태에 놓였을 때 보호받을 권리가 있다.
2. 모든 사람은 어떠한 차별도 받지 않고 동일한 노동에 대해서 동일한 보수를 받을 권리가 있다.
3. 모든 노동자는 자신과 그 가족이 인간적으로 존엄을 지키고 살아갈 수 있도록 보장해주는 정당하고 유리한 보수를 받을 권리가 있다. 또한 이러한 보수가 부족할 때에는 필요하다면 여타 사회보호 수단을 통해 부조를 받을 권리가 있다.
4. 모든 사람은 자신의 이익을 지키기 위해 노동조합을 결성하고 그것에 가입할 권리가 있다.

제23조에 나오는 노동 관련 규정 상당수는 세계인권선언 이전에도 사회입법 형태로 보장되었고 국제적으로 인정되는 내용이었다. 예를 들어 1919년 창설된 국제노동기구ILO는 처음부터 노동자들의 권리를 위해 만들어진 조직이었다. 대한민국 헌법 제33조에도 노동 3권이 분명히 규정되어 있다. ① 자주적인 단결권(노동조합을 결성할 권리), ② 단체교섭권(노동조합이 사용자와 단체협약을 체결할 권리), ③ 단체행동권(노동쟁의가 발생했을 때 노동자들이 정상적인 업무 진행을 막을 수 있는 권리)이 그것이다. 세계인권선언 제23조는 노동할 권리 원칙, 동일 임금 원칙, 정당한 보수 원칙, 결사의 자유 원칙을 규정한다. 이 중에서 특히 '노동할 권리'와 '동일 임금 원칙'은 당시로서는 획기적인 내용이라는 평을 들었다.

제23조에는 크게 두 가지 역사적 흐름이 혼재되어 있고, 이 두 흐름 사이에는 긴장이 존재한다. 우선 '노동할 권리right to work'는, 파시즘 치하에서 수많은 사람들이 강제 노동을 당하고 그로 말미암아 집단학살까지 벌

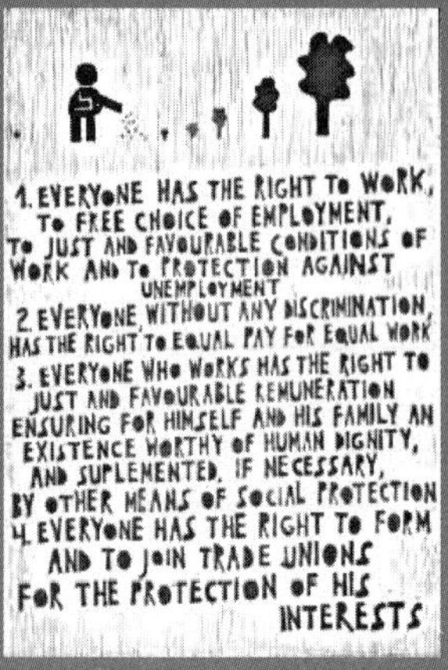

© Octavio Roth, UN

어졌던 전철을 되풀이하지 않겠다는 결의를 상징한다. 그리고 1948년 시점에서의 해석에 따르면, 자신이 원하는 일을 자기 마음대로 선택할 수 있도록 국가가 허용해야 한다는 자유시장적 노동의 의미가 반영되어 있다. 이런 해석에 따르면, 이 구절은 '강제 노동이 아니라 자유의사로 노동을 선택할 권리'라는 뜻이 된다. 두 번째 흐름은 국가가 '생산적인 완전고용' 및 노동자 친화적인 노동조건을 보장해야 한다는 사회주의적 접근이다. 이런 점은 '경제적·사회적·문화적 권리에 관한 국제규약ICESCR'의 제6조~제8조에 상세하게 설명되어 있다. 아무튼 '노동할 권리'는 고용에서 차별을 금지하고 결사의 자유와 그 밖의 경제적·사회적 권리를 보장하는 전제조건이 된다. 또한 제23조에서는 '모든 사람'이라는 표현을 통해, 그 나라의 국민뿐 아니라 그 나라에 거주하는 모든 사람(이주노동자를 포함한)에게 노동권이 보장된다는 점을 분명히 밝히고 있다.

원래 '노동할 권리'라는 말 자체는 19세기 프랑스의 사회주의자 루이 블랑Louis Blanc이 만들어낸 용어다. 그는 1840년 『노동의 조직L'Organisation du travail』이라는 책을 통해 시장경제의 변덕과 임금 착취 상황에 대항하기 위해서 노동자들이 시장 경쟁체제에 휘둘리지 않고 안정된 최소한의 일자리를 확보할 권리를 가져야 한다고 주장했다.[11] 1848년 프랑스에서 2월 혁명이 발생했을 때 파리 시는 루이 블랑의 비전에서 영감을 얻어 실업자를 구제하기 위한 사회사업장ateliers sociaux을 설치하기도 했다.[12] 이렇게 본다면 역사적으로 '노동할 권리'의 기원은 완전고용의 정신에 더 가까운 것이라 할 수 있다. 오늘날 경제지구화의 흐름 앞에서 비정규직, 정리해고, 노동유연성 등의 문제는 사회적으로 매우 중요한 이슈다. 노동할 권리라는 용어의 기원과 의미를 둘러싼 역사적 긴장이 우리 눈앞에서 되풀이되고 있는 것이다. 대한민국 정부는 1991년 12월 국제노동기구에 정식으로 가입했다. 그러나 국제노동기구의 핵심 협약을 아직까지 비준하지 않은 상태다. 즉, 결사의 자유 및 단결권 보호에 관한 87호 협약, 단결권 및 단체교섭권에 대한 원칙의 적용에 관한 98호 협약, 공공 부문에서의 단결권 보호 및 고용 조건의 결정 절차에 관한 151호 협약이 여전히 제대로 이행되지 않고 있다. 전문가들은 이런 상황을 국제 기준에 비추어 "후진적이고 비정상적이며 노동 적대적"이라고 비판한다.

"자신과 그 가족"이라는 말도 오늘날의 눈으로 보면 미흡한 표현이다. 남성 가장을 그 가족의 생계를 책임지는 사람으로 전제하는 선입견이 깔린 표현이다. 1948년 당시의 시대적 한계가 엿보인다. 여성주의 복지학자들은 복지정책의 기본이 이런 식의 가부장적 가정에 근거하여 시작되었지만 오늘날의 변화된 가족 구성과 역할 부담과는 동떨어진 사고방식이라고 비판한다.[13]

노동운동가 김진숙은 한진중공업의 정리해고 철회를 주장하며 2011년 초 크레인에 올라 300여 일간 목숨을 건 고공시위를 벌였고, 그를 지지하고 응원하고자 많은 이들이 '희망버스'를 타고 부산으로 향했다. 노동권을 규정한 세계인권선언 제23조는 — 다른 모든 조항도 그러하지만 — 인간의 존엄성을 지향하는 합의 정신이 없을 경우 그 어떤 법도 무용지물이 될 수 있음을 가르쳐준다. 김진숙이 쓴 『소금꽃나무』에는 「항소이유서」라는 제목의 꼭지가 있다. 그중 한 구절을 소개해본다.

> 저는 악법도 법이니까 지켜야 한다는 쪽보다는, 어느 한 쪽만 일방적으로 피해를 당하는 나쁜 법은 자꾸 문제를 제기해서 깨버리자는 논리에 더 수긍이 갑니다. 사실 삼자개입금지법은 그동안 노동자 쪽에만 일방적으로 적용되어 노사 형평의 원칙에도 많이 어긋나고 그로 인해 단결권이 제약받아온 것이 엄연한 현실이거든요. …… 여기저기서 (사용자만 빼고) 다 나쁘다는 법은 이미 법으로서의 권위를 잃고, 그 법을 적용해봐야 개과천선을 기대하거나 평화를 도모하기는 힘들지 않겠습니까.[14]

설명을 마치기 전에 이 조항의 구성 방식에 대해 언급할 필요가 있겠다. 이 조항은 다른 모든 조항에서처럼 '모든 사람은'이라고 표현되어 있다. 그런데 노동권의 성격상 개인에게 그러한 권리가 있다고 규정하기보다, 국가와 사회가 그 권리를 보장할 의무가 있다는 식으로 규정했더라면 더 강력한 의지가 천명되었을 것이라고 보는 학자들이 있다. 독자 여러분은 어떻게 생각하시는가?

쉬운 영어 | 제23조

You have the right to work, to be free to choose your work, to get a salary which allows you to support your family. If a man and a woman do the same work, they should get the same pay. All people who work have the right to join together to defend their interests.

토론거리

일하면 일할수록 가난해지는 '워킹 푸어', 그리고 비정규직 문제는 현재 우리 사회에서 가장 심각한 노동문제라 할 수 있다. 사회 양극화를 야기하는 주범이기 때문이다. 비정규직 문제를 해결하기 위해 정부가 대책을 내놓기도 하지만, 이에 대한 비판도 거세다. 간병인, 퀵서비스 종사자, 대리운전사 등은 현재 산재보험이 적용되지 않는 특수고용 노동자 신분으로 남아 있다. 산재보험은 강제보험이므로 사업주가 보험료를 100% 납부해야 하며 보험을 반드시 적용하게 되어 있다. 그런데 특수고용 노동자는 사업주와 노동자가 절반씩 보험료를 부담하며, 사업주는 계약서를 쓰면서 노동자에게 산재보험 탈퇴서를 쓰도록 종용하기도 한다. 특수고용 노동자에게 왜 이런 차별을 하는 것일까? 현재의 법 규정상 사업주는 당연히 산재보험에 가입하게 되어 있지만, 노동자가 탈퇴를 신청하면 산재보험 적용에서 제외할 수 있다는 예외규정을 두고 있기 때문이다. 특수고용 노동자는 산재보험료의 사용자 100% 부담, 그리고 적용 제외 신청이 가능하게 되어 있는 법조문 자체가 삭제되기를 원한다. 간병 노동자들이 산재보험에서 제외된 것은 산재보험을 인정해줄 때 간병인을 노동자로 인정해주어야 하기 때문이다. 사업주는 간병노동자의 '노동자성' 자체를 인정하지 않으려 한다. 간병 노동자는 병원에서 주당 144시간이라는 엄청난 고강도의 노동에 시달리는데도 '노동자'로 인정조차 받지 못하고 있는 것이다. 간병 노동자는 질병에 감염되거나 다치면 자비로 치료를 받아야 한다. 환자를 위해 일하는 노동자가 정작 자신은 정당한 치료를 받을 권리를 누리지 못하는 실정이다. 퀵서비스 노동자 역시 위험한 도로에서 언제 다칠지 모르는 나날을 살아가고 있는데도 현재 사회적으로 어떤 보호 장치도 없이 방치되어 있다. 게다가 퀵서비스 노동자는 직업상 위험직군으로 분류되어 생명보험을 들기도 어렵다. 보험회사에서 가입을 거부하기 때문이다. 화물운수 노동자, 건설기계 노동자, 퀵서비스 노동자, 건설기계 노동자, 대리운전 노동자, 간병서비스 노동자들이 원하는 산재보험료 전액 사용자 부담과 적용 제외 조항 철폐 요구가 언제쯤 받아들여질까?

__ 인터넷 쇼핑몰에서 구입한 상품을 내 집에서 퀵서비스로 배달받을 때까지의 과정을 각 단계별로 조사하고, 각 단계마다 비정규직 노동자들이 어떤 역할을 하고 어떤 처우를 받는지 이야기해보자.

더 읽을거리

우리의 소박한 꿈을 응원해 줘: 이랜드 노동자 이야기 권성현 · 김순천 · 진재연 엮음 | 후마니타스 | 2008

소금꽃나무 김진숙 | 후마니타스 | 2007

지겹도록 고마운 사람들아: 이소선—여든의 기억 오도엽 | 후마니타스 | 2008

비정규 노동과 복지: 노동시장 양극화와 복지전략 이호근 엮음 | 인간과 복지 | 2011

전태일 평전(신판) 조영래 | 사단법인 전태일기념사업회 | 2005

제24조
휴식과 여가의 권리

원문 Everyone has the right to rest and leisure, including reasonable limitation of working hours and periodic holidays with pay.

해석 **모든 사람은 휴식을 취하고 여가를 즐길 권리가 있다. 이러한 권리에는 노동시간을 적절한 수준으로 제한할 수 있는 권리 그리고 정기적인 유급 휴가를 받을 권리가 포함된다.**

제24조는 또 다른 차원에서의 근본적인 노동자 권리를 규정한다. 필자는 예전부터 제23조와 제24조가 쌍둥이 조항이라고 생각해왔다. 그런데 제24조를 제23조 마지막에 넣지 않고 굳이 하나의 조항으로 독립시켜놓은 이유는 무엇일까? 그만큼 휴식·여가의 권리를 중요한, 별개의 권리로 취급해야 한다는 공감대가 있었기 때문이라고 본다. 노동시간을 단축하자는 요구는 노동운동의 역사와 궤를 함께한다. 현재 상식처럼 되어 있는 하루 8시간 노동을 쟁취하기 위해 노동운동은 오랜 시간 투쟁하며 많은 피를 흘려야 했다. 유럽의 예를 들어보자. 1815년 영국에서 '1일 10시간 노동운동Ten Hours Movement'이 일어났다. 1831년과 1833년에 영국 공장법이 제정되어 21세 미만은 야간작업이 금지되었고, 18세 이하는 12시간 이상 일하지 못하게 되었다(토요일은 9시간). 1840년에 뉴질랜드에서 1일 8시간 노동을 요구하는 세계 최초의 파업이 일어났고, 1842년 미국 매사추세츠에서 아동노동을 규제하는 법이 제정되었다. 그리고 1843년부터 영국에서 평일 10시간 노동이 시행되기 시작했다. 1844년 영국 공장법 개정으로

성인은 최대 12시간, 아동은 6.5시간 노동할 수 있도록 규정되었다. 1868년 미 하원은 연방 공무원의 1일 8시간 노동을 규정한 노동법을 통과시켰다. 1890년 노동시간에 관한 국제회의가 베를린에서 열렸는데 아동노동 금지, 아동과 여성의 광산 및 야간작업 금지가 규정되었다. 1916년 오스트레일리아에서 1일 8시간 노동법이 만들어졌다. 1917년 혁명 후 러시아 정부는 모든 사람에게 해당하는 보편적인 8시간 노동을 명했다. 그 후 전 세계적으로 1일 8시간 근무가 표준이 되었고, 이조차 더욱 줄어드는 경향을 보였다. 2003년 유럽사법재판소는 이른바 '예거 판결Jaeger ruling'을 통해 어떤 노동자가 쉬는 기간 동안 공장에 나가 있어야 하거나 사용자가 언제라도 호출할 수 있게 할 경우에, 그런 기간은 정규 노동시간으로 간주해야 한다는 결정을 내렸다.

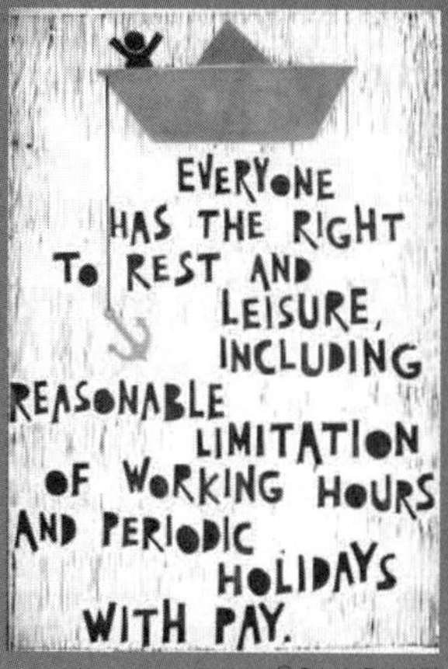

© Octavio Roth, UN

Article 24

그런데 휴식과 여가가 현대에는 여행, 레저, 엔터테인먼트 등을 연상시키곤 하지만, 원래 'rest'는 장중하고 엄숙한 뉘앙스를 지닌 용어였다. 고된 노동을 한 다음 창조주 앞에서 경건하게 자신을 되돌아보는 시간을 보낸다는 의미가 담겨 있었던 것이다. 그래서 제24조의 유래를 종교 전통에서 찾는 학자도 적지 않다. 기독교 성경의 『창세기』에서 신이 이 세상을 창조하고 나서 일곱째 되던 날 휴식을 취했다는 이야기는 독자도 익히 알고 있을 것이다. 제임스 흠정역의 『창세기』 제2장 2절은 이렇게 말한다. "And he rested on the seventh day from all his work which he had made." 그리고 1981년(이슬람력 1401년) 카이로에서 채택된 세계이슬람인권선언

Universal Islamic Declaration of Human Rights의 제17조 '노동자의 지위와 존엄성' 조항에서도 다음과 같이 규정한다. "이슬람은 노동과 노동자를 귀하게 여기며, 무슬림들에게 노동자를 공정하게 대우할 뿐만 아니라 후하게 대우할 것을 명하노라. 노동자는 자신의 정당한 임금을 즉시 지급받을 자격이 있으며, 또한 적절한 휴식과 여가를 즐길 자격이 있노라."[15]

이처럼 노동시간 단축과 유급휴가는 노동자의 권리 중의 권리다. 그런데 휴식과 여가 자체가 또 하나의 '활동'을 의미하는 것만은 아니다. 예를 들어 아무것도 하지 않고 주변의 새소리를 듣는 것도 여가를 즐기는 것이다. 그렇게 보면 이 조항은 고요와 정숙에 대한 한 사회의 일반적인 태도를 드러내는 부분이기도 하다. 우리나라에 여러 번 왔던 외국의 어느 인권운동가가 한 말이 기억난다. "한국에서 아무것도 안 하고 조용히 쉴 수 있는 장소가 어디 없을까요?"

사족으로 하나만 덧붙이려 한다. 원래 제24조는 노동할 권리에 대응하는 의미로 주로 해석된다. 그런데 이보다 더욱 근본적인 관점에서 노동 자체를 비판적으로 보는 시각도 있다. 마르크스의 둘째 사위였던 폴 라파르그Paul Lafargue는 생펠리기 감옥에서 쓴 『게으를 수 있는 권리The Right to be Lazy』에서 게으름이 창조적 정신의 근원이 된다고 말한다. 이는 전혀 일하지 않고 남에게 빌붙어 사는 것을 옹호한 것이 아니라, 스스로 일하지 않으면서 노동자의 노동을 착취하는 자들을 위해서까지 잉여노동을 할 필요가 없다는 의미였다. 이 책의 제1장 '재앙과 같은 도그마'는 다음과 같이 시작한다.

> 기묘한 환상이 자본주의가 맹위를 떨치는 나라들의 노동계급을 사로잡고 있다. …… 이 환상은 노동에 대한 사랑, 노동에 대한 불타는 열정이며, 심

지어 개인과 그 자손들의 생명력을 고갈시킬 정도로 기승을 부린다. …… 자본주의사회에서 노동은 지성을 타락시키고 생명체를 기형으로 만드는 원흉이다.[16]

라파르그의 이러한 급진적인 주장은 노동, 휴식, 여가, 게으름에 관해 우리에게 엄청난 사회학적 상상력을 불러일으킨다.

쉬운 영어 | 제24조

Each work day should not be too long, since everyone has the right to rest and should be able to take regular paid holidays.

토론거리

다음은 필자가 제24조에 관해 썼던 글이다.

노무현 대통령 때의 일이다. 대통령의 여름휴가 동안 읽을 책의 제목이 보도되었다. 그러자 한편에서 비판의 소리가 나왔다. 나라 사정이 한시가 급한데 어찌 대통령이 '한가하게' 휴가나 찾고 책이나 읽느냐는 것이었다. 나는 그때 혹시 개혁·진보 인사들조차 휴식의 '진보적' 의미에 대해 이해가 부족한 것이 아닌가 하는 생각이 들었다. 며칠 전 새 대통령이 이른 아침에 회의를 소집해서 공무원들을 닦달했다는 뉴스가 나왔다. 머슴이 국민보다 더 자면 안 된다고도 했다. 대통령의 '잠 철학'이 이렇게 확고하니 중앙부서, 지자체, 심지어 기업까지 새벽형 인간이 졸지에 양산될 지경이 되었다. 옛날 새마을운동 노래 가사를 떠올린 이들도 많았을 것이다. "새벽종이 울렸네. 새아침이 밝았네. 너도 나도 일어나 새마을을 가꾸세……."

새 정부가 열심히 일하겠다는 것은 너무나 당연한 자세다. 하지만 그것이 '잠 적게 자기', '노 홀리데이', '노 새터데이' 하는 식으로 빗나가기 시작하는 것을 보니, '일'과 '노동'을 바라보는 근본 전제 자체가 잘못되었다는 지적을 하지 않을 수 없다. 얼른 봐도, 이 문제는 쉬지 않고 일만 하는 것이 가능한가 하는 생물학적 차원, 그리고 그것이 설령 가능하다 하더라도 그런 세상이 좋을 것인가 하는 가치판단 차원의 문제임을 알 수 있다. 이 문제는 더 나아가 산업사회의 노동 현실에서 인간이 어떻게 자신의 인간성과 존엄성을 지킬 수 있을까 하는 심각한 차원의 질문이 된다. 올해로 선포 60주년을 맞는 세계인권선언의 제24조를 보라. "모든 사람은 휴식을 취하고 여가를 즐길 권리가 있다. 이러한 권리에는 노동시간을 적절한 수준으로 제한할 수 있는 권리 그리고 정기적인 유급 휴가를 받을 권리가 포함된다." 하지만 일중독이나 일벌레라는 말을 일종의 칭찬으로 받아들이는 우리 사회에서 '쉴 권리' 운운하면 배부른 소리 한다고 손가락질 받기 딱 좋을 것이다. 악착같이 발버둥을 쳐도 될까 말까 한데 휴식이 인권이라고?

그러나 노동과 휴식을 한 쌍의 동일한 가치로 볼 줄 알아야 주말근무, 야근, 비정규직 노동, 출산휴가, 생리휴가 등을 중요한 문제로 인식할 수 있고, 인간화된 사회를 실현할 수 있는 길이 열린다. 아무리 일할 권리가 소중하더라도 쉴 권리가 없다면 그곳이 바로 지옥이다. 세계인권선언 제23조에서 일할 권리를 규정한 후 바로 다음 조항에서 쉴 권리를 언급하는 것도 바로 이 때문이다. 세계 노동운동의 역사는 하루 8시간 노동을 확보하기 위한 투쟁의 역사와 그 궤적을 같이한다. 휴식과 여가를 사치로 여기는 순간 인간은 돈벌이 기계로 전락한다. 휴식은 시장 사회의 공세로부터 인간성을 지켜주는 극히 중요한 보호 장치다. 만일 '노 홀리데이'의 관행이 전체 공직 사회로 파급된다면 그것은 공무원에 대한 심대한 인권침해이자 가정파괴의 원인이 될 것이다. 우리가 원하는 것은 책임감 있게 헌신적으로 일하는 국민의 공복이지, 잠 안 자고 주말에도 쉬지 않는 인간 좀비들이 아니다. 신자유주의의 대부, 대모였던 레이건과 대처도 주말과 휴가를 철저히 지키지 않았던가?

한마디로 '노 홀리데이'는 천민자본주의의 반인권선언이나 다름없다. 시대착오적이고 유치한 발상이며 지속 불가능한 모델이다. 도대체 이 세상의 어떤 선진국에서 '노 홀리데이'를 선언한단 말인가? 제발 이명박 정부가 내세우는 '선진화'가 세계 사회에서 일반적으로 통용되는 기준과 합치되기를 바란다. 진정한 선진화는 인권을 보호하고 인간성을 존중하는 사회라는 사실, 노동과 휴식이 조화를 이루는 성숙한 사회라는 사실에 눈뜨려면 우리에게 얼마나 더 긴 시간이 필요할까?

(이 글은 ≪한겨레≫, 2008년 3월 14일 자에 실린 칼럼이다. 그 후 필자의 책 『인권의 풍경』에도 실렸다.)

__ 휴식과 놀이와 여가를 권리로 보는 관점에서는 휴식을 인간 존엄성을 지킬 수 있는 노동사회의 안전장치로 파악한다. 현대사회에서 놀이와 여가 자체가 또 하나의 '놀이 노동'으로 강제되는 경향은 없는가?

더 읽을거리

여가학 노용구 | 대경북스 | 2001

호모 루덴스: 놀이하는 인간 요한 하위징아 | 이종인 옮김 | 연암서가 | 2010

휴식의 기술 존스턴 · 스미스 | 윤미연 옮김 | 황금비늘 | 2004

게으를 수 있는 권리 폴 라파르그 | 조형준 옮김 | 새물결 | 1997

제25조 적절한 생활수준을 누릴 권리

원문 1. Everyone has the right to a standard of living adequate for the health and well-being of himself and of his family, including food, clothing, housing and medical care and necessary social services, and the right to security in the event of unemployment, sickness, disability, widowhood, old age or other lack of livelihood in circumstances beyond his control.
2. Motherhood and childhood are entitled to special care and assistance. All children, whether born in or out of wedlock, shall enjoy the same social protection.

해석 1. 모든 사람은 자신과 가족의 건강과 안녕에 적합한 생활수준을 누릴 권리가 있다. 이러한 권리에는 음식, 입을 옷, 주거, 의료, 그리고 생활에 필요한 사회서비스 등을 누릴 권리가 포함된다. 또한 실업 상태에 놓였거나, 질병에 걸렸거나, 장애를 당했거나, 배우자와 사별했거나, 나이가 많이 들었거나, 그 밖에 자신의 힘으로 어찌할 수 없는 상황에 처해 생계가 어려워진 모든 사

람은 사회나 국가의 보호를 받을 권리가 있다.

2. 자식이 딸린 어머니 그리고 어린이와 청소년은 사회로부터 특별한 보살핌과 도움을 받을 자격이 있다. 모든 어린이와 청소년은 그 부모가 결혼한 상황에서 태어났건 아니건 간에 똑같은 보호를 받는다.

제25조를 한마디로 표현하자면, 인간적인 생활수준을 보장하라는 것이다. 이를 위해 의식주 등 인간다운 생활에 꼭 필요한 기본 요소를 최소한이라도 국가가 제공할 의무가 있나는 말이다. 그리고 이 조항은 '적합한 생활수준'이라는 표현을 통해 그 사회의 전반적인 발전도 경제적·사회적 권리를 위해 필요하다는 점을 암시한다. '건강과 안녕health and well-being'이라는 말을 주의해서 볼 필요가 있다. 건강은 인간의 생물학적인 존립을 위해 반드시 필요한 조건이며, 안녕(웰빙)은 생물학적 존립의 기반 위에서 인간적으로 누려야 할 최저한의 생활수준을 일컫는다. 여기서 'well-being'을 '웰빙'으로 옮기면 오해를 받기 십상이다. 한국 사회에서 웰빙은 잘 먹고 잘 사는 여유 있는 사람들이 추구하는 사치스러운 행복 상태처럼 이해되는 경향이 있다. 하지만 세계인권선언에서 말하는 웰빙은 최소한 먹고살 수 있는 상태, 권리로 보호되어야 할 '안녕한' 상태를 뜻한다. 오해가 없기 바란다. 한편 제25조에서 장애인의 권리 개념이 발전되어 나왔고, 2006년 작성된 장애인권리협약Convention on the Rights of Persons with Disabilities으로까지 이어졌다.

정권의 성격에 따라 사회복지 예산 배정에 큰 차이가 나는 것을 보면 확실히 상대적으로 인권과 가까운 정부, 상대적으로 인권과 거리가 먼 정부가 있는 것 같다. 선입견 없이 보려고 아무리 노력해도 이해되지 않을 때가 많다. 2010년 말 보수 여당이 날치기 처리한 2011년도 민생복지 관련

예산안을 보자.[17]

방학 중 결식아동 급식 지원사업 0원, 빈곤층 생계급여 예산 32억 원 삭감, 영유아 예방접종 확대 예산 339억 원 삭감, A형간염 백신 지원 예산 63억 원 삭감, 양육수당 2,744억 원 삭감, 산모신생아 도우미 310억 원 삭감, 국공립 어린이집 확충 예산 200억 원 삭감, 간병서비스 제공사업 3억 5,000만 원 삭감, 차상위계층 장학금 2학기부터 폐지, 기초노령연금 611억 원 삭감, 장애인연금 313억 원 삭감, 저소득층 국민연금보험료 지원 185억 원 삭감…….

하나같이 어려운 사람들이 가장 큰 타격을 입는 영역에서 예산이 깎였다. 4대강 사업에는 수십조 원을 쓰는 정부가 가장 힘없고 발언권 없는 계층의 손발을 자른 것이나 다름이 없다.

다음은 필자가 직접 관찰한 사례다. 어느 복지관에서 운영하는 노인주간보호센터에 나오시던 어르신의 수가 갑자기 줄었다. 보조금이 끊기면서 (한 달 몇만 원 수준의) 돈을 낼 형편이 안 되는 분들이 등록을 포기한 것이다. 전체적으로 보면 아주 작은 복지시책이지만, 그 한 가지가 바뀌면서 가난한 어르신들의 유일한 낙이었던 바깥출입이 곧바로 어려워진 것이다. 이를 보면서 참으로 씁쓸한 기분이 들었다. 거의 대부분 지난 선거에서 여당을 찍었던 분들이었는데…….

제22조에서 소개했던 현대 복지국가의 대부 베버리지는 누가 수급 대상자인지를 판별하는 자산조사means-tested를 극구 반대하고, 모든 사람에게 동일한 비율의 일률적이고 보편적인 서비스 제공이 복지의 절대적 조건이라고 주장했다.[18] 물론 자산조사가 필요한 경우가 있을 수 있겠지만,

Article 25

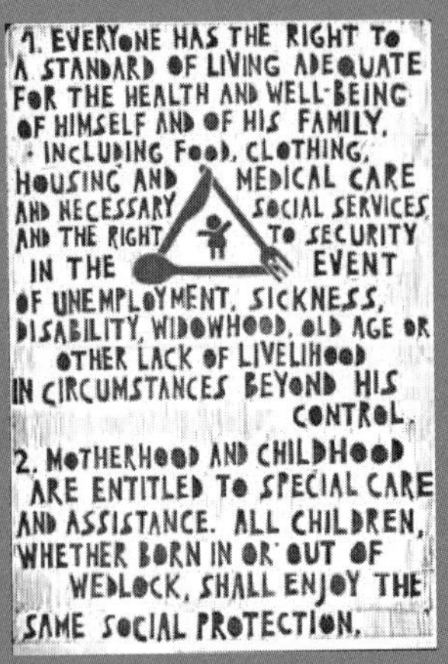

1. EVERYONE HAS THE RIGHT TO A STANDARD OF LIVING ADEQUATE FOR THE HEALTH AND WELL-BEING OF HIMSELF AND OF HIS FAMILY, INCLUDING FOOD, CLOTHING, HOUSING AND MEDICAL CARE AND NECESSARY SOCIAL SERVICES, AND THE RIGHT TO SECURITY IN THE EVENT OF UNEMPLOYMENT, SICKNESS, DISABILITY, WIDOWHOOD, OLD AGE OR OTHER LACK OF LIVELIHOOD IN CIRCUMSTANCES BEYOND HIS CONTROL.
2. MOTHERHOOD AND CHILDHOOD ARE ENTITLED TO SPECIAL CARE AND ASSISTANCE. ALL CHILDREN, WHETHER BORN IN OR OUT OF WEDLOCK, SHALL ENJOY THE SAME SOCIAL PROTECTION.

© Octavio Roth, UN

기본적 욕구의 충족과 관련된 서비스일수록 보편적 제공의 개념으로 접근하는 것이 옳다. 보편적 개념이란 결국 복지를 '권리'로 본다는 것이다. 그것이 복지의 기본 전제다. 서울시에서 추진했던 무상급식 주민투표는 이런 복지원칙에 대한 정면 도전이고, 한국 사회의 수준을 그대로 보여준 사례였다. 필자 주변에 일제강점기 때 집안 형편이 어려워 어린 나이에 만주로 건너가 친척집에서 지낸 분이 있었다. 그는 그 친척집에 얹혀사는 동안 눈칫밥을 먹는 것이 너무 싫어서 식사 때가 되면 슬며시 자리를 비우거나 바깥에 나가 우물에서 냉수로 배를 채우곤 했다고 말했다. 인간은 이런 존재다. 어린 아이라 하더라도 자존심(존엄성)이 상하느니 차라리 굶기를 선택하는 것이 인간이다. 우리 공동체는 어떤 쪽을 택해야 옳을까?

이 조항에 나오는 'children'이라는 용어는 만 18세 미만인 사람을 뜻한다. 만일 17세인 청소년을 어린이로 번역하면 본인이 무척 기분 나빠할 것이다! 우리말로는 '어린이·청소년'이라고 옮기는 것이 가장 적합하다고 본다.[19] "그 부모가 결혼한 상황에서 태어났건 아니건 간에"라는 표현은 제2조에 나오는 "출생 또는 그 밖의 신분에 따른 그 어떤 종류의 구분도 없이"라는 표현과 직접 연결된다. 이 구절을 생각하면 서자로 태어나 아버지를 아버지라 부르지도 못했던 홍길동이 떠오른다. 비혼모의 아이가 겪는 사회적 눈총과 차별이 연상되기도 한다. 이런 일들을 없애고 모든 인간이 최소한의 품위를 지니고 살 수 있는 세상을 만들자는 것이 인권의 정신이다. 이것이 그렇게 어렵고 거창한 요구인가?

현실 속에서 전체적 인권이 잘 보장되는 지역으로 스칸디나비아 지역을 꼽는 인권학자들이 많다. 그중에서도 스웨덴은 사회민주주의 전통을 바탕으로, 민주주의와 경제적·사회적 권리 보장, 옴부즈맨제도 등을 통한 인권보호가 확립된 대표적인 복지국가다. 스웨덴 복지국가의 기본 전제는 사회적 기회가 불평등하게 주어질 때 인권을 보장하는 토대가 마련되기 어렵고, 그렇게 되면 그 사회는 갈등과 불안정의 나선회로를 따라 갈 수밖에 없다는 것이다. 인권보호를 복지국가의 핵심 연결고리로 삼는 스웨덴 사람들의 정치적 지혜에 감탄할 수밖에 없다. 스웨덴에서는 제25조에 열거된 모든 권리가 철저한 인간 존중 철학과 합리적 접근, 그리고 합의적 문화를 바탕으로 비교적 충실히 실천되고 있다. 인권을 공부할 때 눈여겨볼 만한 정치공동체가 아닐 수 없다.[20]

쉬운 영어 | 제25조

You have the right to have whatever you need so that you and your family: do not fall ill or go hungry; have clothes and a house; and are helped if you are out of work, if you are ill, if you are old, if your wife or husband is dead, or if you do not earn a living for any other reason you cannot help. Mothers and their children are entitled to special care. All children have the same rights to be protected, whether or not their mother was married when they were born.

토론거리

한국 사회에서 주택문제는 많은 사회적 갈등을 일으키는 주범 중 하나다. 부동산 투기와 부동산 투자가 일반화되어 있어 주택이 거주를 위한 수단이 아닌 돈벌이 대상으로 인식되며, 거주 양태에 따른 사회적 차별과 계층화도 심한 편이다. 최근 저금리 시대가 대두되면서 집을 가진 이들이 세를 놓을 때 전세보다 월세를 선호하는 경향이 늘었다. 월세가가 폭등하면서 소득의 절반 가까운 돈을 월세로 부담해야 하는 이른바 '렌트 푸어'가 양산되고 있다. 전세보증금을 월세로 계산할 때 적용하는 월세 전환율이 비정상적으로 높다는 데에 가장 큰 원인이 있다. 현재 월세 전환율은 연 7~12%에 달해 은행 정기예금 금리보다 몇 배 높은 실정이다. 이 때문에 세입자는 불리한 조건을 감수하면서도 집세를 내야 하므로 빈곤의 늪에 빠져들기 쉽다. 그렇다고 주택을 구입하는 것도 쉽지 않다. 은행 대출을 받아 주택을 장만한다 해도 집값이 하락하거나 원리금 상환 부담으로 생활이 어렵게 되는 '하우스 푸어'가 될 가능성이 대단히 높기 때문이다. 일단 렌트 푸어 또는 하우스 푸어로 빠지고 나서는 그 악순환의 고리에서 탈출하는 것이 거의 불가능하다. 결과적으로 한국에서 집이 없는 사람은 빈곤계층으로 전락할 가능성이 커지고, 불안정한 주거 환경 때문에 젊은이들이 가정을 꾸리는 것을 꺼리게 되면, 인구 감소와 노동력 부족 현상 등으로 악순환이 계속 이어지게 된다. 부동산에 대한 잘못된 사회적 인식과 빈약한 주택정책이 한국인의 기본권을 박탈하고 있는 것이다.

__ 주변 친지들의 주거 상황을 조사하고, 주택비가 소득에서 차지하는 비율을 계산해서 그 의미를 분석하라. 그리고 주거권을 보장하기 위해 국가가 할 수 있는 역할이 무엇인지를 정책, 세제, 인센티브 등으로 나눠서 토론하라.

더 읽을거리

페미니즘과 장애우 바바라 힐리어 | 장애우권익문제연구소 정책실 옮김 | 장애우권익문제연구소 | 2000

인권의 대전환: 인권공화국을 위한 법과 국가의 역할 샌드라 프레드먼 | 조효제 옮김 | 교양인 | 2009

집은 인권이다: 이상한 나라의 집 이야기 주거권운동네트워크 엮음 | 이후 | 2010

제26조
교육을 받을 권리

원문 1. Everyone has the right to education. Education shall be free, at least in the elementary and fundamental stages. Elementary education shall be compulsory. Technical and professional education shall be made generally available and higher education shall be equally accessible to all on the basis of merit.

2. Education shall be directed to the full development of the human personality and to the strengthening of respect for human rights and fundamental freedoms. It shall promote understanding, tolerance and friendship among all nations, racial or religious groups, and shall further the activities of the United Nations for the maintenance of peace.

3. Parents have a prior right to choose the kind of education that shall be given to their children.

해석 1. 모든 사람은 교육받을 권리가 있다. 적어도 초등교육과 기본교육 단계에서는 무상교육을 해야 한다. 초등교육은 의무적으로 실시해야 한다. 보통 사람이 큰 어려움 없이 기술교육과 직업교육을 받을 수 있어야 하며, 고등교육은 오직 학업능력으로만 판단하여 모든 사람에게 똑같이 개방되어야 한다.

2. 교육은 인격을 온전하게 발달시키고, 인권과 기본적 자유를 더욱 존중할 수 있도록 그 방향을 맞춰야 한다. 교육은 모든 국가, 모든 인종집단 또는 모든 종교집단이 서로 이해하고 서로 너그러운 마음으로 포용하며 친선을 도모할 수 있게 해야 하고, 평화를 유지하기 위한 유엔의 활동을 촉진해야 한다.

3. 부모는 자기 자녀가 어떤 교육을 받을지를 우선적으로 선택할 권리가 있다.

제26조는 세계인권선언 전체 중에서 상당히 특이한 조항으로 간주된다. 어떤 특정 영역의 철학과 정책을 비교적 상세히 규정했기 때문이다. 또한 이 조항은 나치 과거사에서 직접적인 영향을 받아 만들어졌다는 특징이 있다. 앞서 보았듯이 전쟁이 끝난 후 국제사회에는 크게 두 가지 흐름이 나타났다. 하나는 과거사 청산이었고, 다른 하나는 평화로운 미래를 위한 청사진을 제시하는 것이있다. 과거사 청산은 전쟁법Law of War과 전범재판을 통해 이루어졌고, 유엔인권위원회는 세계인권선언을 주로 후자의 흐름 속에서 접근했다. 따라서 세계인권선언의 취지 자체는 분명 20세기 전반부의 두 차례 세계전쟁을 되풀이하지 말자는 것이었지만, 그런 점을 구체적인 조항 속에서 직접 언급한 경우는 비교적 드물었다. 하지만 제26조는 나치라는 단어만 쓰지 않았을 뿐, 파시즘에 대한 직접 비판의 정신으로 작성되었다.

이 조항은 전문의 P1 단락에 나오는 자유·정의·평화를 향한 세상을 구체적으로 실천하는 데 교육이 중요하다는 전제를 깔고 있다. 또한 P8 선포 단락에서 "사회의 모든 개인과 모든 조직이 이 선언을 언제나 마음속 깊이 간직하면서 가르침과 배움을 통해 이러한 권리와 자유가 존중되도록 애써 노력하며"라고 했던 사실을 상기시킨다. 예나 지금이나 세상을 바꾸려면 시간이 걸리더라도 사람들의 의식이 깨어나고 민도가 높아지는 것이 가장 근본적인 방법이다. 세계인권선언을 발표하던 당시에 교육을 인권의 차원으로까지 격상하여 선포한 것은 상당히 혁신적인 주장으로 받아들여졌다. 또한 넷째 기둥에 속한 제22조와 제27조 사이의 내용이 모두 그렇지만, 제26조 역시 '새로운' 권리라고 여겨졌다. 그런데 문안을 만들던 과정에서, 제1항에서 교육의 틀만 제시했지 교육의 정신이 무엇이 되어야 하는지에 관한 내용이 없다는 비판이 제기되었다. 세계유대인총회에서 강력하게 문제를 제기했던 것이다. 그 결과 제2항은 뒤늦게 포함되었다. 그런 과정에서 제2항과 제3항은 나치의 강제적 교육정책에 대한 비판을 강하게 암시하는 내용으로 귀결되었다.

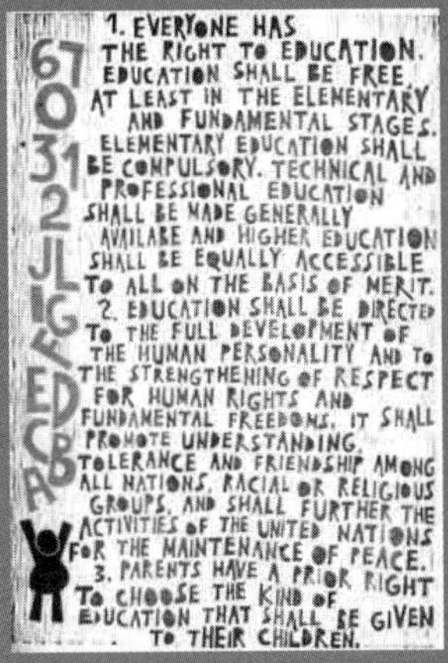

© Octavio Roth, UN

Article 26

나치의 교육정책은 그것의 전체주의성, 강제성, 획일성, 증오심 고조 등으로 악명이 높았다.[21] 모든 교육의 목표를 선전선동에 두었고, 나치당에 대한 무조건적인 충성과 총통 지도원리에의 절대적 복종을 강요했다. 교육의 방식은 자유로운 비판정신 함양과는 거리가 멀었고, 세뇌와 집체적 동원을 통해 어린아이들에게 일정한 방향의 세계관을 주입하는 방식을 사용했다. 히틀러유겐트Hitler Jugend• 조직은 우리에게도 잘 알려진 사례다. 전국 교사의 97퍼센트가 나치교원협회에 가입했을 정도로 국가가 교육정책을 철저히 장악했다. 특히 당시 나치 독일에서는 생물학을 포함한 과학 전반에서 인종주의적 주장과 아리아인의 우월성을 객관적 사실처럼 다루었다.[22] 필자는 유럽의 유대인에 대한 '최종 해결책', 즉 홀로코스트를 기안한 장소인 반제 호수의 대저택을 방문한 적이 있다. 거기서 과거 나치 시대 학교에서 인간의 두상의 특징을 인종별로 가르치던 포스터를 보았는데, 과학의 탈을 쓰고 증오와 불관용을 가르쳤던 나치의 교육 '철학'에 전율할 수밖에 없었다.

• **히틀러유겐트**는 히틀러가 청소년에게 나치스의 신조를 가르치기 위해서 1933년에 만든 조직으로, 모든 아리아인 독일 소년은 이에 의무적으로 가입해야 했다.

제26조에서는 첫째로 교육의 의미를 규정한다. 이는 제2항에 대단히 폭넓게 규정되어 있다. 유네스코가 1974년에 「인권과 평화를 위한 국제교육 권고문」을 발표한 것도 제26조 2항의 정신에 의한 것이다.[23] 둘째로 제26조에서는 교육의 내용을 제안한다. 성격별로 보아 기초교육에서는 문자해독, 산수, 사회 등을 가르쳐야 하고, 직업교육에서는 사회에서 직접 활용할 수 있는 응용과목을 가르쳐야 한다. 단계별로 보면 초등·중등·고등교육으로 나뉘며, 적어도 초등교육은 사회가 공동으로 책임지는 방식으로 이루어져야 한다. 셋째로 제26조에서는 교육에서 국가가 담당해야 할 역할을 제시한다. 교육재정 확보와 교육정책 규제에 대해 국가가 중심적 역할을 해야 함을 강조한다. 마지막으로 제26조에서는 교육이 사회적으로 봉사해야 할 더 큰 목표를 보여준다. 공민적 덕성civic virtue과 포용(관용)의 정신을 적극적인 언어로 표현해놓았다. 나치 시대에는 학부모가 자기 자녀에게 파시즘 교육을 받지 않게 할 도리가 없었다. 국가의 강제적 조치에 대한 대응으로 제3항이 마련되었다. 제26조를 피상적으로 읽으면 학교체제를 통한 교육만 진정한 교육인 것처럼 오해할 수 있다. 그러나 국가의 의무를 강조하기 위해 공교육 시스템의 중요성을 강조한 것이지, 탈학교 자율교육 자체를 반대한 것은 아니다. 세계인권선언의 전반에 흐르는 인간의 자유와 존엄성에 대한 원칙을 기억한다면, 특히 그러한 점을 이해할 수 있다.

교육 문제는 세계인권선언 이후 여타 인권규범에서도 계속 이어져 강조되었다. 여성차별철폐협약Convention on the Elimination of All Forms of Discrimination against Women과 같은 국제법 기준에서도 교육은 여성의 자력화를 위한 핵심적인 기제로 인정되어왔다. 개도국 사회발전론에서 흔히 인도의 케랄라 주가 여성교육을 통한 사회발전의 모범 사례로 꼽히는 사실을 떠올릴 필요가 있다. 유엔은 교육의 중요성, 특히 교육을 통한 인권의 향상을 전 세계적으로 실천하기 위해 1995~2004년을 국제 인권교육의 10년으로 지정하기도 했다.

쉬운 영어 | 제26조

You have the right to go to school and everyone should go to school. Primary schooling should be free. You should be able to learn a profession or continue your studies as far as wish. At school, you should be able to develop all your talents and you should be taught to get on with others, whatever their race, religion or the country they come from. Your parents have the right to choose how and what you will be taught at school.

토론거리

근대적 공교육을 둘러싼 논란은 역사가 깊고 철학적으로 깊은 의미가 있다. 인간에게 교육의 진정한 의미는 무엇인가? 공교육 체제는 근대 국민국가를 형성하고 하나의 정치적 공동체를 공고하게 하는 과정에서 가장 핵심적인 사회 통합 방안으로 간주되었다. 공통의 언어, 공통의 역사, 공통의 문화, 공통의 가치관을 가르침으로써 하나의 정치적 단위로서의 '네이션'이 가능하도록 사람들을 결속하는 기능을 했기 때문이다. 또한 교육은 산업화를 위한 강력한 기제이자 국가 경쟁력을 키울 수 있는 중요한 방편으로 생각되었다. 오늘날 한국 사회에서 교육을 둘러싼 논란의 핵심은, 이러한 공교육 체제의 근본이념을 비판적으로 인식하면서, 기능적 역할의 수행을 요구받던 공교육 체제를 인권적 교육관으로 대체할 수 있는가 하는 데 있다고 볼 수 있다. 또한 극단적인 자본주의 인간관에 의거하여 교육이 입신출세와 부자가 되는 수단으로서만 인식되는 현실을 인권적 교육관으로 대체할 수 있는가 하는 차원의 질문도 요즘 더욱 더 제기된다. 인권적 교육관이란 세계인권선언 제26조에 나오듯 "인격을 온전하게 발달시키고, 인권과 기본적 자유를 더욱 존중할 수 있도록" 하는 데 그 방향을 맞춘 교육을 말한다. 또한 교육은 모든 집단이 "서로 이해하고 서로 너그러운 마음으로 포용하며 친선을 도모할 수 있도록" 하는 데 초점을 맞춰야 하는 것이다. 그런 면에서 볼 때 현재 한국의 교육 현장에서 벌어지는 입시 위주, 경쟁 위주, 과도한 지식주입형 교육은 그 자체로서 인격을 온전하게 발달시키는 교육의 이상과는 반대 방향의 교육이라 할 것이다. 그것에 더해 체벌과 차별, 수치심과 모욕감에 기초한 훈육 방식, 학생의 가정환경에 따른 편 가르기 등은 이미 '교육'이라 부를 수도 없는 반인권적 작태라 해도 과언이 아니다. 더 나아가 학부모, 사회, 고용주 사이에서 만연한 극단적인 교육만능주의의 사회 분위기는 인권적 교육을 하기에 구조적으로 불가능한 환경을 조성하는 것이 사실이다.

_ 학생인권조례를 둘러싼 쟁점을 분석하고, 인권조례가 어린이·청소년의 인권보호에 어느 정도의 역할을 할 수 있는지 토론해보자.

더 읽을거리

학교에서의 청소년 인권 권재원 | 한국학술정보 | 2008

인권은 대학 가서 누리라고요?: 우리가 꼭 알아야 할 청소년 인권 이야기 김민아 | 끌레마 | 2010

청소년 인권과 인권교육 이용교 | 인간과 복지 | 2004

학교의 풍경 조영선 | 교양인 | 2011

제27조
문화생활에 참여할 권리

원문 1. Everyone has the right freely to participate in the cultural life of the community, to enjoy the arts and to share in scientific advancement and its benefits.

2. Everyone has the right to the protection of the moral and material interests resulting from any scientific, literary or artistic production of which he is the author.

해석 1. 모든 사람은 자기가 속한 공동체의 문화생활에 자유롭게 참여할 권리, 예술을 즐길 권리, 학문적 진보와 그 혜택을 다 함께 누릴 권리가 있다.
2. 모든 사람은 자신이 만들어낸 모든 학문, 문예, 예술의 창작물에서 생기는 정신적·물질적 이익을 보호받을 권리가 있다.

한국에서 빈곤 문제를 오랫동안 다루어온 어느 전문가가 한 말이 있다. 가난한 사람이 오페라를 관람할 수 있는 사회를 꿈꾼다는 것이었다. 예술과 문화가 사치가 아니라 모든 인간이 누릴 기본권임을 가르쳐주는 웅변이 아닐 수 없다. 제27조에서 말하는 "공동체의 문화생활에 자유롭게 참여할 권리"가 바로 이런 차원의 인권이다. 그런데 이 조항의 해석은 여기서 끝나지 않는다. 이 조항을 해석하는 방식에 두 가지 접근이 섞여 있기 때문이다.

이 조항에서 말하는 "공동체의 문화생활에 자유롭게 참여할 권리"가 단순히 개인이 자기가 속한 사회의 문화생활을 즐길 수 있는 권리만을 의미하는 것은 아니다. 그것을 넘어서 어떤 공동체의 문화적 특징 자체를 가리키는 표현이기도 하다. 즉, 어떤 공동체가 지닌 문화적 특징 자체를 그 공동체가 외부로부터 인정받을 권리가 있다는 뜻이다. 그런데 이 조항을 만드는 과정에서 "개인이 참여할 권리가 있다"는 식으로 표현되는 바람에 개인의 권리만 부각되고, 공동체의 문화적 특징이라는 집합적 의미가 잘 드러나지 않는 결과가 초래되었다. 더 나아가 외국어를 우리말로 옮길 때 흔히 발생하는 오류 때문에 이 조항이 오해받게 된 측면도 있다. "cultural life of the community"라는 표현은 '어떤 공동체의 문화생활(활동)'이라고 번역할 수도 있지만, '어떤 공동체가 지닌 문화적 정체성(생명력)'이라고 번역할 수도 있는 것이다. 예를 들어, 일본 제국주의자들이 조선인에게 조선말을 못 쓰게 하고 일본말만 쓰도록 강요한 것은 조선이라는 공동체

Article 27

© Octavio Roth, UN

가 지닌 언어적 정체성을 부정함으로써 인권을 유린한 처사였다. 만일 제27조를 '공동체의 문화생활'로만 해석한다면 일제의 조선어 말살정책이라는 인권유린을 인권의 원칙으로 비판할 수 있는 근거가 없어진다.

여기서 한 가지 잊어서는 안 될 사항이 있다. 설령 개인이 모든 형태의 문화활동에 참여할 권리가 있다는 식으로 좁게 해석하더라도 이는 대단히 중요한 권리임이 분명하다. 유엔헌장의 제1조 3항에 나오는 내용을 보면 더욱 그러하다.[24]

> 경제적·사회적·문화적 또는 인도적 성격의 국제문제를 해결하고 또한 인종·성별·언어 또는 종교에 따른 차별 없이 모든 사람의 인권 및 기본적 자유에 대한 존중을 촉진하고 장려함에 있어 국제적 협력을 달성한다.

즉, 문화를 누릴 개인적 권리를 국제사회의 의무로까지 이해하고 있음을 알 수 있다.

한 번 더 강조하지만, 제27조 1항은 개인 권리와 집단 권리 둘 모두를 규정한 중요한 조항이다. 다음 두 가지 권리를 모두 포괄하는 조항인 것이다. 첫째는 공동체에서 벌어지는 문화활동에 개인이 참여할 개인적 권리이고, 둘째는 공동체 전체가 일정한 정체성을 가지고 있음을 외부로부터 인정받을 수 있는 집단적 권리다. 여기서 둘째는 단순한 문화적 권리가 아니라 소수민족, 소수 언어집단, 소수 종교집단 등의 집단적 정체성 자체를 인권으로 인정한다는 뜻이 된다. 요즘 많이 이야기하는 소수자 권리의 이론적 근거가 바로 이런 해석에서 비롯된 것이다. 세계인권선언의 여타 조항에서 소수민족이나 소수 언어집단 등 소수자의 권리를 별도로 규정하지 않았기 때문에 제27조 1항은 더더욱 중요한 조항으로 인정된다.

문화를 이런 식으로 폭넓게 규정할 경우 인권이 단순히 법적 권리로만 환원될 수 없음이 분명히 드러난다. 여기서 민주주의의 기본 원리를 떠올려보자. 첫째, 모든 사람이 평등하다고 가정한 상태에서 다수결로 의사를 결정해야 한다. 둘째, 하지만 다수의 이름으로 소수의 기본권을 억압해서는 안 된다. 기본권의 영역은 다수결 원칙이 침투해 들어갈 수 없는 신성불가침의 영역이다. 셋째, 소수집단의 문화적·사회적 정체성과 특수성을 감안한 별도의 조치가 마련되어야 한다. 예를 들어, 켈트어를 쓰는 웨일스 주민의 의사를 존중해 공립학교에서 켈트어 시간을 배정하고 텔레비전에서 켈트어 방송을 하는 조치 따위가 그것이다. 이렇게 본다면 제27조 1항은 민주사회를 지탱하는 하나의 중요한 기둥임을 알 수 있다.

제27조에서는 그것이 표현되는 방식 때문에 개인주의와 공동체주의 사이의 긴장이 드러난다. 인권을 개인의 권리로만 이해하는 접근 방식이 워낙 대세를 이루다 보니 개인들의 삶의 합계보다 더 큰 어떤 것이 인간에게 존재한다는 공동체적 성찰이 자칫 망각될 우려가 있다. 그렇다면 왜 좀 더 명백하게 집단 권리를 인정하는 구절을 세계인권선언에 넣지 않았을까? 선언의 작성자들은 국가 내의 문화적·언어적·민족적·종교적·역사적 소수자에게 집단 권리를 공공연하게 부여하면 집단 간에 갈등이 생겨나고 분리독립 요구가 봇물처럼 터져 나올 것을 염려했다. 또는 반대로 다수집단이 자신의 집단 권리를 소수집단에게 강요할 우려도 있었다. 따라서 정치공동체는 그 안에 여러 집단이 공존하는 공간으로만 생각되었고, 여러 집

단의 정체성이 적극적으로 인정받을 수 있는 공간으로는 상정되지 않았던 것이다. 분명히 세계인권선언의 작성자들은 21세기에 소수자 권리 요구가 이렇게까지 크게 문제시될 것이라고는 예상하지 못했던 것 같다.

1948년 당시만 해도 인권의 정신에 특정 문화를 촉진하거나 억제하려는 의도를 담으려 하지 않았다는 점도 기억할 필요가 있다. 단지 인권의 정신을 바탕으로 다양한 문화전통이 공존하는 것을 지향했을 뿐이다. 아울러 개인에게 어떤 문화에 속할지 말지를 스스로 결정할 자유가 있어야 한다는 생각이 지배적이었다. 파시즘의 광기 속에서 맹목적으로 특정 집단에 소속될 것을 강요당했고, 그것을 거부했을 때는 차별과 배제, 추방, 침묵, 심지어 죽음까지도 당해야 했던 기억이 생생할 때여서 더욱 그러했을 것이다. 제20조 2항에 나오는 "어느 누구도 어떤 모임에 소속될 것을 강요당해서는 안 된다"라는 구절 역시 이런 맥락에서 작성되었던 것이다.

제27조 2항에 따르면, 지적 재산권이 인권인 것처럼 보이기도 한다. 맞는 말이다(특히 책을 쓰는 필자와 같은 사람에게는 소중한 권리다!). 그러나 이 조항을 어떤 공동체가 집단적으로 누리는 문화적 권리로 해석할 수도 있다. 우리나라가 일제에 강탈당했던 왕실의궤를 돌려받은 일에서 볼 수 있듯이, 빼앗겼던 문화재를 공동체 차원에서 반환받은 것은 분명히 집단 권리로서의 지적 재산권이 있을 수 있음을 보여주는 사례라 할 것이다. 마지막으로 'science'라는 용어에 대해 설명하고 이 조항에 대한 해설을 마치려 한다. 이 용어에는 '자연과학'이라는 좁은 의미와, 체계적으로 지식을 추구하는 '학문scientia'이라는 넓은 의미가 함께 들어 있다. 대다수 번역문과는 달리 필자는 'science'를 후자의 의미, 즉 '학문'으로 해석하는 것이 더 정확하다고 생각한다.

쉬운 영어 | 제27조

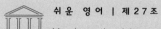

You have the right to share in your community's arts and sciences, and any good they do. Your works as an artist, writer, or a scientist should be protected, and you should be able to benefit from them.

토론거리

__ 예술·창작 활동이 표현의 자유와 관련되어 처벌을 받았던 예를 들고, 인권과 관련해 그 함의를 분석해보자.

__ 지적 재산권 보호와 카피레프트(copy-left) 운동을 비교하고, 왜 똑같은 인권을 말하는데도 때에 따라서 정반대의 결과가 나올 수 있는지 생각해보자.

더 읽을거리

해적판 스캔들: 저작권과 해적판의 문화사 야마다 쇼지 | 송태욱 옮김 | 사계절출판사 | 2011

소수집단의 권리 유엔인권센터 엮음 | 국가인권위원회 국제협력담당관실 | 2005

끝나지 않은 전쟁 한국이슬람학회 | 청아출판사 | 2002

전 세계 국가들이 진정으로 선린 관계를 유지하려면
잘난 나라도 없고 못난 나라도 없어야 한다. — 카를로스 로물로

제 8 장
인권의 지붕

이제 세계인권선언의 신전 그 마지막 차례에 왔다. 네 개의 기둥 위에 얹힌 지붕pediment이 그것이다. 이미 말했듯이 세계인권선언의 전체 건축물에서 기둥(제3조~제27조)을 뺀 나머지 부분, 즉 계단(전문), 토대(제1조~제2조), 지붕(제28조~제30조)은 특정 권리를 지칭하지 않고 세계인권선언 전체에 해당하는 메시지를 전한다. 지붕에 해당하는 3개 조항으로부터 세 가지 키워드인 체제order, 의무duty, 제한limitation이 도출된다. 세계인권선언의 작성자들은 인간 권리의 본질적인 중요성을 확인하고 선언하면서도 그것이 권리의 오남용으로 변질되지 않도록 주의를 기울였다. 어찌 보면 현재 우리는 권리가 범람하는 시대에 살고 있는지도 모른다. 자기가 원하는 모든 것에 '권'자를 붙여서 그것이 천부의 권리인 것처럼 오해하기도 한다.[1] 현재 국제적으로 인정되는 권리는 약 60가지 정도 되는데,[2] 이 모든 권리들이 절대적으로, 무제한적으로 허용되는 것은 아니다. 권리는 대부분 그것과 함께 규정된 특정 조건을 염두에 두고 행사되어야 한다. 그런데 이는 자칫 인권을 제한하는 논리로 사용될 수도 있다. 일종의 딜레마인 셈이다. 권리를 무한정 남용하도록 허용할 수는 없지만, 반대로 권리를 제한하는 조건을 강조하면서 인권을 억눌러서도 안 되기 때문이다. 세계인권선언의 작성자들은 이런 딜레마를 염두에 두고, 인권이 인권의 원래 취지인 "자유롭고 정의롭고 평화적인 세상"(전문 P1)을 만드는 데 도움이 되고, 인권의 토대인 '존엄성, 평등(차별 금지), 자유, 형제애'(제1조~제2조)에 부합하는 방식으로 작동할 수 있도록 제28조부터 제30조를 만들었던 것이다.

이런 까닭에 제28조부터 제30조까지는 네 개의 기둥 위에 얹힌 왕관이라고 하는 은유가 적당할 것이다. 체제와 의무와 제한이라는 덕목을 통해 신중하게, 책임 있는 자세로 제3조와 제27조 사이에 나와 있는 여러 권리를 주장하라고 가르치기 때문이다. 바로 이 점 덕분에 인권운동은 원초적인 인간해방운동이면서도 성숙한 태도를 지닌 사회운동이며, 인간의 철저한 평등을 요구하는 급진적 운동이면서도 그것을 자기제한적으로 제시할 줄 아는 사회운동이 될 수 있는 것이다. 또한 인권운동의 바로 이런 '합리적' 측면 덕분에 인권을 지키지 않는 인권침해 세력은 도덕적·법적·정치적 책임에서 더욱더 자유롭지 못하다고 필자는 생각한다. 더 쉽게 말해, 인권을 침해하는 개인이나 세력은 문명사회의 구성원으로 불릴 자격조차 없는 야만이라 해도 과언이 아닌 것이다.

또한 인권의 지붕은 세계인권선언을 통틀어 개인과 시민사회, 국가가 모두 등장하는 유일한 부분이기도 하다. 모든 사람과 단체, 국가가 인권 실현을 위해 함께 노력할 필요가 있다고 강조하는 내용이 그것이다. 요즘 거버넌스governance, 共治라는 말이 유행하지만, 세계인권선언에 거버넌스의 필요성을 강조하는 부분이 이미 들어 있다는 사실은 신선한 놀라움으로 다가온다. 필자는 바로 이 '인권의 지붕'에 해당하는 제28조~제30조야말로 세계인권선언에서 그 중요성에 비해 상대적으로 가장 많이 푸대접을 받아온 항목이라고 생각한다. 그렇다면 이 부분이 왜 그렇게 중요한지 지금부터 하나씩 짚어보자.

제28조 | 인권을 위한 사회체제 및 국제체제

제29조 | 의무와 제한

제30조 | 해석상의 악용 금지

제28조
인권을 위한 사회체제 및 국제체제

원문 Everyone is entitled to a social and international order in which the rights and freedoms set forth in this Declaration can be fully realized.

해석 **모든 사람은 이 선언에 나와 있는 권리와 자유가 온전히 실현될 수 있는 사회체제 및 국제체제 내에서 살아갈 자격이 있다.**

제28조는 제28조부터 제30조까지의 안내문 역할을 한다. 이는 경제적·사회적·문화적 권리를 다룬 제22조~제27조의 안내문 역할을 제22조가 하는 것과 비슷한 구도다. 제28조는 전문 P3 단락에 나오는 '법의 지배' 그리고 전문 P4 단락에 나오는 '국제 친선 관계'를 더욱 확대하고 발전시킨 조항이라고 보면 된다. 이 조항의 기본 취지는 인권이 구현될 수 있는, 인간 존엄성이 지켜지는 환경이나 조건 또는 어떤 틀이 중요하다는 말이다. 따라서 제3조와 제27조 사이에 규정된 여러 개별 권리를 하나의 전체 틀 안에서 일관되게 그리고 전일적으로holistic 바라볼 수 있게 해주다. 그렇다면 "권리와 자유가 온전히 실현될 수 있는" 조건은 과연 무엇일까? 이 조항에는 이 질문에 대한 직접적인 해답이 제시되어 있지 않다. 제29조와 제30조에 좀 더 구체적인 힌트가 나와 있을 뿐이다. 다만 우리가 유추할 수 있는 것은 '법의 지배'만으로는 그러한 조건을 충족시킬 수 없다는 점이다. 만일 선언의 작성자들이 '법의 지배'만으로 인권이 온전히 충족될 수 있을 것이라고 믿었다면 전문 P3의 표현을 그대로 한 번 더 되풀이했을 것이다. 하지만 그렇게 하지 않은 이유가 무엇일까. 여기서 이 조항에 나오는

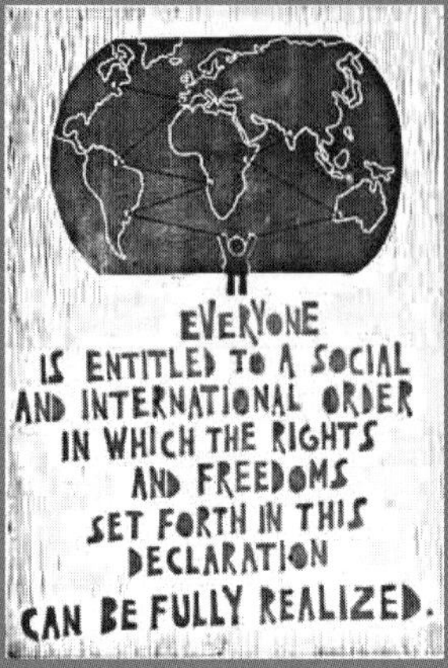
EVERYONE
IS ENTITLED TO A SOCIAL
AND INTERNATIONAL ORDER
IN WHICH THE RIGHTS
AND FREEDOMS
SET FORTH IN THIS
DECLARATION
CAN BE FULLY REALIZED.
© Octavio Roth, UN

'order'라는 어휘에 주목할 필요가 있다.

제28조의 'order'라는 표현은 흔히 '질서'로 번역된다. 공식 번역문에도 그렇게 나와 있다. 그러나 필자는 '질서'라는 번역어를 조심스럽게 이해할 필요가 있다고 생각한다. 만일 '질서'를 '혼란'의 반대말이나 어떤 규칙성이 갖춰진 구조 또는 권위적인 지시라고 이해한다면, 그것은 이 단어를 일면적으로만 이해한 것이다. 그렇다면 이 조항의 'order'는 어떤 의미로 봐야 할까? 법률 용어사전에서는 'order'를 '법의 지배와 정치적 권위가 확립된 평화로운 상태'라고 정의한다. 그러므로 이 조항에서 말하는 'order'는 단순한 질서가 아니라 '정해진 룰에 따라 잘 조직된 어떤 민주적 체제'라는 의미이다. 따라서 필자는 이 조항의 'order'를 '체제'라고 번역하는 것이 옳다고 본다. 물론 이 '체제'는 법의 지배를 전제로 하고, 이성적으로 조직된, 개명된 구조를 가진다는 사실을 기억해야 할 것이다. 그리고 '사회체제와 국제체제'라고 나와 있는 부분을 '국내체제와 국제체제'로 이해해도 아무 문제가 없다고 생각한다.

제28조는 전후의 이상주의적인 분위기를 반영하는 조항이다. 엄청난 사건을 겪고 난 후 새롭게 출발하겠다는 갱생rejuvenation의 결의가 느껴진다. 또한 국내 그리고 국제 차원에서 경쟁이 아니라 협력, 승리가 아니라 인간 존중의 바탕 위에서 인간 사이를 규율하는 원리가 재구성되어야 한다는 포부를 보여준다. 그런데 이 조항은 냉전이 시작되던 무렵의 국가 간 긴장의 분위기도 함께 보여준다. "권리와 자유가 온전히 실현될 수 있는" 사회체제와 국제체제라고만 했지, 그러한 체제가 구체적으로 어떤 것이어

야 하는지에 대해서는 입을 다물고 있기 때문이다. 냉전의 경쟁이 반영된 초안 작성 과정에서 동서 진영 어느 쪽도 상대방 체제가 이 조항에 반영되기를 원하지 않았다. 특히 인권이 보장되는 새로운 정치·경제체제를 창출하는 데 국가가 어떤 역할을 해야 하는지에 대해 명확한 주장을 내놓지 않았다.

미국의 인권학자인 도널리는 "권리와 자유가 온전히 실현될 수 있는" 사회체제가 구체적으로 어떤 모습일까 하는 점을 비교정치학적 관점에서 연구했다. 전 세계 각국의 정치·경제체제를 분석하여 세계인권선언의 제3조에서 제27조 사이에 나오는 모든 권리가 가장 잘 반영되는 체제를 찾아본 결과, 현존하는 모든 체제 중에서 스칸디나비아형 사회민주주의 복지국가가 가장 인권친화적이라는 결론을 내렸다.[3] 사회민주주의적 복지국가가 세계인권선언을 가장 잘 구현하고 있다는 실증적인 연구 결과가 나온 것은 다행스러운 일이다. 세계인권선언에 열거된 각종 권리가 단순히 허황된 꿈이 아니라, 현실 세계에서 실제로 구현할 수 있는 현실적 유토피아의 비전이라는 점이 증명되었기 때문이다. 이 연구에서 더 나아가, 프레드먼은 최근 이 질문을 인권론에 대입해서 인권 증진을 위해 국가가 반드시 완수해야 하는 의무를 이론적으로 고증한 연구를 내놓았다. 그러므로 필자는 세계인권선언이 선포된 지 70년이 되어가는 현 시점에서 제28조를 둘러싼 경험적·이론적 논의가 가리키는 방향이 어느 정도 분명해졌다고 생각한다.

국내체제뿐 아니라 인권을 실현할 수 있는 국제체제를 찾으려는 시도도 계속되고 있다. 국제체제의 경우 국내체제만큼 뚜렷하게 눈에 띄는 현실 사례를 아직 찾기 어렵다. 그러나 적어도 이론적으로는 국가중심체제도 아니고, 그렇다고 완전한 세계정부체제도 아닌, 그 중간 어느 수준에서의 국제체제가 필요하다는 정도의 합의가 이루어져 있다. 연구자에 따라서는 국제체제에 적용할 현실적 유토피아의 비전을 세계주의cosmopolitanism에서 찾을 수 있다고 보는 사람도 있다.[4]

그런데 제28조의 느슨한 규정이 인권 실현에 적합한 체제를 모색하는 데 오히려 긍정적으로 작용한다고 보는 견해도 있다. 즉, 인권의 목록이나 상황은 시대와 장소, 행위자에 따라 변하기 마련이므로, 세계인권선언의 제3조에서 제27조에 나오는 구체적 인권 목록보다 오히려 제28조의 일반적인 규정이 더 효과적일 수 있다는 것이다.[5] 이러한 견해를 주장하는 쪽에서는, 인권 보장의 궁극적 의무를 국가가 져야 하기는 하지만, 시대적 상황이 변화하여 국내 또는 국제 수준의 여러 주체, 즉 정부 간 기구, 비정부기구, 시민사회 구성원, 기업, 미디어, 원조기관 등도 인권을 보장하는 데 적극 참여해야 한다고 말한다.[6] 국가 외의 이런 조직을 합쳐 '비국가행위자non-state actors'라고 하는데, 기업이나 개인과 같은 비국가행위자의 인권 존중 의무가 더욱더 늘어나는 추세임이 분명하다.[7] 흥미롭게도 경제지구화로 말미암은 갖가지 폐해에 대해 지구시민사회가 반지구화운동을 펼쳤을 때 흔히 세계인권선언의 제28조가 거론되곤 했다. 기업의 자의적인 공장 이전, 투기성 초국적 자본의 횡포, 자유무역협정FTA, 단기 투자, 국제금융기구의 구조조정 요구, 빈부격차 심화 등은 분명 "권리와 자유가 온전히 실현될 수 있는" 사회체제 또는 국제체제와 거리가 멀기 때문이다.[8]

세계인권선언 이후 탈식민화가 진행되면서 신생독립국에서는 세계인권선언 제28조에 더욱 주목했다. 형식논리로 봤을 때, 일단 어느 민족이 독립을 쟁취하고 나면 민족자결권의 요구는 충족된 것이 된다. 하지만 법적·정치적으로 독립했다고 해서 그 나라의 경제적 독립과 국민의 번영·행복이 자동적으로 보장되는 것은 아니다. 신생독립 과정에서 독립만 되면 모든 문제가 해결될 것으로 생각하는 분위기가 없지 않았고, 지도층이나 민중 모두 독립 이후 상황에 대해 상당히 높은 기대를 품고 있었던 것이 사실이다. 그러나 국가를 막상 실제로 운영해보니 경제·사회 발전은 정치적 독립보다 오히려 더 복잡하고 더 전문적인 과제라는 점을 깨닫게 되었다.[9] 더욱이 신생독립국이 저발전의 고통에 시달린 이유가 식민 지배로부터의 역사적 유산, 이미 개도국에 불리하게 구조화되어 있는 국제질서, 그리고 신식민주의적인 경제 의존 등에 있다는 생각이 확산되면서, 신생 개도국들은 세계인권선언 제28조에서 영감을 얻기 시작했다. 이들은 드디어 1974년 유엔에서 '신국제경제질서New International Economic Order: NIEO'•를 주창했고,[10] 그들이 보기에 선진국에만 유리한 브레턴우즈 체제를 넘어, 개도국에 유리한 무역 조건, 개도국에 대한 원조 확대, 개도국 수출품의 관세 인하 등을 요구하기에 이르렀다. 이러한 움직임을 권리의 방향으로 이끈 결정적인 계기는 1986년에 유엔에서 채택된 '발전권리선언Declaration on the Right to Development'이었다.[11] 그 후 발전권 사상은 세계인권선언의 제28조에 규정된 인권을 실현할 수 있는 국제체제를 위한 하나의 유력한 청사진으로 인정된다.[12]

마지막으로 제28조의 중요성을 한 가지 더 짚는다면, 그것은 세계인권선언이 인권을 둘러싼 '정치'를 강조하고 있다는 사실이다. "권리와 자유가 온전하게 실현될 수 있는" 체제가 공짜로 주어지지는 않는다. 법조문에 규정되어 있다 하더라도 그렇다. 그것을 요구하고, 그것의 위반을 감시하고 비판해야 간신히 얻을 수 있는 것이다. 구체적으로 말한다면 제21조에서 말한 민주적 권리인 인민주권 원칙을 추구할 때에만 그러한 체제가 실

• **신국제경제질서**란 개도국들이 1970년대에 유엔을 통해 주창한 것으로서, 개도국에 유리한 무역 조건 설정, 국제발전원조 확대, 선진국의 관세 장벽 완화 등의 의제가 포함되었다.

현되는 것이다. 제3조에서 제27조 사이에 나오는 최소한의 권리조차 인권에 미온적인 정부 아래에서는 얼마든지 쉽게 무너질 수 있다. 최근 몇 년간 우리가 민주주의에 대해 깊이 학습한 바가 있다면 바로 이 점일 것이다. 이를 성찰해볼 때 우리는 인권이 단지 우리가 누리는 것일 뿐 아니라, 우리가 지켜내고 쟁취해야 할 어떤 것임을 알 수 있다. 따라서 제28조는 우리에게 보통 때에도 늘 권력을 감시하고, 정치 허무주의와 정치 냉소주의에 빠지지 말며, 선거 때가 되면 반드시 투표하고, 인권을 조금이라도 더 실현할 가능성이 큰 세력에게 정권을 맡길 것을 요구하는 조항이다. 아마도 세계인권선언의 제28조보다 민주시민의 의무를 간단명료하게 제시하는 문헌은 쉽게 찾아보기 어려울 것이다.

쉬운 영어 | 제28조

So that your rights will be respected, there must be an 'order' which can protect them. This 'order' should be local and worldwide.

토론거리

__ 인간안보 개념이 무엇인지 알아보고 그것이 잘 보호될 수 있는 국제체제가 어떤 모습을 갖춰야 할지 토론해보자.
__ 인권을 상대적으로 중시하는 정부와 상대적으로 경시하는 정부가 있는가? 만일 있다면 어떤 근거로 판단할 수 있을까?

더 읽을거리

복지국가 스웨덴 신필균 | 후마니타스 | 2011
인간안보: 개념과 함의 타지박시 · 체노이 | 박균열 외 옮김 | 철학과 현실 | 2010
탈냉전 신국제질서와 인권 한국인권단체협의회 엮음 | 한국인권단체협의회 | 1996

제29조
의무와 제한

원문 1. Everyone has duties to the community in which alone the free and full development of his personality is possible.

2. In the exercise of his rights and freedoms, everyone shall be subject only to such limitations as are determined by law solely for the purpose of securing due recognition and respect for the rights and freedoms of others and of meeting the just requirements of morality, public order and the general welfare in a democratic society.

3. These rights and freedoms may in no case be exercised contrary to the purposes and principles of the United Nations.

해석 1. 모든 사람은 자신이 속한 공동체에 대하여 의무를 진다. 어떤 사람이든 그러한 공동체를 통해서만 자신의 인격을 자유롭고 온전하게 발전시킬 수 있다.

2. 모든 사람이 자신의 권리와 자유를 온전하게 행사할 수 있지만, 다음과 같은 경우에는 예외적으로 그러한 권리와 자유가 제한될 수 있다. 즉, 타인에게도 나와 똑같은 권리와 자유가 있다는 사실을 인정하고 존중하기 위해 제정된 법률, 그리고 민주사회의 도덕률과 공중질서, 사회 전체의 복리를 위해 정당하게 요구되는 사안을 충족시키기 위해서 제정된 법률에 의해서는 제한될 수 있다.

3. 그 어떤 경우에도 이러한 권리와 자유를 유엔의 목적과 원칙에 어긋나게 행사해서는 안 된다.

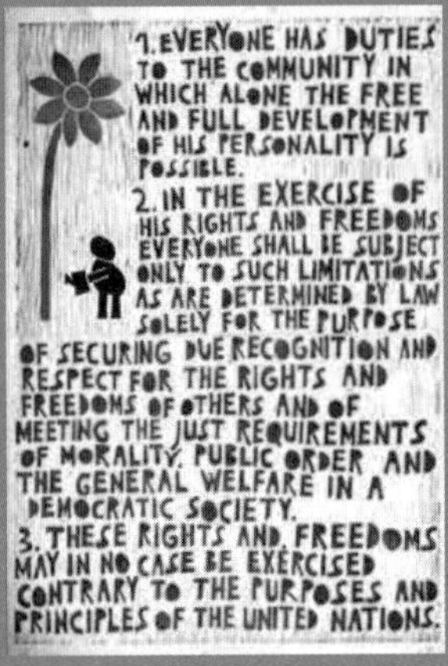
1. EVERYONE HAS DUTIES TO THE COMMUNITY IN WHICH ALONE THE FREE AND FULL DEVELOPMENT OF HIS PERSONALITY IS POSSIBLE.
2. IN THE EXERCISE OF HIS RIGHTS AND FREEDOMS EVERYONE SHALL BE SUBJECT ONLY TO SUCH LIMITATIONS AS ARE DETERMINED BY LAW SOLELY FOR THE PURPOSE OF SECURING DUE RECOGNITION AND RESPECT FOR THE RIGHTS AND FREEDOMS OF OTHERS AND OF MEETING THE JUST REQUIREMENTS OF MORALITY, PUBLIC ORDER AND THE GENERAL WELFARE IN A DEMOCRATIC SOCIETY.
3. THESE RIGHTS AND FREEDOMS MAY IN NO CASE BE EXERCISED CONTRARY TO THE PURPOSES AND PRINCIPLES OF THE UNITED NATIONS.
© Octavio Roth, UN

사실 제29조는 인권선언이라면 반드시 들어가야 하는 조항이라 할 수 있다. A라는 사람의 권리는 반드시 B라는 상대방의 의무duty를 발생시키기 때문이다. 이 때문에 의무는 흔히 (권리에) '상응하는 의무corresponding duty'라고 길게 표현되곤 한다. 모든 권리는 그에 상응하는 의무를 발생시켜야 권리의 역할을 할 수 있으므로 권리는 그 본질상 무제한적일 수 없다. 권리를 마음대로 주장한다면 그런 무제한적 권리를 충족시켜줄 수 있는 의무가 발생할 수 없기 때문이다. 그런 뜻에서 제29조는 권리 개념의 기본 구도를 대단히 논리적으로 규정하고 있다. 세계인권선언에서는 제3조와 제27조 사이에 여러 권리를 열거하면서 일일이 그에 상응하는 의무를 짝지어 열거해놓지는 않았다.[13] 제29조에서 한꺼번에 일괄해서 표현해놓았을 뿐이다. 이 때문에 세계인권선언이 나온 직후부터 상당한 비판이 제기되었다. 바로 '인간의 권리인권, human rights'만 있고, '인간의 의무인무, human duties'는 생략되었다는 이유에서였다.

그런 비판에 대응하여 세계인권선언 선포 50주년이 되던 1998년 유네스코는 스페인의 발렌시아에서 노벨평화상 수상자들로 이루어진 모임을 열어 '인간의 의무와 책임 선언Declaration of Human Duties and Responsibilities'을 발표했다.[14] 이 선언의 전문에는 "인권과 기본 자유를 효과적으로 누리고 시행하려면 그러한 권리 속에 내재된 의무를 전제해야 한다는 점을 명심한다"라고 적혀 있다. 그리고 제1조 1항에서 '의무duty'는 윤리적 혹은 도덕적 책무를 뜻하고, '책임responsibility'은 현존 국제법상에서 법적으로 구속력이 있는 책무를 뜻한다고 규정한다. 선언은 또한 국가와 개인과 모든 집단으로 이루어진 '전 지구적 공동체global community'가 인권을 존중하기 위해 집단적·개인적 의무와 책임을 져야 한다고 명시했다.

국제적 차원에서 의무를 규정하려는 노력이 최근 들어 많이 일어나고 있는 반면, 국내 차원의 헌법에서는 일찌감치 권리와 의무를 함께 규정하는 경우가 많았다. 1987년 개정된 현행 대한민국 헌법에도 권리와 함께 의무가 규정되어 있다. 납세의 의무(제38조), 국방의 의무(제39조), 교육을 받게 할 의무(제31조), 근로의 의무(제32조), 환경 보존의 책임(제35조), 재산권 행사 시 공공복리에 적합하게 행할 의무(제23조) 등이 그것이다.

세계인권선언 제29조는 첫째 단락에서 인간에게 권리가 있지만 의무도 있음을 밝히고, 둘째 단락에서 권리를 제한할 수도 있다고 하며, 셋째 단락에서 권리를 제한해야 한다고 되어 있다. 이 조항을 만들 당시 작성자들은 인간이 공동체적 존재임을 강조하고 싶어 했다. 인간이란 반드시 공동체 속에서 태어나 자라고 살아가는 존재라는 점을 재확인하면서, 권리가 진공상태에서는 존재할 수 없고 반드시 타인과의 관계 속에서 추구되는 성격의 개념임을 선포한 것이다. 필자는 학생들에게 이런 비유를 많이 든다. 로빈슨 크루소처럼 홀로 살아가는 사람에게는 권리라는 것이 있을 수 없다. 왜 그럴까? 바로 권리를 충족시켜줄 상대방 — 의무를 져야 하는 사람 — 이 없기 때문이다. 제29조는 전문 P1 단락에 나오는 '인류 가족'이라는 표현, 그리고 제1조의 '형제애'라는 표현과 깊숙이 연결된다. 앞선 제28조에서 우리는 '체제'라는 말이 '정해진 룰에 따라 잘 조직된 어떤 민주적 체계'를 뜻하는 것임을 배웠다. 그런데 제29조에서는 권리와 자유가 온전하게 실현될 수 있는 체제의 특징으로 세 가지를 든다. 즉, 의무를 지키고, 권리 행사에 일정한 제한을 받으며, 민주사회여야 한다는 것이다.

의무는 타인과 국가에 대한 행위에 부과된다. 그런데 이러한 의무로 말미암아 권리는 일부 제한될 수밖에 없다. 하지만 권리의 제한이란 대단히 미묘하고 민감한 문제다. 권리에는 제한이 따른다는 명제가 때로는 인권 침해의 구실이 될 수도 있기 때문이다. 그래서 흔히 제한을 말하더라도 '허용 가능한 제한permissible limitations'이라는 표현을 쓰곤 한다. 권리들 간의 충돌을 해결하고, 개인 권리와 공동체의 이익 사이에 벌어지는 갈등을 해소하기 위해 허용될 수 있는 정도의 제한이라는 뜻이다. 대중을 상대로 한 인권 강의를 나가보면 "권리와 권리가 충돌하면 어떻게 되느냐"라는 질문을 꼭 받게 된다. 이 질문은 권리를 절대적 개념으로 상정하기 때문에 제기되는 것이다. 이쪽 권리도 절대적이고 저쪽 권리도 절대적이라면 도대체 어느 쪽 권리의 손을 들어줘야 하는가? 이 문제는 법학의 영역에서 많이 다룬다. 그래서 권리와 권리 간의 분쟁, 그리고 개인의 이익과 사회의 보존 사이에서 일어나는 분쟁은 주로 법률가의 고유 영역처럼 취급되곤 한다.

주어진 공동체 내에서 살기 때문에 인간에게 권리의 제한은 필연적으로 나타나는 현상이라 할 수 있다. 하지만 허용 가능한 권리 제한을 어느 선에서 설정할 것인지는 늘 논란을 불러일으킬 수밖에 없다. 여기서 일반적인 원칙만 간단히 소개해보자.[15] 첫째, 권리를 제한하려면 합당한 사유가 있어야 한다. 정당한 목적이 있어야 하는 것이다. 그러므로 국가는 공익의 목적이 아닌 다른 어떤 이유로도 권리를 제한해서는 안 된다. 둘째, 권리를 제한하려면 그 한계와 근거가 법률로 정해져 있어야 한다. 국가가 자의적으로 시민의 권리를 제한할 수 없다는 뜻이다. 셋째, 권리를 제한하더라도 공익의 목적을 달성하는 데 꼭 필요한 정도로만 해야 한다. 즉, 추구하는 목적과 사용하는 수단 사이에 '비례성proportionality'이 성립해야 하는 것이다. 허용 가능한 권리 제한은 이만큼 엄격하게 규정되고 또 엄격하게 실시되어야 한다.[16] 여기서 우리는 권리의 제한이 꼭 필요한 최소한에 그쳐야 하고, 인권의 본래 취지를 언제나 존중해주어야 한다는 점을 기억해야 하겠다. 그런데 인권 중에서도 어떤 인권은 너무나 중요해서 그 어떤 때에도 침해할 수 없고, 제한할 수 없고, 위반할 수 없는non-derogable 권리가 있다. 이 점은 제30조에서 다시 설명할 것이다.

마지막으로 제29조의 셋째 단락에서는 권리와 자유를 유엔의 목적과 원칙에 어긋나게 행사할 수 없다고 강경한 어조로 못 박는다. 이 조항에 대해서는 여러 비판이 있었다. 세계인권선언을 만든 기구의 상부기관이라는 이유로 너무 과도한 원칙을 선언 속에 집어넣은 것이 아닌가 하는 점이 비판의 핵심이었다. 하지만 이 조항은 유엔의 우위를 강조한다기보다 세계 공동체의 평화를 이상으로 삼는 유엔의 정신에서 벗어나지 말자는 정도의 포부를 밝힌 것으로 받아들이면 될 듯하다.

쉬운 영어 | 제29조

You have duties towards the community within which your personality can only fully develop. The law should guarantee human rights. It should allow everyone to respect others and to be respected.

토론거리

__ 일상생활 속에서 인간이 공동체에 대해 져야 하는 책임과 의무가 망각된 채 권리만 강조됨으로써 빚어질 수 있는 갈등의 사례를 들어 토론해보자.

__ 자기 권리를 주장할 수 없는 주체(인간 또는 자연계)의 권리를 보호하기 위해 우리가 어떤 의무를 수행해야 하는지 토론해보자.

__ 기업이 재산권을 행사하여 사업을 할 수 있는 자유의 한계는 어디까지인가? 요즘 기업의 사회적 책임이 강조되는 이유는 무엇인가?

더 읽을거리

기업의 사회적 책임 웨인 비서 외 | 임정재 옮김 | 재승 | 2009

환경윤리: 자연의 가치와 인간의 의무 한면희 | 철학과 현실 | 2000

제30조
해석상의 악용 금지

원문 Nothing in this Declaration may be interpreted as implying for any State, group or person any right to engage in any activity or to perform any act aimed at the destruction of any of the rights and freedoms set forth herein.

해석 **이 선언에 나와 있는 어떤 내용도 다음과 같이 해석해서는 안 된다. 즉, 어떤 국가, 집단 또는 개인이 이 선언에 나와 있는 그 어떤 권리와 자유라도 파괴하기 위한 활동에 가담할 권리가 있다고 암시하거나, 그러한 행동을 할 권리가 있다는 식으로 해석해서는 절대로 안 된다.**

제30조는 제29조와 나란히 존재하면서 제29조를 보완하고 추가 설명하는 형식을 취한다. 제30조의 핵심 메시지는 자기 권리를 이용해 타인의 권리를 침해하지 말라는 것이다. 고전적인 사례로 정치세력의 미디어 독점 문제를 꼽을 수 있겠다. 어떤 정당원 또는 대단히 정파적인 세력이 한 나라의 언론·미디어를 모두 소유한다고 가정해보자. 소유권 자체는 세계인권선언의 제17조에 나와 있는 하나의 권리다. 그런데 이 세력은 자신이 운영

하는 미디어에서 정치적 반대파의 견해를 실어주지 않고, 그런 사람의 출연을 금지하며, 악의적 왜곡과 선전을 일삼는다(세계인권선언 제19조 위반). 그런 행동으로 그 나라의 민주정치가 심각하게 위협받을 수 있다(제21조 위반). 이런 경우, 비록 사유재산을 소유할 수 있는 권리가 있다 하더라도 이런 세력의 미디어 독점을 제한할 수 있다는 것이다.

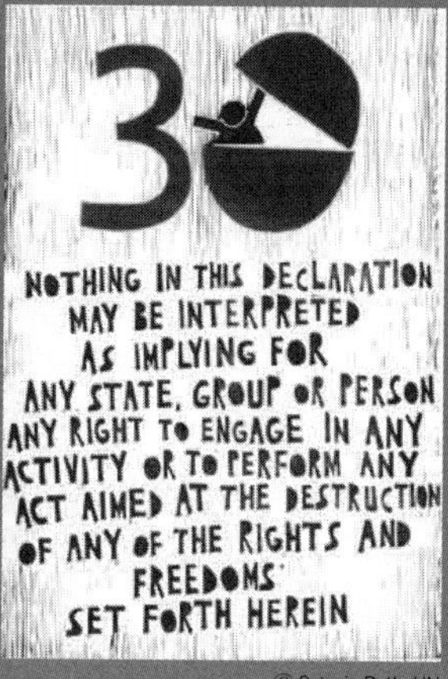

© Octavio Roth, UN

또 다른 고전적인 예가 극단주의자들이라 할 수 있다. '증오 메시지'를 퍼뜨리는 극우파, 외국인 혐오를 선동하는 반이민 극단주의자와 네오나치, 신극우파는 자신에게 주어진 민주사회의 권리를 교묘하게 이용해 민주사회의 근본인 관용과 평화를 파괴하려 한다.[17] 이런 세력들에 대해 민주파와 인권파는 늘 경각심을 갖고 끊임없이 계몽활동과 경고신호를 내보내야 한다. 필자는 한국에서도 인터넷 등을 통해 유포되고 있는 반이민과 인종주의 성향 단체의 활동을 본격적으로 폭로하고 고발하는 '증오 감시 Hatred Watch'와 같은 운동이 일어날 때가 되었다고 생각한다.

제30조는 자기 권리를 이용해 타인의 권리를 파괴하지 말라고 경고하는데, 이는 역으로, 이러한 세력을 어떻게 제압할 수 있을까, 또는 이러한 세력의 권리를 어떻게 제한할 수 있을까 하는 문제를 야기한다. 앞서도 지적했듯이 아무리 순수한 의도에서 비롯된 것이라도 일단 개인의 권리를 제한하기 시작하면 사회 전체의 자유로운 분위기가 걷잡을 수 없이 악화될 수 있기 때문이다. 또한 권력자들이 언제나 순수한 동기에서 행동한다고 믿기는 어렵다. 만일 권리를 불가피하게 제한해야 할 사건이 발생해 10

퍼센트 정도의 핑계가 생기면 거기에다 자신들의 정치적 이익 90퍼센트를 얹어서 그 상황을 악용하려 들기 때문이다. 또한 민주사회의 질서를 파괴하려는 극단주의 세력은 정부 당국의 강력한 탄압과 과잉 대응을 오히려 원하기도 한다. 그렇게 될 때 극단주의 세력이 선전해왔듯 그 국가가 민중의 이익을 저버리는 반민주적 국가임이 '증명'될 수 있고, 그런 국가를 전복하기 위한 혁명투쟁에 이른바 '정당성'이 부여될 수 있기 때문이다. 이처럼 제30조는 겉으로 드러나는 간단한 구조와는 달리 민주사회에 대해 아주 복잡하고 본질적인 질문을 제기하는 조항이다.

원론적으로 말하자면 국가는 헌정 질서를 파괴하려는 세력에 대해 특별한 조치를 내릴 권리와 의무가 있다. 미국의 예를 들어보자. 미국에는 연방정부를 원천적으로 불신하면서 오클라호마 폭파테러와 같은 행동을 저지르는 민간 테러조직이 다수 있다. 이들은 몬태나 같은 산악지대에 들어가 숨어 살면서 민병대 조직을 꾸려 국가를 전복할 기회를 호시탐탐 노린다. 이런 단체의 활동을 FBI가 상시적으로 감시하고(프라이버시 제한), 이들의 집회 및 결사에 대해 일정한 제한을 가하기도 한다. 이런 일은 민주사회를 지키기 위해 필요한 활동이라고 인정할 수 있을 것이다. 그러나 이처럼 정당성이 인정될 수 있는 상황이라 하더라도 그 활동에는 늘 신중함이 따라야 한다. 잠재적 테러범을 감시하기 위한 인터넷 감청이 어느 순간 일반 시민의 자유를 훼손하는 식으로 변질될 수도 있다. 한편으로 공안당국으로서는 이런 활동이 자신의 존재 의의를 입증하고, 영향력을 늘리며, 조직의 예산과 인원(그리고 승진 기회!)을 확충할 수 있는 절호의 기회로 받아들일 수 있다. 공안·정보 기관에서 이런 유혹을 억누르기란 쉽지 않다. 영국에서 1963년 국방장관이던 존 프로퓨모John Profumo가 소련의 스파이로 의심받던 크리스틴 킬러Christine Keeler와의 스캔들로 사임한 사건이 있었다. 당시 해럴드 맥밀런Harold Macmillan 수상이 국내정보 담당 MI5의 국장을 불러서 프로퓨모의 애정 행각을 사전에 파악하고 있었느냐고 물었다. 국장이 그렇다고 대답하자 수상은 크게 화를 내며, 왜 진작 그것을 보고하지 않았는지 따져 물었다. 그때 정보책임자가 한 대답이 지금도 회자된다. "수상 각하, 이 나라는 경찰국가가 아닙니다."

전쟁이나 테러공격 등 국가 비상사태가 벌어졌을 때 이런 딜레마가 특히 우리를 괴롭힌다. 2011년 7월 22일 노르웨이에서 기독교 근본주의 극우파 청년이 무차별 학살 사건을 저질렀다. 이처럼 국가적인 사건이 발생할 가능성은 늘 존재하는 법이다. 그리고 이런 상황에서 국가의 역할이 요구되기도 한다. 일반 시민 대부분은 일상생활에 조금 불편을 겪더라도 불안하지 않은 삶을 영위하고 싶어 한다. 하지만 이런 상황에서도 국가는 항상 사회 전체에 대한 실제 위협의 무게와 개인 자유 침해의 무게를 비교해 봐야 한다. 냉정한 대응이 필요한 것이다. 그리고 시민사회와 인권운동은 국가적 비상사태가 실제로 있을 수 있음을 인정하는 바탕 위에서, 그러나 국가에 권력이 지나치게 집중될 위험이 없는지, 필요 이상으로 인권이 제한되지는 않을지 감시하고 비판해야 한다.

어떤 비상사태에서 개인의 자유와 권리를 제한할 필요가 있다고 할 때 그러한 인권 제약의 범위와 한계는 어떻게 정할 수 있을까? 첫째, 진정한 의미에서의 위기 상황이 존재한다는 판단이 내려져야 한다. 시민의 권리를 제한하는 조치는 대단히 심각하고 긴급한 때에만 발동할 수 있기 때문이다. 이것을 '명백하게 현존하는 위험성clear and present danger'이라고 한다. 둘째, 설령 시민의 자유와 권리를 일시적으로 제한할 수 있다 하더라도 그 어떤 경우에도 제한하지 못하도록 국제법에 규정된 권리들이 있다. 예를 들어 '시민적·정치적 권리에 관한 국제규약'에서는 이런 권리를 '위반할 수 없는 권리non-derogable rights'라고 지칭한다. 예를 들어, 생명권, 노예 상황, 고문 및 비인도적이거나 잔인하고 모욕적인 처우·형벌, 인신 보호 원칙, 소급입법 등은 그 어떤 비상사태하에서도 허용될 수 없다.[18] 또한 인도법humanitarian law에서 규정한 내용, 예를 들어 전시 민간인 보호 원칙 등도 위반할 수 없는 규정이라 할 수 있다. 셋째, 자유와 권리의 제한이 설령 필요한 경우라 하더라도 상황의 정도에 맞춰 반드시 필요한 수준으로만 시행해야 한다. 이것은 앞서 설명한 '비례성' 원칙과 비슷하다.

2001년 뉴욕에서 9·11 사태가 벌어진 후 세계인권선언의 제30조가 새삼 큰 주목을 받았다. 9·11 사태 이후 격앙된 사회 분위기하에서 이른바 '국가안보 대 인권'이라는 식의 이분법적 논리가 횡행했다. "국가안보를 위해서라면 그 어떤 자유와 권리도 제약할 수 있고, 이런 와중에 인권을 옹호하는 사람은 테러범과 한통속이다"라는 식의 무지막지한 마녀사냥 논리가 미국을 휩쓸었다. 폭탄이 설치된 위치를 알고 있는 테러용의자를 잡았다고 가정하고 그런 경우에는 고문을 해서 정보를 캐내도 된다는, 이른바 '시한폭탄 시나리오ticking bomb scenario'를 법학자들이 공공연하게 주장하기도 했다.[19] 이 정도는 이론적 차원에서의 논의라고 치더라도 조지 W. 부시 행정부에서 이른바 대테러전쟁의 이름으로 피의자에게 고문을 가했던 정책은 격렬한 논쟁의 대상이 되었다. 특히 피의자 얼굴에 두건을 씌운 채 그 위에 물을 퍼붓는 — CIA에서 많이 사용했던 — 워터보딩Water-boarding 심문 기법이 물고문이냐 아니냐를 두고 어처구니없는 법적 논란이 일기도 했다.[20] 도대체 워터보딩이 고문이 아니라면 무엇이 고문이란 말인가?• 게다가 테러용의자를 납치해 제3국으로 보내 미국 정부의 묵인

• 에릭 멀러(Erich "Mancow" Muller)라는 미국의 우파 라디오토크쇼 진행자는 워터보딩이 고문이 아니라고 주장하면서 그것을 직접 공개적으로 겪어보는 실험에 참여했다. 그것이 고문이 아

과 방조하에 고문을 받게 해서 자백을 얻어내는 이른바 특별취조extra-ordinary rendition 관행이 부시 행정부 시절에는 공공연한 비밀이었다.[21] 모두 국가안보를 위한 필요악이라는 미명하에 이루어진 행위였다.

9·11 사태 이전만 하더라도 서구 국가에서는 시민적·정치적 권리에 속하는 인권 문제가 이미 오래전에 해결된 이슈라고 자만하는 분위기가 있었다. 다른 것은 몰라도 시민적·정치적 권리만큼은 민주자본주의 국가들이 자랑할 수 있는 미덕이라고 여겼다. 그러나 실제로 비상사태가 발생하고 나니 그렇게 자신만만해하던 인권보호의 수준이 급격히 무너졌던 것이다. 이것 하나만 봐도 인권의 후퇴가 우려되는 조짐 — 그것이 아무리 작아 보인다 하더라도 — 을 얼마나 심각하게 봐야 하는지를 알 수 있다. 이런 경향을 반영하듯 최근 들어 서구에서는 인권과 안보를 어떻게 조화시킬 수 있을 것인지, 달라진 치안 환경을 고려하면서도 인권의 근본정신을 지킬 수 있을 것인지에 관한 연구가 많이 나오고 있다.[22]

그런데 인권의 근간을 이루는 인간 존엄성 논리가 어쩌다가 이렇게 쉽게 무너지게 되었을까? "테러범은 이미 인간이기를 포기했으므로 그들에게는 인권을 존중해줄 필요가 없다", "그러한 짓을 방지하고 무고한 사람들을 보호하기 위해서라면 테러범 같은 자들에게 고문하는 것은 아무 문제도 되지 않는다"라는 주장이 피상적인 수준에서 사람들에게 설득력을 얻었기 때문이다. 물론 국가가 테러를 방지할 의무가 있지만, 그 의무를 빙자해 테러범을 고문하기 시작할 때, 국가는 시민의 존엄성을 지켜주기로 한 정치적 권위의 바탕을 스스로 포기하는 셈이 되고, 도덕적 수준에서 테러범과 똑같은 수준으로 전락하게 된다. 국제앰네스티는 2008년 대테

님을 '증명'하기 위해서였다. 하지만 멀러는 실험이 시작된 지 6~7초 만에 실험을 중단시키고 워터보딩이 고문이라고 인정하기에 이르렀다(Pollyea, 2009).

러전쟁에서의 인권보호에 관한 보고서를 냈을 때도 이런 태도를 취했다.

> 국가는 생명권을 포함해서 인권을 증진하고 보호해야 할 특별한 책임을 진다. 또한 민간인에 대한 테러공격을 예방하고 제지할 수 있는 효과적인 조치를 취해야 할 의무도 있다. 그러나 국가는 이런 조치를 취하는 과정에서 인권보호 의무를 포기해서는 안 된다.[23]

나쁜 짓을 저지른 흉악범의 인권을 고려해주자는 말은, 그를 무조건 용서해주자는 말과는 전혀 다른 차원의 이야기다. 인권과 온정주의는 동의어가 아니다. 법에 규정된 대로 처벌하되, 처벌을 하는 과정에서 법 절차와 인권 원칙을 따르자는 말이다. 2011년 7월 노르웨이에서 극우파가 무차별 살인테러를 저지르고 난 다음 노르웨이 수상이 한 말은 인상적이었다. "노르웨이를 더욱 민주적이고 더욱 개방적이며 더욱 인간애 넘치는 사회로 만들겠다." 인권을 진정으로 생각하는 사람이라면 한 번쯤 경청해야 할 주장이 아닐까 한다. 세계인권선언의 정신 역시 이런 성숙한 태도를 우리에게 요청하고 있다고 하겠다.

쉬운 영어 | 제30조

In all parts of the world, no society, no human being, should take it upon her or himself to act in such a way as to destroy the rights which you have just been reading about.

토론거리

__ 인터넷에서 이주노동자에 대한 증오와 차별 의식을 선동하는 사이트를 찾아보고, 그들의 주장이 우리 사회에 어떤 영향을 미칠지 토론해보자.

__ 홀로코스트가 일어난 시대적 배경을 알아보고, 특정 집단에 대한 차별과 증오가 어떤 결과를 낳을 수 있는지 토론해보자.

더 읽을거리

증오의 세기: 20세기는 왜 피로 물들었는가 니얼 퍼거슨 | 이현주 옮김 | 민음사 | 2010
홀로코스트, 유럽유대인의 파괴 라울 힐베르크 | 김학이 옮김 | 개마고원 | 2008
솔페리노의 회상 앙리 뒤낭 | 대한적십자사 교육원 | 1987
증오: 테러리스트의 탄생 윌러드 게일린 | 신동근 옮김 | 황금가지 | 2009

지금까지 우리는 세계인권선언의 전문과 30개 조항 모두를 살펴보았다. 다음 장으로 넘어가기 전에 세계인권선언의 거대한 석조 건물을 한 번 더 떠올려보자. 우선 계단을 하나씩 올라가면서 선언을 만들게 된 역사적 배경과 동기를 생각한다. 전문에 해당하는 일곱 계단을 모두 오르고 나면 건물 입구 앞에 서게 된다. 그곳에서 두 팔을 활짝 펴고 세계인권선언을 선포한다. 자, 이제 인권의 항목을 구체적으로 알아보기 위해 기둥을 살펴보아야 한다. 그런데 잠깐, 그러기 전에 인권의 토대(기단, 제1조~제2조)를 머릿속에 떠올려보자. 세계인권선언의 건물 전체를 떠받치는 토대는 모두 네 개의 벽돌로 이루어져 있다. 존엄성, 평등(차별 금지), 자유, 형제애가 그것이다. 토대를 기억하면서 기둥을 하나씩 알아보자. 첫째 기둥(제3조~제11조)에는 기본권과 법적 권리가 새겨져 있다. 둘째 기둥부터는 토머스 마셜이 이야기했던 시티즌십의 역사적 발전 경로와 비슷하게 권리들이 배열되어 있다. 우선 둘째 기둥(제12조~제17조)에는 사람들이 사회공동체를 형성해서 살아가기 위해 필요한 시민적 권리가 새겨져 있다. 셋째 기둥(제18조~제21조)에는 정치적 자유를 행사할 수 있는 권리가 새겨져 있다. 마지막으로 넷째 기둥(제22조~제27조)에는 경제적·사회적·문화적 권리가 새겨져 있다. 기둥을 모두 본 다음에는 고개를 들어 지붕을 올려다보자. 지붕(제28조~제30조)은 의무, 제한, 체제의 세 가지 조건으로 이루어져 있다.

이제 우리는 인권의 토대에 속하는 존엄성, 평등(차별 금지), 자유, 형제애를 바탕으로, 인권의 지붕에 속하는 의무, 제한, 체제를 조건으로 삼아, 그 중간에 여러 권리 항목으로 이루어진 기둥이 세워졌음을 알았다. 따라서 인권의 토대와 인권의 지붕, 이 두 가지 대원칙이 지켜질 수만 있으면 그 중간에 서 있는 기둥은 시대에 따라 그 가짓수나 형태가 변할 수도 있음을 알 수 있다. 아무튼 인권을 생각할 때 조심해야 할 점은, 기둥만 붙잡고 하나하나 개별 권리를 기억하기보다, 인권의 전체 구조를 생각하면서 권리의 작동 방식을 익히는 것이 더 중요하다는 사실이다. 한 번 더 강조하지만, 세계인권선언은 전체를 '통으로' 읽고 이해할 줄 알아야 한다. 그것이 인권을 제대로 알고 제대로 활용하는 표준적인 방법이다.

1948년 세계인권선언이 구체적으로 실천 방안까지 명시한 이 권리는 보편적인 것이다. 만약 여러분이 어느 누구라도 이 권리를 제대로 누리지 못하는 사람을 만나거든, 부디 그의 편을 들어주고, 그가 그 권리를 찾을 수 있도록 도움을 주라. — 스테판 에셀

제 9 장 나오며: 인권과 새로운 사회 진보

지금까지 설명한 세계인권선언은 제정 이후 많은 사람에게 영감을 주었다. 스테판 에셀 그리고 그의 호소에 공감한 이들이 모두 이런 거대한 행렬에 속한 인권의 친구라 할 수 있다. 세계인권선언은 인류 전체의 비공식적 헌법과 같은 역할을 해왔다. 이 선언을 모태로 하여 수많은 국제인권법 문헌이 채택되었다. 또한 세계 각국의 법원에서 세계인권선언을 활용하고 인용했으며, 각국의 교육기관에서도 선언의 내용을 가르치고 연구했다. 그래서 정식 법문헌이 아니라 단지 선언에 불과했던 문헌이 오늘날에는 국제 관습법의 지위를 획득할 정도의 권위를 인정받기에 이르렀다.[1] 그 후에 나온 그 어떤 인권 문헌보다도 세계인권선언의 영향은 크고도 넓다. 예를 들어 1966년에 채택된 국제인권규약이나 1993년에 나온 비엔나인권선언을 아는 사람은 많지 않지만, 세계인권선언을 모르는 사람은 거의 없다. 다시 말해, 세계인권선언은 그 이전 수백 년의 인권 발전 역사가 흘러

들어간 거대한 호수이자, 다시 그것에서 만들어진 수많은 인권규범이라는 폭포들의 발원지라고 할 수 있다. 이 때문에, 세계인권선언보다 논리와 체계가 더 완벽한 문헌도 많은데 그런 문헌을 세계인권선언보다 더 우위에 두는 경우는 흔치 않다. 거의 독보적이라 할 수 있는 규범적 영향력과 도덕적 감화력을 바탕으로, 세계인권선언의 정신은 지금도 많은 이의 심금을 울린다. 세계인권선언은 불완전하지만 인권을 소중히 여기는 전 세계인에게 계속해서 사랑받고 존중받는 특별한 문헌이다.

세계인권선언의 한계

물론 세계인권선언의 지적·현실적 한계도 적지 않다. 일단 시대적 한계가 가장 먼저 눈에 띈다. 지금부터 거의 70년 전의 문헌이다 보니 아무래도 오늘날의 눈으로 보아 미흡한 부분, 부족한 내용이 적지 않다. 미흡한 부분에 대해서는 앞서 각 조항을 설명할 때 지적했다. 또한 자연법 전통의 토대를 내세우지 않으면서 인권을 정당화하려고 했지만, 작성자들의 노력에도 불구하고 자연법 전통의 역사적 되울림이 그대로 살아 있는 '서구'의 문헌이라는 한계를 완전히 벗어나지 못했다. 사상은 그것의 기원이 중요한 것이 아니라 시대와 장소를 뛰어넘을 수 있는 적실성과 호소력이 중요하다는 말은 원칙적으로는 맞다. 하지만 포스트식민주의의 성찰에서 많은 영향을 받고 있는 오늘날의 시각으로 볼 때, 존재론적으로 서구 전통에 뿌리를 둔 문헌이 이른바 '보편성'을 설교하는 모습이 어색해 보이는 것은 사실이다. 그리고 권리를 항목별로item-by-item 기술하는 접근 방식 때문에

'인권=인권법적 권리들'이라는 식의 등식이 사람들의 머릿속에 깊이 각인되었다. 그 결과 인권이 구체적 권리 조각들의 침해에 맞서는 것으로만 이해되어 인권을 증진하거나 저해할 수 있는 구조적인 차원들 – 구조적 폭력과 구조적 조건 – 에 대해 관심을 적게 갖는 경향이 생겨났다. 인간안보human security라는 개념이 나중에 나타나기는 했지만, 아직도 인권의 구조적 측면에 대한 연구와 실천은 인권의 항목별 관심보다 훨씬 덜 주목을 받는 것이 사실이다.[2] 또한 세계인권선언은 생태적 관점에서 보면 전형적으로 인간중심적anthropo-centric 시각을 견지하는 문헌이다. 오늘날 기후변화와 생태계 파괴가 인류의 미래를 위협하는 가장 큰 도전이라고 할 때, 이런 점을 예견하지 못했던 점은 그 시대의 한계라고 볼 수 있을 것이다. 이런 면에서도 세계인권선언은 계몽주의 이래의 단선적 문명 발전 인식의 전통에 속해 있는 구식 사고방식을 보여준다.

또한 세계인권선언이 제정되고 나서 한참 동안 인권운동과 국제사회가 인권을 탈정치적이고 비정치적인 규범으로 간주한 것의 후유증도 만만찮다. 바로 그 때문에 인권이 서구 문화제국주의적 간섭을 정당화하는 도구로 이용되었다는 비판이 있기 때문이다. 정확히 말해 이것은 세계인권선언 자체의 문제는 아니다. 하지만 인권의 탈정치성과 '보편성'을 자기 이익을 위해 이용하려는 강대국의 현실정치적 동기를 인권론자들이 좀 더 '정치적'인 안목을 가지고 대응했더라면 하는 아쉬움은 여전히 남는다. 이것과 연관해서 세계인권선언은 '국가주권·내정불간섭 원칙 대 인권 원칙'에 대해 아직까지도 풀리지 않는 숙제를 남겨놓았다. 따라서 인권에 대해 각국이 모순적이고 편의적으로 행동하는 것을 효과적으로 제어하기가 거의 불가능한 상황이 전개되었다. 강대국은 국제적으로 인권을 실현할 수 있는 영향력이 있었지만 인권을 자국의 국익을 추구하는 도구로만 보았고,

개도국은 인권의 민족자결 원칙을 적극 옹호하면서도 자기에게 불리할 때는 문화상대주의의 장막 뒤에 숨어버리는 태도를 보였다. 또한 세계인권선언에서 권리만 강조하는 바람에 모든 권리 주장에 반드시 따라야 하는 대응 의무에 대한 관심이 너무 적었다는 비판도 있다. 그 결과 개인의 권리를 외치기만 했지 그것을 충족시킬 책임이 있는 국가와 사회공동체의 의무가 잘 보이지 않게 되었다는 지적이다.[3] 권리와 의무의 관계가 확실히 드러나지 않았으므로 인권을 실행할 수 있는 이행체계implementation가 발전하지 못한 점도 있었다. 좋은 말만 잔뜩 열거해놓은 채 그것을 어떻게 실천할지에 대해서는 구체적인 방안이 없어서 실망한 사람도 많다. 아무튼 이런 비판은 인권학계에서는 거의 상식에 속할 만큼 대다수가 수긍하는 내용이라 할 수 있다.

또한 인권이 지향하는 근본적인 가치 — 인간 존엄성 — 가 워낙 중요하고 민감한 것이어서 인권의 정신을 적극적으로 거론함으로써 자신의 '이익'을 도덕적 수사로 포장하려는 여러 움직임이 나타났다. 인권이 스스로를 보호하는 데 대단히 유용한 실천체계일 뿐 아니라, 상대방을 공격하는 데도 대단히 효과적인 무기가 될 수 있기 때문이었다. 맬컴 워터스Malcolm Waters에 따르면, 세계인권선언의 제정 이후 인권은 다양한 이해관계가 경합하는 세력다툼의 장이 되었다.[4] 우선 국가의 탄압에 대항하는 다양한 취약집단의 이해관계가 존재한다. 이것은 인권의 원래 취지에 가장 부합하는 관점의 이해관계라 할 수 있다. 그러나 그 밖의 여타 이해관계는 논란의 여지가 많다. 제2차 세계대전이 끝난 후 전승국들이 패전국들에게 수치를 안겨주고 그들을 도덕적으로 비난하기 위해 인권을 활용하려는 이해관계가 존재했다. 또한 냉전 대결 당시에 동서 양 진영이 서로 상대방 정치체제의 정당성에 흠집을 내기 위해 인권을 동원했던 이해관계가 있었다. 마지막으로 강대국이 타국의 내정에 간섭할 목적으로 인권을 거론하는 국제정치적 이해관계가 존재한다. 물론 인권의 오용에 세계인권선언이 직접적인 책임이 있는 것은 아니지만, 인권이 각종 이해관계 세력의 각축장이 될 수 있으므로 이를 방지해야 한다는 충분한 자각 또는 안전장치가 미흡했다는 비판에서는 완전히 자유로울 수 없다.

에셀은 왜 세계인권선언으로 돌아가자고 했을까

그런데 이런 여러 가지 (정당한) 비판을 감안하더라도 스테판 에셀이 세계인권선언의 정신으로 돌아가자고 호소한 사실만큼은 남는다. 에셀과 같이 국제무대 경험이 많은 행동하는 진보 지성인이 세계인권선언에 대한 비판을 몰라서 그렇게 말했을 리는 없다. 그런데도 그는 우리 젊은 세대에게 분노해야 할 때 분노하라고 외치면서, 왜 하필이면 세계인권선언을 그토록 강조했을까? 프랑스 사회당에 속한 사람으로서 수많은 진보적 사상가와 문헌을 접했을 텐데, 왜 굳이 세계인권선언을 가장 중요한 것으로 추천했을까? 그리고 왜 하필 '지금' 세계인권선언의 정신으로 돌아가자고 했을까? 바로 이 의문이 이 책을 집필하게 된 동기라고 서론에서 이미 설명한 바 있다. 경제지구화의 물결, 그리고 그것의 여파로 수많은 사람들의 삶이 팍팍해진 오늘날 에셀이 던진 질문의 답을 찾는 것은 대단히 중요한 일이다. 분노를 어떤 식으로 전환해 세상을 바꾸는 원동력으로 삼을 수 있을지를 모색하는 길이기 때문이다. 하지만 21세기 들어서도 1948년 당시의 세계인권선언을 곧이곧대로 받아들이고 그것을 실천하기만 하면 되는가? 그러나 그것은 그렇게 간단한 문제가 아니다. 시대가 바뀌었고, 무엇보다 인권이 무엇인가에 관한 합의가 예전처럼 간단하게 이루어질 수 없어졌기 때문이다.

앞서 던진 질문의 답을 찾으려면 일단 세계인권선언이 제정되고 나서 곧바로 동서 냉전의 세기적 대결이 시작되었다는 역사적 배경을 기억할 필요가 있다. 인권은 처음부터 좌우 이념을 가로지르는 일종의 횡단 사상으로 출발했으므로 냉전과 같은 극단적인 양극화 세계질서 속에서 제대로 영향력을 발휘하기가 어려웠다. 구조적으로 취약한 상황에 있었던 것이다. 아군이냐 적군이냐를 확실하게 가르는 판에 자신은 비무장지대에 서 있다고 고고하게 대답하는 것은 양쪽 모두의 적이라고 고백하는 것밖에 되지 않았다. 양쪽 모두에 속하지 않으니 양쪽 모두로부터 돌팔매질을 당해야 했다. 따라서 인권운동은 인권에 진정으로 우호적인 정치세력이 거의 없이 고립무원의 상태에서 동서 진영을 모두 상대해 전 방위적인 투쟁을 벌일 수밖에 없었다.

그러던 와중에 동구권 현실사회주의가 종언을 고했다. 그 이후 지난 20여 년 동안 세계 사상의 지도는 동구 사회주의 진영의 붕괴와 경제지구화의 다층적 심화, 신자유주의의 (부분적) 퇴조로 요약된다.[5] 이 시대의 많은 사상가와 실천가를 괴롭히는 문제는 사실상 다음과 같은 두 가지로 정리해볼 수 있다. 첫째, 생산과 분배라는 근본 문제에 대해 자본주의와 전혀 다른 접근을 취하는 경제체제를 과연 상상할 수 있는가? 둘째, 현존 자본주의와 전혀 다른 어떤 정치적 구심체가 존재하지 않는 상황에서 자본주의를 실질적으로 통제할 수 있는 계기가 마련될 수 있는가? 특히 냉전 시대에는 대항 정치적 구심체였던 동서 진영이 상호 경쟁을 통해 상대방 체제의 취약점을 개선하는 효과를 발휘했던 것이 사실이다. 예를 들어, 전후

자본주의 서독의 사회적 시장경제적 복지체제는 경쟁 상대이던 동독의 사회주의적 평생복지체제에 대한 경쟁적 응답의 성격이 강했다. 상대의 비판 앞에서 자기 체제를 계속 개선했던 것이다. 그러나 동구권 붕괴로 자본주의는 천적이 사라졌다. 지금 생각해보면 천적이 사라진 자본주의가 면역력이 떨어진 상태에서 한동안 폭발적 성장을 구가하다가 월스트리트의 추락과 함께 퇴조한 것으로 보인다. 존 스튜어트 밀John Stuart Mill의 말처럼 "들판에 적이 사라지면 파수꾼은 잠드는 법"이기 때문이었을 것이다.

그런데 사회주의권이라는 대항 정치적 구심체가 사라진 후 그것의 기능적 등가물 — 자본주의를 비판적으로 통제 또는 대체하려는 새로운 대안사상 — 을 찾으려는 노력이 대대적으로 일어났다. 이를 통해 반지구화운동, (신)국제사회주의, 전 지구적 사회민주주의, 세계주의, 글로벌 페미니즘, 심층생태주의, 탈성장이론, 지역공동체운동 등이 대표적인 대안으로 부상했다. 이러한 사상은 지성적 설득력을 갖추었지만, 기대를 받았던 것만큼 이들이 실제로 강력한 대안사상으로 자리매김했는가 하는 질문에는 선뜻 답하기 어렵다.

바로 이러한 질문에 답하는 과정에서 대안사상의 기능적 등가물로서 인권의 재발견이 이루어졌다. 지난 20여 년 동안 인권운동이 반지구화운동, 전 지구적 정의운동 등의 선두에 서면서 일종의 비판사상으로서 진보이념이자 대안이념으로 발전한 사실은 우리에게 시사하는 바가 크다. 냉전 시기에만 하더라도 인권운동은 동서 진영 모두의 인권침해를 등거리에서 비판하는 일종의 메타정치적 사회운동으로 존재했다. 당시에 인권운동이 진보적으로 보였다면, 그것은 탈진영적·탈정치적 의미에서의 진보, 다원적 공공정치 관점에서의 진보를 추구했다고 보는 편이 정확하다. 그런데 신자유주의 시대에 접어들어 인권은 본격적인 진보사상으로, 인권운동은 본격적인 진보운동으로 이른바 '좌클릭'하면서 새로운 자리를 찾았다고 볼 수 있다. 인권은 '보편성'이라는 매력적인 인지적 담론과 법률이라는 정책적 지렛대로 무장한 사상이라는 이유로 이제 많은 이들이 기대를 거는 비판사상이자 실천이념이 되었다. 일각에서는 심지어 인권이 패권적 이념의 지위에 올랐다고 지적하는 목소리도 나올 정도로 인권의 영향력이 커진 상태다. 그러나 사람들이 인권에 거는 기대가 높아지고, 인권이 대안사상으로 규정될 가능성이 커질수록 '도대체 인권이 무엇인가'라는 근본적 질문을 둘러싼 논쟁도 격화하고 있다. 이와 동시에 인권을 사회과학적으로 — 법학적으로가 아니라 — 이해해야 한다는 새로운 사조가 생겨나고 있다.

인권을 이해하는 여러 방식

인권의 기본 전제에 동의하는 사람들이라도 인권을 이해하는 방식은 서로 다르기 마련이다. 흔히 "인권은 인간이라는 사실만으로 가질 수 있는 천부의 가치"라고 말해지곤 하므로 사람마다 인권을 이해하는 방식이 서로 다르다는 진술은 얼핏 모순처럼 들린다. 그러나 인권이론을 개척하는 연구자, 인권을 실천하고자 하는 운동가, 인권에 관심이 있는 대중은 수사적 차원에서 천부인권이라는 개념을 수용하면서도 사실은 저마다 인권을 다르게 해석한다. 사람들이 인권을 어떻게 서로 다르게 이해하는지를 연구하는 것은 오늘날 인권연구의 중요한 부분이 되었고, 사회과학자들이 이러한 경향을 주도하고 있다고 말할 수 있다. 이러한 연구가 중요한 것은 인권에 대해 사람들이 서로 다르게 이해하는 현실을 묘사할 수 있을 뿐 아니라, 사람들이 인권에 기대하는 규범적 지향성 — '인권이 무엇이어야 하는가' — 을 드러낼 수 있기 때문이다. '인권이 무엇이어야 하는가'라는 질문은 '경제지구화의 시대에 대안사상의 비전은 어떤 모습인가'라는 질문으로 곧바로 연결된다.

이러한 경향의 선두에 서 있는 인권학자인 마리 베네딕트 템부르Marie-Bénédicte Dembour 의 유형화를 예로 들어보자.[6] 그는 인권을 이해하는 데 네 가지 '학파'가 서로 경합하고 있다고 설명한다. 첫째, 자연권 학파는 우리가 가장 친숙하게 알고 있는 전통 학파이자 주류 학파라 할 수 있다. 자연권 학파는 인간이라는 사실만으로 가질 수 있는 권리가 바로 인권이라고 가정한다. 그러므로 인권은 바깥에서 '주어진' 어떤 것이다. 어디에서 주어진 것인가 하는 점은 논란이 있을 수 있다. 절대자일 수도 있고, 자연법일 수도 있고, 우주일 수도 있다. 어쨌든 자연권 학파는 인권이 어떤 주어진 토대 위에서 성립된다고 보기 때문에 존재론적·정초주의적·초월적 견해를 고수한다. 그러므로 인권은 이론적으로 큰 문제 없이 보편적인 개념이 된다. 이들에 따르면, 인권은 근본적으로 소극적 개념이며("나의 자유를 막지 말라"), 그렇기 때문에 절대적이다("당신이 의도적으로 내 자유를 막지만 않으면, 즉 나를 그냥 내버려두기만 한다면 나의 인권은 저절로 보장된다"). 인권은 사회적 동의나 대중의 인식과 관계없이 객관적으로 존재하는 현실이므로, 설령 사회적으로 인권을 인정하지 않는다 해도 인권이 성립되지 않는 것은 아니다. 자연권 학파에 따르면, 인권이 구체적으로 발현된 형태가 실정법이다. 따라서 자연권 학파는 인권법이 인권사상의 논리적 귀결이라고 파악하며, 인권법의 준수가 곧 인권의 보호라고 확신한다. 그러므로 자연권 학파의 목표는 인권법의 철저한 준수가 된다.

둘째, 심의 학파는 인권계에서 새롭게 떠오르는 사조이며, 향후 인권의 주요한 조류로 등장할 가능성이 크다. 심의 학파는 인권을 민주주의사회가 선택한 바람직한 정치적 가치로 파악한다. 그러므로 심의 학파는 인권이 어떤 주어진 토대로부터 도출된다고 보지 않고 '합의된' 어떤 것으로 본다. 이러한 반정초주의적 견해에서는 사회의 동의를 중시한다. 심의 학파는 인권이 보편적 개념이기를 희망하지만, 그것이 어떤 절대적 원천에서 우러나는 것이 아니라 대중의 합의를 거치고, 그 합의 위에 구축된다고 믿는다. 그러므로 오랜 시간이 걸리는 것을 각오해야 한다고 생각한다. 이때 합의는 지구상의 모든 사람이 인권이야말로 최상의 법적·정치적 기준이라고 동의할 때에 이루어지므로, 그런 의미에서만 인권이 보편적이라고 말할 수 있는 것이다. 심의 학파는 자연권 학파와 달리 인권을 만병통치약으로 간주하지 않는다. 심의 학파는 인권이 현대 정치공동체의 민주적 통치에 가장 적합한 사상이지만 모든 도덕적·사회적 상황에 적용될 수 있는 개념은 아니라고 본다. 그러므로 심의 학파는 국민의 합의하에 마련된 헌법에 인권의 가치가 포함되는 것이 최선이라고 믿는다. 심의 학파의 목표는 인권에 대한 사람들의 합의 수준을 높이는 것이다.

셋째, 저항 학파는 인권의 일차적 가치가 불의에 항거하는 데에 있다고 생각한다. 저항 학파는 인권이 약자나 피해자, 빈곤층, 비특권층 등이 당하는 고통을 덜어주는 주요한 도구가 되어야 한다고 확신한다. 그러므로 인권이 약자의 편에서 강자에 저항하는 강력한 희망으로서 기능해야 한다는 것이다. 저항 학파는 자연권 학파가 주창하는 법적 자격으로서의 권리 개념을 거부하지는 않지만, 그것에 큰 의미를 부여하지는 않는다. 또한 저항 학파는 인권이 어떤 초월적 토대에서 도출되었다는 점을 부인하지 않지만, 인권의 그보다 더 중요한 토대는 끊임없는 사회적 투쟁이라고 본다.

그러므로 인권에 어떤 진전이 이루어지더라도 그것은 영원한 인권투쟁의 길에 놓인 하나의 이정표일 뿐이다. 그리고 저항 학파는 인권의 법적 보호를 긍정적으로 보지만, 그것과 동시에 법률 제정이 인권의 제도화와 현상고착으로 이어질 가능성이 있다고 우려한다. 따라서 저항 학파의 목표는 억압권력에 저항하는 대항권력을 끊임없이 조직하는 것이다.

넷째, 담론 학파는 인권을 거론하지만, 인권을 숭상하지는 않는다. 이들은 인권이 '발화된' 수사에 지나지 않는다고 생각한다. 담론 학파는 인권이 초월적 토대로부터 주어진 것이라고 보지 않으며, 인권이 세상의 모든 문제를 해결할 수 있다고도 생각하지 않는다. 다만 인권이라는 개념을 둘러싼 언어가 오늘날 강력한 정치적 담론이 되었다는 사실에는 동의한다. 담론 학파는 인권의 제국주의적 강요를 우려하며, 현재의 인권사상이 기반을 두고 있는 윤리에 문제가 많다고 주장한다. 이 학파는 인권이 우리 시대의 중요한 정치윤리 담론이라는 점을 부정하지 않으며, 인권이 간혹 좋은 결과를 낸다는 점도 인정한다. 그러나 인권보다 더 우월한 해방의 기획을 상상하고 실천할 필요가 있다고 주장한다. 담론 학파의 목표는 인권사상 속에 내재된 모순을 폭로하고, 인권이 민주자본주의 체제를 영속화하는 기제로 작용할 가능성을 고발하려는 것이다.

이러한 네 가지 — 자연권, 심의, 저항, 담론 — 학파는 인권의 토대를 초월적 근거에 놓느냐, 아니면 사회적·언어적 합의에 놓느냐 하는 점으로 구분되기도 하고, 자유주의적·개인주의의 지향을 갖는지 아니면 집합적 사회정의의 지향을 갖는지 하는 점으로 구분되기도 한다.

인권을 이해하는 방식이 이렇게 여러 갈래로 갈라져 있다는 사실은, 자연권에 근거한 인권법을 중심으로 이해되던 전통적 인권관에 중대한 도전이 된다. 실제로 자연권 학파를 제외한 나머지 학파들은 모두 사회과학적

	자유주의 · 개인주의 지향	집합적 사회정의 지향
초월적 토대(정초주의)	① 자연권 학파	③ 저항 학파
사회적 · 언어적 토대	② 심의 학파	④ 담론 학파

__ 뎀부르의 인권 유형

접근을 통해 출현했다고 해도 과언이 아니다. 심의 학파는 사회구성주의와 사회학적 제도주의, 저항 학파는 사회운동, 담론 학파는 포스트모던 해체주의와 탈식민주의에서 통찰을 얻었다고 할 수 있다.

세계인권선언과 새로운 사회 진보

세계인권선언을 중심으로 인권을 이해하는 관점은 자연권 학파, 심의 학파, 저항 학파, 담론 학파 모두에 속한다고 볼 수 있을 것이다. 다만 이 네 가지 학파 중에서는 담론 학파의 색채가 가장 옅을 것이다. 하지만 인권 개념은 원래 지극히 논쟁적이고 정치적인 속성을 띠므로, 이 중 어느 하나의 특정 관점이 가장 '옳은' 관점이라고 이야기하기는 어렵다. 필자는 오히려 이처럼 인권을 둘러싼 다중적 해석 가능성 때문에 인권이 진정한 21세기형 사회 진보 사상이 될 수 있다고 생각한다. 과거처럼 하나의 거대한 세계관을 중심으로 사회 진보의 모든 흐름이 한자리에 모일 수 있는 시대는 지났기 때문이다. 그렇다면 다중적 해석 가능성, 그리고 다중적 행동 가능성이 구체적으로 어떻게 사회 진보와 연결될 수 있을까?

첫째, 우선 사회 진보라는 개념에는 두 가지 차원이 있음을 지적해야 하겠다.[7] 먼저 '소문자' 진보, 즉 'progress'의 차원이 있다. 소문자 진보란 일반적 의미의 사회발전을 뜻한다. 아주 쉽게 표현하자면 사회의 '정상화'를 가리킨다. 진보와 보수의 정치적 입장을 초월해서 동의하고 합의할 수 있는, 그리고 합의해야만 하는 어떤 본질적 토대와 같은 것이다. 소문자 진보로서의 인권은 탈정치적이고 메타정치적인 이해 방식으로 접근할 수 있다. "인권은 좌도 우도 아니다. 인권운동은 인간의 존엄성에만 관심을 갖는 초연한 인간운동이다"라고 말할 때의 인권은 일종의 다원적 공공정치 철학이 된다.[8] 구체적으로 그것은 민주적 절차, 실질적 권리(양심의 자유, 사상의 자유 등), 기회균등, 인간의 핵심적 욕구needs 인정, 법의 지배, 자유, 번영, 평등, 연대, 지속 가능한 환경, 생태적 가치 인식 등을 말한다. 이런 가치는 정치적 보수와 진보를 초월해 한 사회의 토대가 발전하는 데 반드시 필요한 항목이다. 세계인권선언에 나와 있는 정신 — 비록 여기에 생태적·환경적 가치에 관한 인식은 부족하지만 — 과 중복되는 부분이 아주 많음을 알 수 있다. 이것을 슈메이커와 같은 학자는 다원적 공공정치 철학plural public philosophy이라고 부른다.[9] 다시 말해 세계인권선언에서 제시된 인간 존엄성, 평등(차별 금지), 자유, 형제애와 같은 가치는 좌우, 진보와 보수를 초월해 인정해야 할 공통분모가 되는 셈이다. 이런 가치를 부정하는 사람이 있다면, 그는 보수주의자 또는 진보주의자라고 불릴 기초 자격심사조차 통과하지 못하는 셈이 된다. 한마디로 공공성에 대한 의식이 함량미달인 것이다. 세계인권선언에서 출발한 인권사상은 우리 사회의 소문자 진보의 밑그림 또는 리트머스 테스트가 될 수 있다는 점에서 그 일차적 의의가 있다.

둘째, 사회 진보에는 '대문자' 진보, 즉 'Progress'의 차원도 있을 수 있다. 대문자 진보란 정치이념의 스펙트럼에서 왼쪽에 위치한 가치를 구현한다는 뜻이다. 우리가 흔히 진보이념을 이해하는 방식이다. 단순히 말하자면, 제22와 제27조 사이에 나오는 적극적인 사회보장과 복지국가의 이상을 실현한다는 의미가 있다. 여러 인권론자들이 이 점을 들어, 세계인권선언의 이상을 현실 속에서 가장 잘 구현한 곳으로 스칸디나비아 국가를 꼽고 있음은 앞서 이미 말했다. 코너 기어티Conor Gearty는 여기서 한 걸음 더 나아가 현대 인권사상의 요체가 사회민주주의 사상임을 적극적으로 인정하자는 견해, 즉 '인권의 정치적 커밍아웃'을 주장한다.[10] 기어티에 따르면, 인권이 정치적으로 커밍아웃한다고 할 때 그것은 여러 측면을 포함한다. 우선 인권을 정치에서 분리하여 인권이 정치로부터 초연하다는 식의 이른바 '인권 독야청정'에서 벗어나야 한다. 과거에 인권은 정치를 '더러운 것'으로 보았다. 정치는 타협이고 홍정이며 협잡이고 원칙을 저버리는 행위에 지나지 않는다고 보았던 것이다. 이 때문에 인권은 탈정치, 반정치, 도덕의 구름 위, 심지어 윤리적 극락세계ethical Nirvana에서 살고 있다는 인상마저 주었다. 고고할지는 몰라도 현실과 동떨어졌다는 느낌을 피하기 어려웠다. 그러나 이런 입장이 냉전 당시 동서 진영 모두의 인권침해를 비판할 때에는 유용했을지 몰라도 자본주의와 포스트 정치가 대세가 된 오늘날에는 유용하지도 효과적이지도 않다. 그리고 인권의 탈정치 경향은 인권의 법률화 경향과 함께 진행되었는데, 후자도 탈피해야 한다. 인권의 법률화 경향은 도덕적 확실성과 절차적 우월함에 입각해서 아수라장과 같은 정치판을 초월한 법적 이데아를 실현하겠다는 태도에서 비롯되었다. 하지만 인권의 법률화로 말미암아 인권은 생명력 없는 규범체계, 항상 옳은 소리만 하는 모범생, 언제나 공자님이지만 현실적 영향력은 미미한 존재로 되어버린 측면이 적지 않다(기어티는 법학자이면서도 이런 주장을 편다!). 또한 인권은 사회민주주의 정치가 거의 실종된 21세기에 인간 존엄성과 보편적 인간 가치를 지킬 수 있는 거의 유일한 사상으로 남아 있다. 그러므로 인권은 정치적으로 사회민주주의에 속하는 전통임을 숨기지 말아야 한다. 이런 주장은 세계인권선언의 1차 초안을 마련했던 험프리가 이미 설파한 바 있다. 그는 인도적 자유주의와 사회주의가 결합된 사상으로서 세계인권선언을 구상했던 것이다.• 마지막으로, 인권이 실용적인 사상임을 숨기려 해서도 안 된다. 인권은 정치이념의 기준으로 보아 추상성, 정합성, 체계성이 고도로 발달한 사상이라 할 수 없다. 오히려 이론적으로 약간 허술하고 절충적인 실천체계에 불과하다. 하지만 오히려 이 때문에 인권의 메시지는 이념적 메시지로는 넘어서기 어려운 당파적 정치 지형에서 호소력을 발휘할 수 있다는 것이다. 똑같은 결론을 추구하더라도 명백하게 이념에 기댄 주장은 편협한 당파적 관점이라는 눈총을 받을 가능성이 있지만, 인간의 존엄성에 기댄 주장에 대해서는 그런 식으로 감히 재단할 수 없는 어떤 권위가 생길 수 있다는 말이다.

셋째, 사실 세계인권선언이 제정될 때부터 많은 사람이 선언의 진보성에 대해 큰 기대를 걸었다. 종전 직후 세계인들이 세계인권선언을 얼마나 높이 평가했었는지, 그리고 그것이 그 후의 사회 진보 사상에서 얼마나 중요한 역할을 했었는지는 잘 알려져 있지 않다. 앞서 말했듯이 냉전 구도 속에서 인권의 참된 진보성 ― 휴머니즘에 기반을 둔 보편적 평등에의 갈망 ― 이 가려졌기 때문이었다. 그러나 세계인권선언의 정신을 현실정치 속에서 제대로 대우하려는 시도가 끊이지 않고 이어져 내려왔다. 에셀이 속한 프랑스 사회당은 말할 것도 없고, 서구 거의 대부분의 사회민주주의에서 세계인권선언은 정전canon의 대우를 받는다. 예컨대 네덜란드 노동당의 강

• 경제적 자유주의와 정치적 자유주의는 개념적으로 구분될 수 있으며, 험프리가 말한 인도적 자유주의는 후자를 강조한 것이다. 정치적 자유주의에 관한 설명은 켈리(Kelly, 2005)를 참조할 것.

령은 다음과 같이 못 박는다. "세계인권선언에서 합의된 평화, 안전, 인권은 무한한 중요성을 지닌다." 또한 캐나다의 진보이론가 로빈 시어스Robin Sears는 새로운 좌파 이념을 재구성하는 노력이 세계인권선언으로부터 시작되어야 한다고 제안한다.[11]

넷째, 인권이 정치 민주주의의 표현형인 시민적·정치적 권리와, 경제 민주주의의 표현형인 경제적·사회적 권리를 하나의 틀 안에 묶어놓았다는 점(인권의 불가분성)을 우리는 특히 중요하게 받아들일 필요가 있다. 이것은 20세기의 역사적 경험에 비춰보면 당장 깨달을 수 있는 바이기도 하다. 동구권이 무너졌을 때 많은 사람이 체제 붕괴의 원인을 놓고 토론과 분석을 시도했다. 사회주의 경제체제 자체가 지속 불가능한 시스템이었다는 설명이 많이 제출되었다. 하지만 필자는 그것과 함께 현실사회주의 체제가 시민적·정치적 권리를 도외시함으로써 경직되기 시작했고, 그것에 환멸과 불만을 느낀 시민이 자기 사회에 대해 더는 정치적 충성loyalty을 유지할 수 없었던 것이 체제 붕괴를 재촉하지 않았나 하고 생각한다.[12] 필자가 독일에서 들었던 이야기다. 동독에서는 턱수염을 자본주의 세계의 퇴폐성을 상징하는 것으로 간주하여 금기시하는 분위기가 있었다. 이때 사람들은 자신의 턱수염조차 당에서 통제하는 현실에 불만을 느낄 수밖에 없었다. 동독의 라이프치히에서 민주주의 요구가 터져 나왔을 때 사람들이 요구했던 것은 인민주권의 회복, 말할 자유, 집회와 결사의 자유, 사상의 자유와 같은 고전적 의미에서의 시민적·정치적 권리였던 것이다. 필자가 이 글을 쓰고 있는 순간에 베를린장벽을 세웠던 50주년 행사가 진행되고 있다는 보도가 라디오에서 흘러나오고 있다. 베를린장벽은 시민의 거주·이전의 자유를 금지한 전형적인 권리 박탈의 사례였다고 할 수 있다. 물론 현실사회주의 체제에서 평등성에 기초한 여러 사회정책이 시행되었음을 부정할 수 없다. 동구권에서 완전고용, 보육, 여성의 사회 진출, 폴리클리닉 제도 등 사회권 보장을 위해 상당히 전향적인 시책을 폈던 것은 엄연한 사실이다. 하지만 그와 동시에 시민적·정치적 자유의 결여로 체제에 대한 시민의 불만이 많았던 것도 사실이다. 다시 말해, 경제적·사회적 권리가 아무리 보장된다 해도 시민적·정치적 자유가 억눌렸을 때 사람들은 도덕적으로 절망과 불만과 냉소에 빠지고 그것은 자기가 속한 정치공동체에 대한 전반적 불신으로 이어진다. 그 반대의 경우도 마찬가지다. 자본주의권에서 일어난 일을 기억해보라. 동구권이 무너지고 나서 전 세계적으로 기승을 떨친 신자유주의적 자본주의는 경제적·사회적 권리를 보장하는 과제를 모두 '자유' 시장에 떠맡기고, 민주사회에서 꼭 필요한 최소한의 시민적·정치적 권리만 보장하겠다는 노선을 추구했다. 그 결과 시민의 경제적·사회적 상황은 더욱 양극화되었고, 시민의 시민적·정치적 권리조차 악화일로를 걸었던 것이다. 이러한 시장만능형 자본주의 모델이 더는 유효하지 않음을 우리는 2008년의 월스트리트 추락과 그 후 지금까지 이어지는 세계경제 상황의 불안정을 통해 생생하게 목격하고 있다. 20세기 이래의 경험에 비춰보면, 적어도 세계인권선언에서 제시한 모든 권리를 다 함께 존중하지 않는 체제는 절대로 오랫동안 지속되기 어렵다는 교훈을 얻을 수 있다. 요컨대 공산주의의 '정치 전체주의'와 신자유주의의 '경제 전체주의'는 둘 다 인간을 행복하게 만들 수 없음이 명백하게 입증되었다. 이러한 교훈을 논리적으로 확장해보면 한국에서 진보·개혁 정치세력이 어떤 태도로 어떻게 미래를 개척해가야 할 것인지에 관한 시사점이 나올 것이다.[13] 또한 인권 정신에 기반을 둔다면 진보–개혁–민주 진영이 공동전선을 구축하는 데 필요한 해답을 의외로 쉽게 얻을 수 있을지도 모른다.

마지막으로, 세계인권선언에 나오는 인권 개념은 신념윤리와 책임윤리 사이의 긴장을 이겨내면서 그것을 조화시킬 정치를 요구한다. 막스 베버 Max Weber가 말한 대로 정치인은 자신이 신봉하는 종교나 이념에 따른 신념윤리 원칙을 고수할 수도 있고, 자기 행동의 예견 가능한 결과에 대해 책임을 지는 책임윤리 원칙을 따를 수도 있다.[14] 우리는 흔히 인권운동가는 인권이라는 '절대적' 가치를 신봉하므로 당연히 신념윤리의 영역 내에서 사고하고 행동할 것이라고 상상하기 쉽다. 실제로 신념윤리적 확신 없이 인권과 같은 사회운동에 투신하기는 어렵다. 따라서 평화적 방식의 직접행동이나 시민적 불복종과 같은 신념윤리적 행동이 인권운동에서 큰 몫을 차지하는 것은 전혀 놀라운 일이 아니다. 하지만 사회 진보를 위한 우리의 노력 중에 정치의 부분이 큰 몫을 차지한다는 사실을 인정한다면, 인권 민주주의를 구현하려는 정치 영역에서 신념윤리만을 행동의 지침으로 삼을 수는 없는 노릇이다. 때로는 자신의 행동에 대해 책임을 지는 책임윤리를 숙고하면서 행동할 필요가 있다. 우리가 인권의 원칙을 다시 상기해 본다면 이 점이 명확해질 것이다. 인권이 단순히 권리 항목들만 주장하는 것이 아니라 존엄성·평등·자유·형제애라는 토대 위에서, 그리고 의무·제한·체제라는 지붕 아래에서 작동되어야 하기 때문이다. 요컨대, 인권은 세계인권선언의 앞부분에 나오는 저항권에 바탕을 둔 우리의 열정을 대변하는 신념윤리와 세계인권선언의 뒷부분에 나오는 의무·제한·체제라는 책임윤리의 두 가지 윤리로 구성된 복합적인 사상이다. 이 점은 사회 진보를 열정적이면서도 동시에 성숙하게 추구할 수 있는 독특한 인식론적 방법을 우리에게 제공한다. 또한 인권의 이러한 이중적 접근 방식은 한국의 시민사회운동형 민주주의 전통을 감안할 때 우리의 일반적인 정치적 에토스에 호소하는 바도 적지 않으리라 생각된다.

카생은 세계인권선언을 거대한 건물의 현관이 위치한 주랑으로 표현했다. 여기서 한 가지 놓쳐서는 안 될 점이 있다. 카생은 세계인권선언을 그리스 신전의 전면으로만 묘사했지 신전의 전체 건물로 상상하지는 않았다. 그 이유는 무엇일까? 필자는 세계인권선언이 더 나은 세계로 들어가는 입구에 불과하다는 점을 강조한 것이라 해석한다. 인류 한 사람 한 사람의 존엄성을 지켜주려 애쓰는 개명된 세계를 원하는 인간이라면 반드시 통과해야 하는 관문에 불과하다는 점을 말한 것이다. 일단 개명된 세상으로 들어가는 입구를 통과한 다음에 펼쳐질 신전의 전체 모습은 아직 베일에 싸여 있다. 그것을 완전히 아는 사람은 아무도 없다. 아니, 어쩌면 그런 건물 자체가 아직 완성되지 못했을 수도 있다. 아니, 그 신전은 시대와 장소에 따라 끊임없이 증축·개축되는 영원한 미완의 건물일지도 모른다. 그렇더라도 우리는 일단 세계인권선언이 인도하는 주랑의 입구를 통과해야 한다. 인간이 최소한의 존엄과 최소한의 인간적 품위를 지킬 수 있는 세상을 만들기 위해서는 힘들더라도 그 입구를 지나야 한다. "우리는 다음과 같은 점에 대해 조금도 의심하지 않는다. 즉, 공정할 뿐 아니라 개인적 권리가 존중되는 사회란, 인간적이고 품위 있는 사회의 가능성에 대한 필연적 조건이라는 것이다."[15] 모든 사람이 차별받지 않으면서 자신의 자유의지로써, 그리고 서로가 서로를 부축하는 형제애를 발휘하여 계단을 오르고 기둥을 지나 현관으로 들어서야 하는 것이다. 그런데 우리 시대는 이 정도의 소박한 비전마저 자본과 경쟁의 이름으로 짓밟고 있다. 이 정도밖에 안 되는 소박한 비전이지만 그것에 합의하는 데 수백 년이 걸린 인류의 정신 유산을 한순간에 빼앗고 있다. 정말 최소한의 요구, 민주적인 요구, 세계인이 합의하고 약속했던 이 최소한의 평화적인 요구마저 깔아뭉개고 있다. 그 무지함에, 그 야만성에, 그 뻔뻔함에 어찌 분노하지 않을 수 있겠는가. 젊은이여 당연히 분노하라, 여러분은 분노할 권리가 있다, 아니 분노할 의무가 있다, 그리고 세계인권선언의 정신을 기억하면서 인권의 신전으로 모여라! 이것이 구순의 레지스탕스 운동가가 노구를 이끌고 오늘날 우리 모두에게 호소하는 간절한 메시지의 진짜 의미일 것이다.

부록: 세계인권선언문

원문

한국어 공식 번역문

중국어 공식 번역문

_ 여기에는 영어로 된 세계인권선언의 원문과 한국어 공식 번역문, 중국어 공식 번역문을 실었다.

_ 세계인권선언 각국 번역문은 다음 웹사이트에서 볼 수 있으며, 2011년 12월 현재 382개 언어로 된 버전이 소개된다. http://www.ohchr.org/en/udhr/pages/searchbylang.aspx

원문

Universal Declaration of Human Rights

Preamble

Whereas recognition of the inherent dignity and of the equal and inalienable rights of all members of the human family is the foundation of freedom, justice and peace in the world,

Whereas disregard and contempt for human rights have resulted in barbarous acts which have outraged the conscience of mankind, and the advent of a world in which human beings shall enjoy freedom of speech and belief and freedom from fear and want has been proclaimed as the highest aspiration of the common people,

Whereas it is essential, if man is not to be compelled to have recourse, as a last resort, to rebellion against tyranny and oppression, that human rights should be protected by the rule of law,

Whereas it is essential to promote the development of friendly relations between nations,

Whereas the peoples of the United Nations have in the Charter reaffirmed their faith in fundamental human rights, in the dignity and worth of the human person and in the equal rights of men and women and have determined to promote social progress and better standards of life in larger freedom,

Whereas Member States have pledged themselves to achieve, in cooperation with the United Nations, the promotion of universal respect for and observance of human rights and fundamental freedoms,

Whereas a common understanding of these rights and freedoms is of the greatest importance for the full realization of this pledge,

Now, therefore,

The General Assembly,

Proclaims this Universal Declaration of Human Rights as a common standard of achievement for all peoples and all nations, to the end that every individual and every organ of society, keeping this Declaration constantly in mind, shall strive by teaching and education to promote respect for these rights and freedoms and by progressive measures, national and international, to secure their universal and effective recognition and observance, both among the peoples of Member States themselves and among the peoples of territories under their jurisdiction.

Article 1

All human beings are born free and equal in dignity and rights. They are endowed with reason and conscience and should act towards one another in a spirit of brotherhood.

Article 2

Everyone is entitled to all the rights and freedoms set forth in this Declaration, without distinction of any kind, such as race, colour, sex, language, religion, political or other opinion, national or social origin, property, birth or other status. Furthermore, no distinction shall be made on the basis of the political, jurisdictional or international status of the country or territory to which a person belongs, whether it be independent, trust, non-self-governing or under any other limitation of sovereignty.

Article 3

Everyone has the right to life, liberty and security of person.

Article 4

No one shall be held in slavery or servitude; slavery and the slave trade shall be prohibited in all their forms.

Article 5

No one shall be subjected to torture or to cruel, inhuman or degrading treatment or punishment.

Article 6

Everyone has the right to recognition everywhere as a person before the law.

Article 7

All are equal before the law and are entitled without any discrimination to equal protection of the law. All are entitled to equal protection against any discrimination in violation of this Declaration and against any incitement to such discrimination.

Article 8

Everyone has the right to an effective remedy by the competent national tribunals for acts violating the fundamental rights granted him by the constitution or by law.

Article 9

No one shall be subjected to arbitrary arrest, detention or exile.

Article 10

Everyone is entitled in full equality to a fair and public hearing by an independent and impartial tribunal, in the determination of his rights and obligations and of any criminal charge against him.

Article 11

1. Everyone charged with a penal offence has the right to be presumed innocent until proved guilty according to law in a public trial at which he has had all

the guarantees necessary for his defence.

2. No one shall be held guilty of any penal offence on account of any act or omission which did not constitute a penal offence, under national or international law, at the time when it was committed. Nor shall a heavier penalty be imposed than the one that was applicable at the time the penal offence was committed.

Article 12

No one shall be subjected to arbitrary interference with his privacy, family, home or correspondence, nor to attacks upon his honour and reputation. Everyone has the right to the protection of the law against such interference or attacks.

Article 13

1. Everyone has the right to freedom of movement and residence within the borders of each State.
2. Everyone has the right to leave any country, including his own, and to return to his country.

Article 14

1. Everyone has the right to seek and to enjoy in other countries asylum from persecution.
2. This right may not be invoked in the case of prosecutions genuinely arising from non-political crimes or from acts contrary to the purposes and principles of the United Nations.

Article 15

1. Everyone has the right to a nationality.
2. No one shall be arbitrarily deprived of his nationality nor denied the right to change his nationality.

Article 16

1. Men and women of full age, without any limitation due to race, nationality or religion, have the right to marry and to found a family. They are entitled to equal rights as to marriage, during marriage and at its dissolution.
2. Marriage shall be entered into only with the free and full consent of the intending spouses.
3. The family is the natural and fundamental group unit of society and is entitled to protection by society and the State.

Article 17

1. Everyone has the right to own property alone as well as in association with others.
2. No one shall be arbitrarily deprived of his property.

Article 18

Everyone has the right to freedom of thought, conscience and religion; this right includes freedom to change his religion or belief, and freedom, either alone or in community with others and in public or private, to manifest his religion or belief in teaching, practice, worship and observance.

Article 19

Everyone has the right to freedom of opinion and expression; this right includes freedom to hold opinions without interference and to seek, receive and impart information and ideas through any media and regardless of frontiers.

Article 20

1. Everyone has the right to freedom of peaceful assembly and association.
2. No one may be compelled to belong to an association.

Article 21

1. Everyone has the right to take part in the government of his country, directly or through freely chosen representatives.
2. Everyone has the right to equal access to public service in his country.
3. The will of the people shall be the basis of the authority of government; this will shall be expressed in periodic and genuine elections which shall be by universal and equal suffrage and shall be held by secret vote or by equivalent free voting procedures.

Article 22

Everyone, as a member of society, has the right to social security and is entitled to realization, through national effort and international co-operation and in accordance with the organization and resources of each State, of the economic, social and cultural rights indispensable for his dignity and the free development of his personality.

Article 23

1. Everyone has the right to work, to free choice of employment, to just and favourable conditions of work and to protection against unemployment.
2. Everyone, without any discrimination, has the right to equal pay for equal work.
3. Everyone who works has the right to just and favourable remuneration ensuring for himself and his family an existence worthy of human dignity, and supplemented, if necessary, by other means of social protection.
4. Everyone has the right to form and to join trade unions for the protection of his interests.

Article 24

Everyone has the right to rest and leisure, including reasonable limitation of working hours and periodic holidays with pay.

Article 25

1. Everyone has the right to a standard of living adequate for the health and well-being of himself and of his family, including food, clothing, housing and medical care and necessary social services, and the right to security in the event of unemployment, sickness, disability, widowhood, old age or other lack of livelihood in circumstances beyond his control.
2. Motherhood and childhood are entitled to special care and assistance. All children, whether born in or out of wedlock, shall enjoy the same social protection.

Article 26

1. Everyone has the right to education. Education shall be free, at least in the elementary and fundamental stages. Elementary education shall be compulsory. Technical and professional education shall be made generally available and higher education shall be equally accessible to all on the basis of merit.
2. Education shall be directed to the full development of the human personality and to the strengthening of respect for human rights and fundamental freedoms. It shall promote understanding, tolerance and friendship among all nations, racial or religious groups, and shall further the activities of the United Nations for the maintenance of peace.
3. Parents have a prior right to choose the kind of education that shall be given to their children.

Article 27

1. Everyone has the right freely to participate in the cultural life of the community, to enjoy the arts and to share in scientific advancement and its benefits.

2. Everyone has the right to the protection of the moral and material interests resulting from any scientific, literary or artistic production of which he is the author.

Article 28

Everyone is entitled to a social and international order in which the rights and freedoms set forth in this Declaration can be fully realized.

Article 29

1. Everyone has duties to the community in which alone the free and full development of his personality is possible.
2. In the exercise of his rights and freedoms, everyone shall be subject only to such limitations as are determined by law solely for the purpose of securing due recognition and respect for the rights and freedoms of others and of meeting the just requirements of morality, public order and the general welfare in a democratic society.
3. These rights and freedoms may in no case be exercised contrary to the purposes and principles of the United Nations.

Article 30

Nothing in this Declaration may be interpreted as implying for any State, group or person any right to engage in any activity or to perform any act aimed at the destruction of any of the rights and freedoms set forth herein.

한국어 공식 번역문

세계인권선언

전문

모든 인류 구성원의 천부의 존엄성과 동등하고 양도할 수 없는 권리를 인정하는 것이 세계의 자유, 정의 및 평화의 기초이며,

인권에 대한 무시와 경멸이 인류의 양심을 격분시키는 만행을 초래하였으며, 인간이 언론과 신앙의 자유, 그리고 공포와 결핍으로부터의 자유를 누릴 수 있는 세계의 도래가 모든 사람들의 지고한 열망으로서 천명되어 왔으며,

인간이 폭정과 억압에 대항하는 마지막 수단으로서 반란을 일으키도록 강요받지 않으려면, 법에 의한 통치에 의하여 인권이 보호되어야 하는 것이 필수적이며,

국가 간에 우호관계의 발전을 증진하는 것이 필수적이며,

국제연합의 모든 사람들은 그 헌장에서 기본적 인권, 인간의 존엄과 가치, 그리고 남녀의 동등한 권리에 대한 신념을 재확인하였으며, 보다 폭넓은 자유 속에서 사회적 진보와 보다 나은 생활수준을 증진하기로 다짐하였고,

회원국들은 국제연합과 협력하여 인권과 기본적 자유의 보편적 존중과 준수를 증진할 것을 스스로 서약하였으며,

이러한 권리와 자유에 대한 공통의 이해가 이 서약의 완전한 이행을 위하여 가장 중요하므로,

이에,

국제연합총회는,

모든 개인과 사회 각 기관이 이 선언을 항상 유념하면서 학습 및 교육을 통하여 이러한 권리와 자유에 대한 존중을 증진하기 위하여 노력하며, 국내적 그리고 국제적인 점진적 조치를 통하여 회원국 국민들 자신과 그 관할 영토의 국민들 사이에서 이러한 권리와 자유가 보편적이고 효과적으로 인식되고 준수되도록 노력하도

록 하기 위하여, 모든 사람과 국가가 성취하여야 할 공통의 기준으로서 이 세계인권선언을 선포한다.

제1조

모든 인간은 태어날 때부터 자유로우며 그 존엄과 권리에 있어 동등하다. 인간은 천부적으로 이성과 양심을 부여받았으며 서로 형제애의 정신으로 행동하여야 한다.

제2조

모든 사람은 인종, 피부색, 성, 언어, 종교, 정치적 또는 기타의 견해, 민족적 또는 사회적 출신, 재산, 출생 또는 기타의 신분과 같은 어떠한 종류의 차별이 없이, 이 선언에 규정된 모든 권리와 자유를 향유할 자격이 있다. 더 나아가 개인이 속한 국가 또는 영토가 독립국, 신탁통치지역, 비자치지역이거나 또는 주권에 대한 여타의 제약을 받느냐에 관계없이, 그 국가 또는 영토의 정치적, 법적 또는 국제적 지위에 근거하여 차별이 있어서는 아니된다.

제3조

모든 사람은 생명과 신체의 자유와 안전에 대한 권리를 가진다.

제4조

어느 누구도 노예 상태 또는 예속상태에 놓여지지 아니한다. 모든 형태의 노예제도와 노예매매는 금지된다.

제5조

어느 누구도 고문, 또는 잔혹하거나 비인도적이거나 굴욕적인 처우 또는 형벌을 받지 아니한다.

제6조

모든 사람은 어디에서나 법 앞에 인간으로서 인정받을 권리를 가진다.

제7조

모든 사람은 법 앞에 평등하며 어떠한 차별도 없이 법의 동등한 보호를 받을 권리를 가진다. 모든 사람은 이 선언에 위반되는 어떠한 차별과 그러한 차별의 선동으로부터 동등한 보호를 받을 권리를 가진다.

제8조

모든 사람은 헌법 또는 법률이 부여한 기본적 권리를 침해하는 행위에 대하여 권한 있는 국내법정에서 실효성 있는 구제를 받을 권리를 가진다.

제9조

어느 누구도 자의적으로 체포, 구금 또는 추방되지 아니한다.

제10조

모든 사람은 자신의 권리, 의무 그리고 자신에 대한 형사상 혐의에 대한 결정에 있어 독립적이며 공평한 법정에서 완전히 평등하게 공정하고 공개된 재판을 받을 권리를 가진다.

제11조

1. 모든 형사피의자는 자신의 변호에 필요한 모든 것이 보장된 공개 재판에서 법률에 따라 유죄로 입증될 때까지 무죄로 추정받을 권리를 가진다.
2. 어느 누구도 행위 시에 국내법 또는 국제법에 의하여 범죄를 구성하지 아니하는 작위 또는 부작위를 이유로 유죄로 되지 아니한다. 또한 범죄 행위 시에 적용될 수 있었던 형벌보다 무거운 형벌이 부과되지 아니한다.

제12조

어느 누구도 그의 사생활, 가정, 주거 또는 통신에 대하여 자의적인 간섭을 받거나 또는 그의 명예와 명성에 대한 비난을 받지 아니한다. 모든 사람은 이러한 간섭이나 비난에 대하여 법의 보호를 받을 권리를 가진다.

제13조

1. 모든 사람은 자국 내에서 이동 및 거주의 자유에 대한 권리를 가진다.
2. 모든 사람은 자국을 포함하여 어떠한 나라를 떠날 권리와 또한 자국으로 돌아올 권리를 가진다.

제14조

1. 모든 사람은 박해를 피하여 다른 나라에서 비호를 구하거나 비호를 받을 권리를 가진다.
2. 이러한 권리는 진실로 비정치적 범죄 또는 국제연합의 목적과 원칙에 위배되는 행위로 인하여 기소된 경우에는 주장될 수 없다.

제15조

1. 모든 사람은 국적을 가질 권리를 가진다.
2. 어느 누구도 자의적으로 자신의 국적을 박탈당하지 아니하며 자신의 국적을 변경할 권리가 부인되지 아니한다.

제16조

1. 성인 남녀는 인종, 국적 또는 종교에 따른 어떠한 제한도 없이 혼인하고 가정을 이룰 권리를 가진다. 그들은 혼인에 대하여, 혼인기간 중 그리고 혼인해소시에 동등한 권리를 향유할 자격이 있다.
2. 혼인은 장래 배우자들의 자유롭고 완전한 동의하에서만 성립된다.

3. 가정은 사회의 자연적이고 기초적인 단위이며, 사회와 국가의 보호를 받을 권리가 있다.

제17조

1. 모든 사람은 단독으로뿐만 아니라 다른 사람과 공동으로 재산을 소유할 권리를 가진다.
2. 어느 누구도 자의적으로 자신의 재산을 박탈당하지 아니한다.

제18조

모든 사람은 사상, 양심 및 종교의 자유에 대한 권리를 가진다. 이러한 권리는 종교 또는 신념을 변경할 자유와, 단독으로 또는 다른 사람과 공동으로 그리고 공적으로 또는 사적으로 선교, 행사, 예배 및 의식에 의하여 자신의 종교나 신념을 표명하는 자유를 포함한다.

제19조

모든 사람은 의견의 자유와 표현의 자유에 대한 권리를 가진다. 이러한 권리는 간섭 없이 의견을 가질 자유와 국경에 관계없이 어떠한 매체를 통해서도 정보와 사상을 추구하고, 얻으며, 전달하는 자유를 포함한다.

제20조

1. 모든 사람은 평화적인 집회 및 결사의 자유에 대한 권리를 가진다.
2. 어느 누구도 어떤 결사에 참여하도록 강요받지 아니한다.

제21조

1. 모든 사람은 직접 또는 자유로이 선출된 대표를 통하여 자국의 정부에 참여할 권리를 가진다.

2. 모든 사람은 자국에서 동등한 공무담임권을 가진다.

3. 국민의 의사가 정부 권능의 기반이다. 이러한 의사는 보통·평등 선거권에 따라 비밀 또는 그에 상당한 자유 투표절차에 의한 정기적이고 진정한 선거에 의하여 표현된다.

제22조

모든 사람은 사회의 일원으로서 사회보장을 받을 권리를 가지며, 국가적 노력과 국제적 협력을 통하여, 그리고 각 국가의 조직과 자원에 따라서 자신의 존엄과 인격의 자유로운 발전에 불가결한 경제적, 사회적 및 문화적 권리들을 실현할 권리를 가진다.

제23조

1. 모든 사람은 일, 직업의 자유로운 선택, 정당하고 유리한 노동 조건, 그리고 실업에 대한 보호의 권리를 가진다.
2. 모든 사람은 아무런 차별 없이 동일한 노동에 대하여 동등한 보수를 받을 권리를 가진다.
3. 노동을 하는 모든 사람은 자신과 가족에게 인간의 존엄에 부합하는 생존을 보장하며, 필요한 경우에 다른 사회보장방법으로 보충되는 정당하고 유리한 보수에 대한 권리를 가진다.
4. 모든 사람은 자신의 이익을 보호하기 위하여 노동조합을 결성하고, 가입할 권리를 가진다.

제24조

모든 사람은 노동시간의 합리적 제한과 정기적인 유급휴가를 포함하여 휴식과 여가의 권리를 가진다.

제25조

1. 모든 사람은 의식주, 의료 및 필요한 사회복지를 포함하여 자신과 가족의 건강과 안녕에 적합한 생활수준을 누릴 권리와, 실업, 질병, 장애, 배우자 사망, 노령 또는 기타 불가항력의 상황으로 인한 생계 결핍의 경우에 보장을 받을 권리를 가진다.
2. 어머니와 아동은 특별한 보호와 지원을 받을 권리를 가진다. 모든 아동은 적서에 관계없이 동일한 사회적 보호를 누린다.

제26조

1. 모든 사람은 교육을 받을 권리를 가진다. 교육은 최소한 초등 및 기초단계에서는 무상이어야 한다. 초등교육은 의무적이어야 한다. 기술 및 직업교육은 일반적으로 접근이 가능하여야 하며, 고등교육은 모든 사람에게 실력에 근거하여 동등하게 접근 가능하여야 한다.
2. 교육은 인격의 완전한 발전과 인권과 기본적 자유에 대한 존중의 강화를 목표로 한다. 교육은 모든 국가, 인종 또는 종교 집단 간에 이해, 관용 및 우의를 증진하며, 평화의 유지를 위한 국제연합의 활동을 촉진하여야 한다.
3. 부모는 자녀에게 제공되는 교육의 종류를 선택할 우선권을 가진다.

제27조

1. 모든 사람은 공동체의 문화생활에 자유롭게 참여하며 예술을 향유하고 과학의 발전과 그 혜택을 공유할 권리를 가진다.
2. 모든 사람은 자신이 창작한 과학적, 문학적 또는 예술적 산물로부터 발생하는 정신적, 물질적 이익을 보호받을 권리를 가진다.

제28조

모든 사람은 이 선언에 규정된 권리와 자유가 완전히 실현될 수 있도록 사회적, 국제적 질서에 대한 권리를 가진다.

제29조

1. 모든 사람은 그 안에서만 자신의 인격이 자유롭고 완전하게 발전할 수 있는 공동체에 대하여 의무를 가진다.
2. 모든 사람은 자신의 권리와 자유를 행사함에 있어, 다른 사람의 권리와 자유를 당연히 인정하고 존중하도록 하기 위한 목적과, 민주사회의 도덕, 공공질서 및 일반적 복리에 대한 정당한 필요에 부응하기 위한 목적을 위해서만 법에 따라 정하여진 제한을 받는다.
3. 이러한 권리와 자유는 어떠한 경우에도 국제연합의 목적과 원칙에 위배되어 행사되어서는 아니된다.

제30조

이 선언의 어떠한 규정도 어떤 국가, 집단 또는 개인에게 이 선언에 규정된 어떠한 권리와 자유를 파괴하기 위한 활동에 가담하거나 또는 행위를 할 수 있는 권리가 있는 것으로 해석되어서는 아니된다.

중국어 공식 번역문

世界人权宣言

序言

鉴于对人类家庭所有成员的固有尊严及其平等的和不移的权利的承认,乃是世界自由、正义与和平的基础,

鉴于对人权的无视和侮蔑已发展为野蛮暴行,这些暴行玷污了人类的良心,而一个人人享有言论和信仰自由并免予恐惧和匮乏的世界的来临,已被宣布为普通人民的最高愿望,

鉴于为使人类不致迫不得已铤而走险对暴政和压迫进行反叛,有必要使人权受法治的保护,

鉴于有必要促进各国间友好关系的发展,

鉴于各联合国国家的人民已在联合国宪章中重申他们对基本人权、人格尊严和价值以及男女平等权利的信念,并决心促成较大自由中的社会进步和生活水平的改善,

鉴于各会员国业已誓愿同联合国合作以促进对人权和基本自由的普遍尊重和遵行,

鉴于对这些权利和自由的普遍了解对于这个誓愿的充分实现具有很大的重要性,

因此现在,大会,发布这一世界人权宣言,作为所有人民和所有国家努力实现的共同标准,以期每一个人和社会机构经常铭念本宣言,努力通过教诲和教育促进对权利和自由的尊重,并通过国家的和国际的渐进措施,使这些权利和自由在各会员国本身人民及在其管辖下领土的人民中得到普遍和有效的承认和遵行;

第一条

人人生而自由,在尊严和权利上一律平等。他们赋有理性和良心,并应以兄弟关系的精神相对待。

第二条

人人有资格享有本宣言所载的一切权利和自由,不分种族、肤色、性别、语言、宗教、政治或其他见解、国籍或社会出身、财产、出生或其他身分等任何区别。

并且不得因一人所属的国家或领土的政治的、行政的或者国际的地位之不同而有所区别,无论该领土是独立领土、托管领土、非自治领土或者处于其他任何主权受限制的情况之下。

第三条

人人有权享有生命、自由和人身安全。

第四条

任何人不得使为奴隶或奴役;一切形式的奴隶制度和奴隶买卖,均应予以禁止。

第五条

任何人不得加以酷刑,或施以残忍的、不人道的或侮辱性的待遇或刑罚。

第六条

人人在任何地方有权被承认在法律前的人格。

第七条

法律之前人人平等，并有权享受法律的平等保护，不受任何歧视。人人有权享受平等保护，以免受违反本宣言的任何歧视行为以及煽动这种歧视的任何行为之害。

第八条

任何人当宪法或法律所赋予他的基本权利遭受侵害时，有权由合格的国家法庭对这种侵害行为作有效的补救。

第九条

任何人不得加以任意逮捕、拘禁或放逐。

第十条

人人完全平等地有权由一个独立而无偏倚的法庭进行公正的和公开的审讯，以确定他的权利和义务并判定对他提出的任何刑事指控。

第十一条

㈠ 凡受刑事控告者，在未经获得辩护上所需的一切保证的公开审判而依法证实有罪以前，有权被视为无罪。

㈡ 任何人的任何行为或不行为，在其发生时依国家法或国际法均不构成刑事罪者，不得被判为犯有刑事罪。刑罚不得重于犯罪时适用的法律规定。

第十二条

任何人的私生活、家庭、住宅和通信不得任意干涉，他的荣誉和名誉不得加以攻击。人人有权享受法律保护，以免受这种干涉或攻击。

第十三条

㈠ 人人在各国境内有权自由迁徙和居住。

㈡ 人人有权离开任何国家,包括其本国在内,并有权返回他的国家。

第十四条

㈠ 人人有权在其他国家寻求和享受庇护以避免迫害。

㈡ 在真正由于非政治性的罪行或违背联合国的宗旨和原则的行为而被起诉的情况下,不得援用此种权利。

第十五条

㈠ 人人有权享有国籍。

㈡ 任何人的国籍不得任意剥夺,亦不得否认其改变国籍的权利。

第十六条

㈠ 成年男女,不受种族、国籍或宗教的任何限制有权婚嫁和成立家庭。他们在婚姻方面,在结婚期间和在解除婚约时,应有平等的权利。

㈡ 只有经男女双方的自由和完全的同意,才能缔婚。

㈢ 家庭是天然的和基本的社会单元,并应受社会和国家的保护。

第十七条

㈠ 人人得有单独的财产所有权以及同他人合有的所有权。

㈡ 任何人的财产不得任意剥夺。

第十八条

人人有思想、良心和宗教自由的权利;此项权利包括改变他的宗教或信仰的自由,以及单独或集体、公开或秘密地以教义、实践、礼拜和戒律表示他的宗教或信仰的自由。

第十九条

人人有权享有主张和发表意见的自由;此项权利包括持有主张而不受干涉的自由,和通过任何媒介和不论国界寻求、接受和传递消息和思想的自由。

第二十条

㈠ 人人有权享有和平集会和结社的自由。

㈡ 任何人不得迫使隶属于某一团体。

第二十一条

㈠ 人人有直接或通过自由选择的代表参与治理本国的权利。

㈡ 人人有平等机会参加本国公务的权利。

㈢ 人民的意志是政府权力的基础;这一意志应以定期的和真正的选举予以表现,而选举应依据普遍和平等的投票权,并以不记名投票或相当的自由投票程序进行。

第二十二条

每个人,作为社会的一员,有权享受社会保障,并有权享受他的个人尊严和人格的自由发展所必需的经济、社会和文化方面各种权利的实现,这种实现是通过国家努力和国际合作并依照各国的组织和资源情况。

第二十三条

㈠ 人人有权工作、自由选择职业、享受公正和合适的工作条件并享受免于失业的保障。

㈡ 人人有同工同酬的权利，不受任何歧视。

㈢ 每一个工作的人，有权享受公正和合适的报酬，保证使他本人和家属有一个符合人的生活条件，必要时并辅以其他方式的社会保障。

㈣ 人人有为维护其利益而组织和参加工会的权利。

第二十四条

人人有享有休息和闲暇的权利，包括工作时间有合理限制和定期给薪休假的权利。

第二十五条

㈠ 人人有权享受为维持他本人和家属的健康和福利所需的生活水准，包括食物、衣着、住房、医疗和必要的社会服务；在遭到失业、疾病、残废、守寡、衰老或在其他不能控制的情况下丧失谋生能力时，有权享受保障。

㈡ 母亲和儿童有权享受特别照顾和协助。一切儿童，无论婚生或非婚生，都应享受同样的社会保护。

第二十六条

㈠ 人人都有受教育的权利，教育应当免费，至少在初级和基本阶段应如此。初级教育应属义务性质。技术和职业教育应普遍设立。高等教育应根据成绩而对一切人平等开放。

㈡ 教育的目的在于充分发展人的个性并加强对人权和基本自由的尊重。教育应促进各国、各种族或各宗教集团间的了解、容忍和友谊，并应促进联合国维护和平的各项活动。

㈢ 父母对其子女所应受的教育的种类，有优先选择的权利。

第二十七条

㈠ 人人有权自由参加社会的文化生活，享受艺术，并分享科学进步及其产生的福利。

㈡ 人人对由于他所创作的任何科学、文学或美术作品而产生的精神的和物质的利益，有享受保护的权利。

第二十八条

人人有权要求一种社会的和国际的秩序，在这种秩序中，本宣言所载的权利和自由能获得充分实现。

第二十九条

㈠ 人人对社会负有义务，因为只有在社会中他的个性才可能得到自由和充分的发展。

㈡ 人人在行使他的权利和自由时，只受法律所确定的限制，确定此种限制的唯一目的在于保证对旁人的权利和自由给予应有的承认和尊重，并在一个民主的社会中适应道德、公共秩序和普遍福利的正当需要。

㈢ 这些权利和自由的行使，无论在任何情形下均不得违背联合国的宗旨和原则。

第三十条

本宣言的任何条文，不得解释为默许任何国家、集团或个人有权进行任何旨在破坏本宣言所载的任何权利和自由的活动或行为。

각 장의 주

제1장 | 들어가며: 세계인권선언의 부활

1 Thorstein Veblen, "The Theory of the Leisure Class"(A Penn State Electronic Classics Series Publication, 1899/2003), Retrieved August 24, 2011, from http://www2.hn.psu.edu/faculty/jmanis/veblen/Theory-Leisure-Class.pdf

2 스테판 에셀, 『분노하라』, 임희근 옮김(돌베개, 2011).

3 Craig Parsons, *How to Map Arguments in Political Science* (Oxford: Oxford University Press, 2007).

4 Richard A. Falk, *Human Rights Horizons: The Pursuit of Justice in a Globalizing World* (London: Routledge, 2000).

5 UN, "The Universal Declaration of Human Rights: A Magna Carta for All Humanity" (Department of Public Information Press Kit, 1997), Retrieved September 24, 2011, from http://www.un.org/rights/50/carta.htm

6 Hazel Rowley, *Franklin and Eleanor: An Extraordinary Marriage* (2010, New York: Farrar, Straus and Giroux).

7 Falk, *Human Rights Horizons: The Pursuit of Justice in a Globalizing World.*

8 Mary Ann Glendon, *A World Made New: Eleanor Roosevelt and the Universal Declaration of Human Rights* (New York: Random House, 2001) pp. xv~xxi.

9 스테판 에셀, 『분노하라』, 37쪽.

10 Falk, *Human Rights Horizons: The Pursuit of Justice in a Globalizing World*, p. 59.

11 John Humphrey, "The 'Humphrey Draft': A Daft Outline of the International Bill of Human Rights(Prepared by the Division of Human Rights of the Secretariat)"(1947), in

M. A. Glendon, *A World Made New: Eleanor Roosevelt and the Universal Declaration of Human Rights* (New York: Random House, 2001); Mary Ann Glendon, "John P. Humphrey and the drafting of the Universal Declaration of Human Rights," *Journal of the History of International Law*, Vol. 2, No. 2(2000), pp. 250~260.

12 Réne Cassin, "The 'Cassin Draft': Suggestion submitted by the representative of France for articles of the International Declaration of Human Rights"(1947), in M. A. Glendon, *A World Made New: Eleanor Roosevelt and the Universal Declaration of Human Rights* (New York: Random House, 2001); A. J. Hobbins, "René Cassin and the daughter of time: The first draft of the Universal Declaration of Human Rights," *Fontanus*, Vol. 2(1989), pp. 7~26.

13 Glendon, *A World Made New: Eleanor Roosevelt and the Universal Declaration of Human Rights*.

14 제2장부터 제8장까지의 기본 골격은 다음 문헌에 나오는 세계인권선언 해설을 참고해 재구성한 것이다. 국제사면위원회 한국연락위원회 엮음, 『인권이란 무엇인가』(개정증보판, 물레출판사, 1988); 유네스코한국위원회 편역, 『인권이란 무엇인가: 유네스코와 세계인권선언의 발전과 역사』(오름, 1995); Jochen von Bernstorff, "The changing fortunes of the Universal Declaration of Human Rights: Genesis and symbolic dimensions of the turn to rights in international law," *European Journal of International Law*, Vol. 19, No. 5, pp. 903~924; Glendon, *A World Made New: Eleanor Roosevelt and the Universal Declaration of Human Rights*; Johannes Morsink, *The Universal Declaration of Human Rights: Drafting, Origins and Intent* (Philadelphia: University of Pennsylvania Press, 1999); Hilary Poole(ed), *Human Rights: The Essential Reference* (Phoenix: The Oryx Press, 1999); Jenna Reinbold, "Political myth and the sacred center of human rights: The Universal Declaration and the narrative of 'inherent human dignity'," *Human Rights Review*, Vol. 12, No. 2 (2011), pp. 147~171; Susan E. Waltz, "Universalizing human rights: The role of small states in the construction of the Universal Declaration of Human Rights," *Human Rights Quarterly*, Vol. 23, No. 1(2001), pp. 44~72; Susan E. Waltz, "Reclaiming and rebuilding the history of the Universal Declaration of Human Rights," *Third World Quarterly*, Vol. 23, No. 3 (2002), pp. 437~448; Carl Wellman, "The Universal Declaration: Ambiguous or amphibious?," *American Philosophical Association Newsletters*, Vol. 97, No. 2(1998).

1 Glendon, *A World Made New: Eleanor Roosevelt and the Universal Declaration of Human Rights*, pp. 173~175.

2 스테판 에셀, 『분노하라』, 15~16쪽.

3 정치철학에서의 '존엄' 개념에 대해서는 다음을 참조할 것. 장은주, 『'생존'에서 '존엄'으로: 비판이론의 민주주의 이론적 전개와 우리 현실』(나남. 2007).

4 Jeremy Bentham, "Anarchical fallacies: Being an examination of the Declaration of Rights issued during the French Revolution"(1843), in Jeremy Waldron(ed.). *'Nonsense upon Stilts': Bentham, Burke and Marx on the Rights of Man* (London: Methuen, 1987), p. 69; 조효제, 『인권의 문법』(후마니타스, 2007).

5 이 문제에 관해서는 다음의 종합적 연구를 참조할 것. 이재승, 『국가범죄: 한국 현대사를 관통하는 국가폭력과 그 법적 청산의 기록』(앨피, 2010).

6 Christopher McCrudden, "Human dignity and judicial interpretation of human rights," *The European Journal of International Law*, Vol. 19, No. 4(2008), pp. 655~724.

7 다음을 참조하라. 미셸린 이샤이, 『세계인권사상사』, 조효제 옮김(도서출판 길, 2005), 154~156쪽.

8 고병헌, 『평화교육사상』(학지사, 2006).

9 다음을 참조할 것. 미셸린 이샤이, 『세계인권사상사』, 358~359쪽.

10 존 로크, 『통치론: 시민정부의 참된 기원, 범위 및 그 목적에 관한 시론』, 강정인·문지영 옮김(까치, 1689/1996).

11 같은 책, 제13장 155절.

12 미셸린 이샤이, 『세계인권사상사』, 174~177쪽.

13 조효제, "인권 핵심으로 떠오른 '혁명권'", ≪한겨레≫(2011. 5. 21.), 17면.

14 Veronique Dudouet and Howard Clark, *Nonviolent Civic Action in Support of Human Rights and Democracy* (Brussels: European Parliament, 2009).

15 에이프릴 카터, 『직접행동: 21세기 민주주의, 거인과 싸우다』, 조효제 옮김(교양인, 2007).

16 Council for a Community of Democracies, "A diplomat's handbook for democracy development support," 2nd ed., Retrieved July 22, 2011, from http://www.diplomatshandbook.org/pdf/Diplomats_Handbook.pdf

17 Louis Henkin and Albert J. Rosenthal(eds.), *Constitutionalism and Rights: The Influence of the Unites States Constitution Abroad* (New York: Columbia University Press, 1990)

18 Hedley Bull, *The Anarchical Society* (Basingstoke: Macmillan, 1977).

19 이런 경향의 대표적인 주장으로는 다음을 참조할 것. Gerry Simpson, "The situation in the international legal theory front: The power of rules and the rule of power," *European Journal of International Law*, Vol. 11, No. 2(2000), pp. 439~464.

20 유엔헌장의 문구는 다음 웹페이지를 참조할 것. http://treaties.un.org/doc/Publication/CTC/uncharter.pdf

21 아마티아 센, 『자유로서의 발전』, 박우희 옮김(세종연구원, 2001).

22 J. B. Bury, *The Idea of Progress: An Inquiry into Its Origin and Growth* (Fairford: The Echo Library, 1920/2010); Lars Osberg, "Needs and wants: What is social progress and how should it be measured?," *The Review of Social Progress and Economic Performance*, Vol. 2 (2001), pp. 23~41.

23 대서양헌장은 다음 웹페이지를 참조할 것. http://usinfo.org/docs/democracy/53.htm

24 당시의 기본적인 설명은 다음을 참조할 것. Understanding Global Issues, *What Next for the UN?: The Challenges of Global Disorder* (The Runnings, heltenham: UGI, 1999).

25 국제연합선언문은 다음 웹페이지를 참조할 것. http://avalon.law.yale.edu/20th_century/decade03.asp

26 Paul Gordon Lauren, *The Evolution of International Human Rights: Visions Seen* (Philadelphia: University of Pennsylvania Press, 1998).

27 조효제, 『인권의 문법』, 21쪽.

28 다음을 참조할 것. 제임스 니켈, 『인권의 좌표』, 조국 옮김(명인문화사, 2010); 장은주, 『인권의 철학: 자유주의를 넘어 동서양이분법을 넘어』(새물결, 2010); 조효제, 『인권의 문법』, 제6장.

29 Jack Donnelly, *Universal Human Rights in Theory and Practice* (2nd ed., Ithaca, NY: Cornell University Press, 2003)..

30 Waltz, "Universalizing human rights: The role of small states in the construction of the Universal Declaration of Human Rights."

31 인권교육센터 '들', 『인권교육 날다! 인권교육 길잡~2』(사람생각, 2008).

32 김희수 외, 『검찰공화국, 대한민국』(삼인, 2011).

33 이런 주장 중 대표적인 논의로는 다음이 있다. 김인회, 「법조윤리, 무엇을 어떻게 교육할 것인가(1)」, ≪법학연구≫, 제11권 2호(2008), 223~248쪽.

34 다음 웹페이지를 참조할 것. http://www.ohchr.org/EN/UDHR/Pages/Introduction.aspx

1 '역사의 되울림(historical echoes)'이라는 표현은 다음에서 빌려 왔다. 나오미 울프, 『미국의 종말』, 김민웅 옮김(프레시안북, 2008).

2 Jean Jacques Rousseau, "The Social Contract or Principles of Political Right"(1762), translated by G. D. H. Cole, Retrieved July 26, 2011, from http://www.constitution.org/jjr/socon.htm

3 이언 커쇼, 『히틀러 2: 몰락 1936~1945』, 이희재 옮김(교양인, 2010).

4 Glendon, *A World Made New: Eleanor Roosevelt and the Universal Declaration of Human Rights*, 67쪽.

5 제임스 레게(James Legge) 이래의 전통에 따르면, '인'은 'benevolence' 또는 'humaneness'로 번역되었다. 『논어』의 영역본은 다음 웹페이지에서 볼 수 있다. http://ebooks.adelaide.edu.au/c/confucius/c748a/

6 "樊遲問仁. 子曰: 愛人(번지가 인을 여쭈었다. 공자께서 말씀하시었다. "사람을 사랑하는 것이다."). 『논어』, 「안연」. 다음을 보라. 김용옥, 『논어한글역주 III』(통나무, 2008), 336쪽.

7 보울스·에드워즈·루스벨트, 『자본주의 이해하기』, 최정규·최민식·이강국 옮김(후마니타스, 2009); ≪한겨레≫, "이기심보다 정의가 큰 역할… 주류 경제학 틀렸다", 2011년 4월 21일 자.

8 홍성우·한인섭, 『인권변론 한 시대: 홍성우변호사의 증언』(경인문화사, 2011).

9 Hilary Poole(ed), *Human Rights: The Essential Reference* (Phoenix: The Oryx Press, 1999).

10 Teresa Świebocka, Henryk Świebocki and Adam Bujak(photo), *Auschwitz: The Residence of Death*, translated by William Brand(6th ed., Krakow-Oswiecim: Auschwitz-Birkenau State Museum, 2007).

11 C. Wright Mills, *The Power Elite* (New York: Oxford University Press, 1956).

12 조희연, 「한국적 '급진민주주의론'의 개념적·이론적 재구축을 위한 일 연구: 자본주의와 사회적 차별질서를 넘어서는 '민주주의적 변혁주의' 탐색」, ≪급진민주주의 리뷰 데모스≫, 제1호(2011), 21~112쪽.

13 폴 슈메이커, 『진보와 보수의 12가지 이념: 다원적 공공정치를 위한 철학』, 조효제 옮김(후마니타스, 2010).

14 다음 지도를 참고하라. http://en.wikipedia.org/wiki/File:Decolonization_-_World_In_1945_en.svg

15 V. I. Lenin, "Imperialism, the highest stage of capitalism: A popular outline"(1917),

Retrieved July 26, 2011, from http://magister.msk.ru/library/lenin/lenin02e.htm

16 국제인권규약을 포함한 국제인권법 문헌들은 다음을 참조할 것. 정인섭 편역, 『국제인권조약집』(증보판, 경인문화사, 2008).

제4장 | 인권의 첫째 기둥

1 미셸린 이샤이, 『세계인권사상사』, 특히 제10장, 352~356쪽.

2 나치와 일본제국주의자의 전쟁범죄 기록물에 관해서는 다음을 참조할 것. Interagency Working Group, "Nazis war crimes & Japanese Imperial Government records: Final report to the United States Congress"(2007), Retrieved July 29, 2011, from http://www.loc.gov/rr/frd/Military_Law/pdf/NaziWarCrimes_Japanese-Records.pdf

3 임신중절에 관해 법철학적으로 접근한 가장 중요한 논의로는 다음이 있다. 로널드 드워킨, 『생명의 지배영역: 낙태, 안락사, 그리고 개인의 자유』, 박경신·김지미 옮김(이화여자대학교 생명의료법연구소, 2008).

4 폴 슈메이커, 『진보와 보수의 12가지 이념: 다원적 공공정치를 위한 철학』.

5 국제사면위원회 한국연락위원회 엮음, 『사형제도의 이론과 실제』(까치, 1989); 유석성, 『사형과 인간의 존엄』(한들출판사, 2004); 스콧 터로, 『극단의 형벌: 사형의 비인간성에 대한 인간적 성찰 』, 정영목 옮김(교양인, 2004).

6 정인섭 편역, 『국제인권조약집』, 72~77쪽.

7 주경철, "바야돌리드 논쟁: 유럽의 고민 '인디오는 노예인가, 인간인가'", ≪한겨레≫, 2008년 3월 1일 자.

8 노예제금지협정문은 다음 웹페이지를 참조할 것. www2.ohchr.org/english/law/pdf/slavery.pdf

9 장 메이에, 『흑인노예와 노예상인: 인류 최초의 인종차별』, 지현 옮김(시공사, 1998).

10 Jean Jacques Rousseau, "The Social Contract or Principles of Political Right."

11 정진성, 『일본군 성노예제: 일본군 위안부 문제의 실상과 그 해결을 위한 운동』(서울대학교출판부, 2004).

12 '인신매매금지 및 타인의 매춘행위에 의한 착취금지에 관한 협약' 원문은 다음 웹페이지를 참조할 것. http://www2.ohchr.org/english/law/trafficpersons.htm

13 케빈 베일스, 『일회용 사람들: 글로벌 경제시대의 새로운 노예제』, 편동원 옮김(이소출판사, 2003).

14 현대의 새로운 노예 상황에 대한 심층 보도로는 다음 웹페이지에 실린 기사들을 참조할 것. http://news.bbc.co.uk/2/hi/in_depth/world/slavery/default.stm

15 조효제, 「참여의 예술, 변혁의 과학: 지속가능한 NGO운동의 모색」(2000).

16 다음 웹페이지를 참조할 것. http://www.antislavery.org.uk/english/

17 정인섭 편역, 『국제인권조약집』, 137쪽.

18 미셸 푸코, 『감시와 처벌: 감옥의 역사』, 오생근 옮김(나남, 2003).

19 체사레 백카리아, 『체사레 백카리아의 범죄와 형벌』, 한인섭 신역(박영사, 2010), 제16장 「고문」. 참고로 이 책 『인권을 찾아서』에서는 외래어표기법에 따라 '베카리아'로 표기했다.

20 Colin Woodard, "The history of torture: Why we can't give it up," *HistoryNet*, August 9, 2011, Retrieved August 24, 2011, from http://www.historynet.com/the-history-of-torture%E2%80%94why-we-cant-give-it-up.htm/1

21 고문 근절 운동에 관한 가장 종합적인 지침서로는 다음을 참조할 것. Amnesty International, *Combating Torture: A Manual for Action* (London: Amnesty International Publications, 2003).

22 다음을 보라. 조효제 편역, 『앰네스티 정책편람』(국제앰네스티 한국지부, 1992), 44~47쪽; Amnesty International, *Combating Torture: A Manual for Action*, p. 263.

23 보편적 관할권에 관한 종합적인 설명은 다음을 참조할 것. Wolfgang Kaleck, "From Pinochet to Rumsfeld: Universal jurisdiction in Europe 1998~2008," *Michigan Journal of International Law*, Vol. 30, No. 3(2009), pp. 927~980.

24 이 사건을 둘러싼 인권의 정치적 다이내믹에 대해서는 다음을 참조할 것. 조효제, 「인권의 정치학: 피노체트 사건을 중심으로」, ≪인권과 평화≫, 제1권 1호(2000), 1~33쪽.

25 홍성우·한인섭, 『인권변론 한 시대: 홍성우변호사의 증언』(경인문화사, 2011).

26 악셀 호네트, 『인정투쟁: 사회적 갈등의 도덕적 형식론』, 문성훈·이현재 옮김(사월의 책, 2011).

27 Bryant Smith, "Legal personality," *Yale Law Journal*, Vol. 37, No. 3(1928), pp. 283~299.

28 한나 아렌트, 『예루살렘의 아이히만』, 김선욱 옮김(한길사, 2006).

29 Anthony Read and David Fisher, *The Fall of Berlin* (New York: W. W. Norton, 1992).

30 Eva Brems, "Enemies or Allies?: Feminism and Cultural Relativism as Dissident Voices in Human Rights Discourse," *Human Rights Quarterly*, Vol. 19, No. 1, pp. 136~164.

31 Dong-Choon Kim, "The long road toward truth and reconciliation: Unwavering attempts to achieve justice in South Korea," *Critical Asian Studies*, Vol. 42, No. 4(2010), pp. 525~552.

32 청소년들에게 이 문제를 다룬 성장소설을 한 권 추천한다. 홍기, 『누미 누나』(바오로딸,

2001).

33 UN Committee on Economic, Social and Cultural Rights, "The right to effective remedies: Review of Canada's Fourth and Fifth Periodic Reports under the ICESCR" (2006), Retrieved July 31, 2011, from http://www2.ohchr.org/english/bodies/cescr/docs/info-ngos/CCPI.pdf

34 BBC World Service, "Article 8: Right for all to effective remedy by competent tribunal," Retrieved July 31, 2011, from http://www.bbc.co.uk/worldservice/people/features/ihavearightto/four_b/casestudy_art08.shtml

35 Janet E. Findlater, Cheryllee Finney and Hermina Kramp, *The Michigan Law Enforcement Response to Domestic Violence: Officer Manual* (3rd ed., Lansing: Michigan Commission on Law Enforcement Standards, 2004).

36 Angelica Zamora, "Right of the displaced population in Colombia to an effective remedy," *The Human Rights Brief*, 7 April, 2011, Retrieved July 30, 2011, from http://hrbrief.org/2011/04/right-of-the-displaced-population-in-colombia-to-an-effective-remedy/

37 Amnesty International, "Enforced disappearances," Retrieved July 31, 2011, from http://www.amnesty.org/en/enforced-disappearances

38 유엔 자의적 구금에 관한 실무그룹의 다음 설명을 참조할 것. http://www2.ohchr.org/english/about/publications/docs/fs26.htm#A3

39 Forefront, "'Continuing the Struggle': Human Rights Defenders in Exile"(New York: Forefront, 2005), p. 3.

40 Vanessa Lesnie, *What is a Fair Trial?: A Basic Guide to Legal Standards and Practice* (New York: Lawyers Committee for Human Rights, 2000).

41 Kenneth Pennington, "Innocent until proven guilty: The origins of a legal maxim" (1999), Retrieved August 1, 2011, from http://classes.maxwell.syr.edu/his381/InnocentuntilGuilty.htm

42 EU Commission, "Green Paper on the Presumption of Innocence"(2006), Retrieved August 1, 2011, from http://eur-lex.europa.eu/smartapi/cgi/sga_doc?smartapi!celexplus!prod!DocNumber&lg=en&type_doc=COMfinal&an_doc=2006&nu_doc=174

43 Patricia J. Williams, "L'affaire DSK: Presumption of innocence lost," *The Nation*, 24 May, 2011, Retrieved August 1, 2011, from http://www.thenation.com/blog/160895/laffaire-dsk-presumption-innocence-lost

1 보토모어가 해설을 붙인 다음 판을 보라. T. H. Marshall and Tom Bottomore, *Citizenship and Social Class* (London: Pluto, 1992).

2 April Carter, *The Political Theory of Global Citizenship* (London: Routledge, 2001).

3 조효제, 『인권의 문법』, 77쪽.

4 『신약성경』(2005), 419쪽.

5 『성 꾸란: 의미의 한국어 번역』, 최영길 옮김(메디나: 파하드 국장 성 꾸란 출판청, 이슬람력 1417년).

6 U.S. Department of State, "2010 Human Rights Report: Singapore"(2011. 4. 8.), Retrieved August 1, 2011, from http://www.state.gov/g/drl/rls/hrrpt/2010/eap/154401.htm

7 Privacy International, "Privacy and Human Rights 2006: An International Survey of Privacy Laws and Developments"(2007), Retrieved August 1, 2011, from https://www.privacyinternational.org/phr

8 안상운, 『명예훼손이란 무엇인가』(살림, 2011), 86쪽.

9 Henley and Partners, "International Visa Restrictions," Retrieved August 2, 2011, from https://www.henleyglobal.com/fileadmin/pdfs/content/hvri2010_globalRanking.pdf

10 Dimitry Kochenov, "The right to leave any country," in Sir Richard Plender(ed.). *International Migration Law* (The Hague: Martinus Nijhoff, 2012, Forthcoming), p. 3, Retrieved August 2, 2011, from http://papers.ssrn.com/sol3/papers.cfm?abstract_id=1847769.

11 인간의 국제적 이동과 이주에 관한 설명으로는 다음을 참조할 것. 데이비드 헬드 외, 『전지구적 변환』, 조효제 옮김(창작과비평사, 2002), 제6장.

12 정인섭 편역, 『국제인권조약집』, 473~498쪽.

13 유엔난민고등판무관실의 다음 웹페이지를 참조할 것. UN High Commissioner for Refugees, "Q&A: Reaching out to refugees persecuted for sexual orientation, gender identity"(2011. 6. 29.). Retrieved August 2, 2011, from http://www.unhcr.org/4e0adced9.html

14 여성생식기절제와 난민 인정 기준 설정에 대해서는 유엔난민고등판무관실의 다음 지침을 참조할 것. UN High Commissioner for Refugees, "Guidance Note on Refugee Claims relating to Female Genital Mutilation"(2009). Retrieved August 1, 2011, from http://www.unhcr.org/refworld/docid/4a0c28492.html

15 홍세화, 『나는 빠리의 택시운전사』(개정판, 창작과비평사, 2006).

16 Hannah Arendt, *The Origins of Totalitarianism* (New York: Harcourt Brace Jovanovich, 1951/1973).

17 Sub-Commission on the Promotion and Protection of Human Rights, "The Right to seek and enjoy asylum"(2000), Retrieved August 2, 2011, from http://www.unhcr.org/refworld/pdfid/3dda65824.pdf.

18 다음 문서에 있는 미국 이민 당국의 공식 설명을 참조할 것. USA Visa and Immigration Resources, "Asylum and refugee law," Retrieved August 21, 2011, from http://usavisa.tv/asylum_and_refugee.asp

19 다음을 참조할 것. Refugee Council, "Background information on refugees and asylum seekers," Retrieved August 21, 2011, from http://www.refugeecouncil.org.au/docs/news&events/RW_Background_Information.pdf

20 Robin Cohen and Paul Kennedy, *Global Sociology* (2nd ed. New York: New York University Press, 2007), p. 127.

21 Council of Europe, "The Right to a Nationality"(2009), Retrieved August 2, 2011, from http://www.coe.int/t/dghl/standardsetting/nationality/nationality_enA3.pdf

22 BBC World Service, "Article 15: Right to nationality," Retrieved August, 2, 2011, from http://www.bbc.co.uk/worldservice/people/features/ihavearightto/four_b/casestudy_art15.shtml

23 Briana Weadock, "Disciplining marriage: Gender, power and resistance"(American Sociological Association, 2004), Retrieved August 2, 2011, from http://www.allacademic.com/meta/p110303_index.html

24 다음 기사를 참조할 것. Nicholas Confessore and Michael Barbaro, "New York allows same-sex marriage, largest state to pass law," *The New York Times*, June 6, 2011.

25 교황 요한바오로 2세, 『가정공동체(Familiaris Consortio)』, 오경환 옮김(한국천주교중앙협의회, 1983), 13쪽.

26 이어지는 내용은 다음 논문의 제1절을 요약한 것이다. 조효제, 「인권경영의 모색: 쟁점과 비판」, ≪아세아연구≫, 제51권 3호(2008), 128~160쪽.

27 존 로크, 『통치론: 시민정부의 참된 기원, 범위 및 그 목적에 관한 시론』, 제5장 25~51절, 제15장 173절.

28 Ulrich Duchrow, "Capitalism and human rights," in Rhona K.M. Smith and Christien van den Anker(eds). *The Essentials of Human Rights* (London: Hodder Arnold, 2005).

29 Donnelly, *Universal Human Rights in Theory and Practice*, pp. 58~65.

30 Lauren, *The Evolution of International Human Rights: Visions Seen*; Poole, *Human Rights:*

The Essential Reference.

31 Edward Lawson, *Encyclopedia of Human Rights* (2nd ed., Washington D.C.: Taylor & Francis, 1996).

제6장 | 인권의 셋째 기둥

1 조효제, 『인권의 문법』, 「제4장 비판이론 I: 사회주의」.

2 Andrei Y. Vyshinsky, *The Law of the Soviet State*, translated by Hugh W. Babb(New York: The Macmillan Company, 1948).

3 Glendon, *A World Made New: Eleanor Roosevelt and the Universal Declaration of Human Rights*, p. 184.

4 Ralph Miliband, *Marxism and Politics*(Oxford: Oxford University Press, 1977), pp. 189~190.

5 폴 슈메이커, 『진보와 보수의 12가지 이념: 다원적 공공정치를 위한 철학』.

6 조국, 『양심과 사상의 자유를 위하여』(책세상, 2001).

7 박원순, 『국가보안법연구』(역사비평사, 1992).

8 안경환·장복희 엮음, 『양심적 병역거부』(사람생각, 2002).

9 이런 논쟁에 관해서는 다음을 참조할 것. 토마스 머튼, 『머튼의 평화론: 전쟁과 평화에 관한 토마스 머튼의 예언적 유고』, 조효제 옮김(분도출판사, 2006).

10 미셸린 이샤이, 『세계인권사상사』, 354쪽.

11 Forum 18. "Freedom of religion: a report with special emphasis on the right to choose religion and registration systems"(Oslo: Forum 18, 2001), Retrieved August 3, 2011, from http://www.forum18.org/PDF/freedomofreligion.pdf

12 Samuel P. Huntington, "The clash of civilizations?," *Foreign Affairs*, Vol. 72, No. 3 (1993), pp. 22~49.

13 Christian Solidarity Worldwide, "No Place to Call Home: Experiences of Apostates from Islam, Failures of the International Community"(2008), Retrieved August 3, 2011, from http://docs-eu.livesiteadmin.com/46f162cb-fcac-4198-bfa3-9b94cfaa8668/csw-briefing-apostasy-april-2008.pdf

14 John Milton, *Areopagitica*. With a Commentary by Sir Richard C. Jebb(Cambridge: Cambridge University Press, 1644/1918), pp. 56~57.

15 존 B. 베리, 『사상의 자유의 역사』, 박홍규 옮김(바오, 2005).

16 조효제, 『인권의 문법』, 155쪽.

17 Fareed Zakaria, "The rise of illiberal democracy," *Foreign Affairs*, Vol. 76, No. 6(1997), pp. 22~43.

18 자카리아의 논리에 대한 반박으로는 다음을 참조할 것. Marc F. Plattner, "Liberalism and democracy: Can't have one without the other," *Foreign Affairs*, Vol. 77, No. 2(1998), pp. 171~180.

19 이경자, "부적합한 인물의 부적절한 문제제기", ≪한겨레≫, 2011년 8월 3일 자, 30면; 홍성수, "성기 사진 하나 감당 못하는 사회인가?", ≪한겨레≫, 2011년 8월 3일 자, 30면.

20 에이프릴 카터, 『직접행동: 21세기 민주주의, 거인과 싸우다』.

21 Michael Ignatieff, "On civil society: Why Easter Europe's revolutions could succeed," *Foreign Affairs*, Vol. 74, No. 2(1995), pp. 128~136. 동구에서의 시민사회를 통상적 개념과 지역 특정 개념으로 분리해서 고찰한 연구로는 다음을 참조할 것. Marek Skovajsa, "Independent and broader civil society in East-Central European democratizations," *Taiwan Journal of Democracy*, Vol. 4, No. 2(2008), pp. 47~73.

22 Thomas M. Franck, "The emerging right to democratic governance," *The American Journal of International Law*, Vol. 86, No. 1(1992), pp. 46~91, 79.

23 Ralph Wilde, "An analysis of the Universal Declaration of Human Rights," in H. Poole(ed.). *Human Rights: The Essential Reference* (Phoenix: The Oryx Press, 1999), p. 103.

24 유엔자유권위원회의 다음 일반 논평을 참고할 것. UN Human Rights Committee, "General Comment No. 25: The right to participate in public affairs, voting rights and the right of equal a to public service(Art. 25)"(1996), Retrieved August 3, 2011, from http://www.unhchr.ch/tbs/doc.nsf/(Symbol)/d0b7f023e8d6d9898025651e004bc0eb?Opendocument

25 이런 식의 해석으로는 다음을 참조할 것. http://www.hrbatoolkit.org/wp-content/uploads/2011/03/PDF-Right-to-Equal-Access-to-Public-Service.-12-March-2010.pdf

26 Hyo-Je Cho, "Human rights as a qualifier and a catalyst for Korea's democracy," in Hsin-Huang Michael Hsiao(ed.). *Asian New Democracies: The Philippines, South Korea and Taiwan Compared* (Taipei: Taiwan Foundation for Democracy Foundation, 2006).

제7장 | 인권의 넷째 기둥

1 Johannes Morsink, *The Universal Declaration of Human Rights: Drafting, Origins and Intent* (Philadelphia: University of Pennsylvania Press, 1999).

2 Glendon, *A World Made New: Eleanor Roosevelt and the Universal Declaration of Human*

Rights.

3 정원오, 『복지국가』(책세상, 2011).

4 이영환, 「인권과 사회복지」, 김동춘·한홍구·조효제 엮음, 『편견을 넘어 평등으로: 인권을 위한 강의』(창비, 2006).

5 다음 기사는 이 부분을 요약한 것이다. 조효제, "복지를 '권리'로 본 세계인권선언". ≪한겨레≫, 2011년 8월 13일 자, 14면.

6 보고서의 내용은 다음 웹페이지를 참조할 것. http://www.sochealth.co.uk/history/beveridge.htm. 보고서의 기원과 결과에 관해서는 다음을 참조할 것. Brian Abel-Smith, "The Beverage Report: Its Origins and Outcomes," *International Social Security Review*, Vol. 45, Iss. 1-2(1992), pp. 5~16.

7 이후 다섯 항목에 관한 개별적인 연구들이 많이 나와 있다. 한 가지만 예를 들자면, 주거권은 다음을 참조할 것. 손낙구, 『부동산 계급사회』(후마니타스, 2008).

8 다음의 놀라운 연구 결과를 참조할 것. James Gilligan, *Why Some Politicians are More Dangerous Than Others* (Cambridge: Polity, 2011).

9 이런 관점을 종합적으로 정리한 책으로는 다음을 참조할 것. Pogge, Thomas, *World Poverty and Human Rights: Cosmopolitan Responsibilities and Reforms* (Cambridge: Polity, 2002).

10 샌드라 프레드먼, 『인권의 대전환: 인권공화국을 위한 법과 국가의 역할』, 조효제 옮김 (교양인, 2009).

11 Paul Halsall, 1997. "Modern History Sourcebook: Louis Blanc: The Organisation of Labour, 1840." Retrieved August 5, 2011, http://www.fordham.edu/halsall/mod/1840blanc.asp

12 미셸린 이샤이, 『세계인권사상사』, 220쪽.

13 이런 식의 비판으로, 가장 선구적인 연구로는 다음이 있다. Fiona Williams, *Social Policy: A Critical Introduction: Issues of Race, Gender and Class* (Cambridge: Polity, 1989).

14 김진숙, 『소금꽃나무』(후마니타스, 2007), 265쪽.

15 세계이슬람인권선언의 전문은 다음 웹페이지에서 볼 수 있다. http://www.alhewar.com/ISLAMDECL.html

16 Paul Lafargue, "The Right to be Lazy"(1883), Retrieved August 5, 2011, from http://www.marxists.org/archive/afargue/1883/lazy/index.htm

17 다음 웹페이지를 참조할 것. http://blog.peoplepower21.org/Welfare/41553

18 Nicholas Timmins, *The Five Giants: A Biography of the Welfare State* (Revised ed., New York: Harper Collins, 2001).

19 김중섭 엮음, 『한국 어린이·청소년의 인권: 진주지역 사례연구』(오름, 2002).

20 스웨덴 복지국가에 관한 가장 종합적인 안내서로는 다음이 있다. 신필균, 『복지국가 스웨덴』(후마니타스, 2011).

21 Geoffrey J. Giles, "Educational policy in Nazis Germany," *The Review of Education*, Vol. 11, No. 2(1985), pp. 91~96.

22 인종주의에 관한 종합적 설명으로는 다음이 있다. 박경태, 『인종주의』(책세상, 2009).

23 원문은 다음을 참조할 것. UN Educational, Scientific and Cultural Organization, "Recommendation Concerning Education for International Understanding, Co-operation and Peace and Education Relating to Human Rights and Fundamental Freedoms"(UNESCO, 1974).

24 정인섭 편역, 『국제인권조약집』.

제8장 | 인권의 지붕

1 이런 경향에 대한 경고로는 다음을 참조할 것. Mary Ann Glendon, *Rights Talk: The Impoverishment of Political Discourse* (New York: Free Press, 1991).

2 조효제, 『인권의 문법』, 115쪽.

3 Donnelly, *Universal Human Rights in Theory and Practice*, pp. 58~65.

4 Lawson, *Encyclopedia of Human Rights*.

5 Ralph Wilde, "An analysis of the Universal Declaration of Human Rights," in H. Poole(ed.). *Human Rights: The Essential Reference* (Phoenix: The Oryx Press, 1999).

6 Manfred Nowak and Julia Kozma, *A World Court of Human Rights* (Vienna: University of Vienna, 2009).

7 Andrew Clapham, *Human Rights Obligations of Non-State Actors* (Oxford: Oxford University Press, 2006).

8 안하이어·칼도어·글라시우스, 『지구시민사회: 개념과 현실』, 조효제·진영종 옮김(아르케, 2004).

9 Tom Hewitt, "Half a century of development," in T. Allen and A. Thomas(eds). *Poverty and Development into the 21st Century* (Oxford: Oxford University Press, 2000).

10 관련 선언문은 다음을 참조할 것. http://www.un-documents.net/s6r3201.htm

11 발전권리선언의 원문은 다음을 참조할 것. http://www2.ohchr.org/english/law/rtd.htm

12 발전권의 이론과 실제에 대해서는 다음을 참조할 것. 안드레아센·마크스, 『인권을 생각하는 개발지침서』, 양영미·김신 옮김(후마니타스, 2010).

13 이런 식으로 권리와 의무를 대응해놓은 인권문헌 중 대표적인 것으로 몬트리올헌장을 들 수 있다. 다음을 참조할 것. http://ville.montreal.qc.ca/pls/portal/docs/page/librairie_fr/documents/charte_droits_en.pdf

14 '인간의 의무와 책임 선언'의 텍스트는 다음 웹페이지를 참조할 것. http://globalization.icaap.org/content/v2.2/declare.html

15 Wilde, "An analysis of the Universal Declaration of Human Rights," pp. 113~114.

16 제29조를 분석한 연구로는 다음을 참조할 것. Erica-Irene Daes, "Freedom of the individual under law: An analysis of article 29 of the Universal Declaration of Human Rights"(Geneva: UN Centre for Human Rights, 1990).

17 이와 관련해 최근의 상황을 다룬 다음 글을 참조할 것. K. Biswas, "Eyes to the far right," *New Internationalist*, Iss. 443(2011), pp. 14~20.

18 국제적인 비교로는 다음 웹페이지를 참조할 것. http://www.hrcr.org/chart/limitations+duties/limits_general.html

19 Alan M. Dershowitz, *Rights from Wrongs: A Secular Theory of the Origin of Rights* (New York: Basic Books, 2004).

20 Mark Benjamin, "Waterboarding for dummies: Internal CIA documents reveal a meticulous protocol that was far more brutal than Dick Cheney's 'dunk in the water'," *Salon*, March 9, 2010.

21 미국시민권연맹(ACLU)이 입수해 공개한 CIA의 심문 기법 관련 극비 보고서를 참조할 것. CIA, "Background paper on CIA's combined use of interrogation techniques" (December 30, 2004), Retrieved July 29, 2011, from http://www.aclu.org/torturefoia/released/082409/olcremand/2004olc97.pdf

22 이 문제에 관한 인권적 대응으로는 국제앰네스티의 다음 자료를 참조할 것. Amnesty International, *Security and Human Rights: Counter-terrorism and the United Nations* (London: Amnesty International Publications, 2008).

23 같은 글, p. 7.

제9장 | 나오며: 인권과 새로운 사회 진보

1 Thomas Buergenthal, Dinar Shelton and David P. Stewart, *International Human Rights in a Nutshell* (4th ed., St. Paul, MN: West Publishing, 2002).

2 Sabina Alkire, "A conceptual Framework for Human Security"(Working Paper 2., Oxford: Centre for Research on Inequality, Human Security and Ethnicity, CRISE.,

2003).

3 최근 이 문제를 이론적으로 다룬 글로는 다음을 참조할 것. 샌드라 프레드먼, 『인권의 대전환: 인권공화국을 위한 법과 국가의 역할』.

4 Malcolm Waters, "Human rights and the universalization of interests: Towards a social constructionist approach," *Sociology*, Vol. 30, No. 3(1996), pp. 593~600.

5 이 부분은 다음 발표문을 약간 수정한 것이다. 조효제, 「인권의 새로운 이해: 사회과학적 접근」, 전국사회학대학원 학술대회 초청 강연문(2011).

6 Marie-Bénédicte Dembour, "What are human rights?: Four schools of thought," *Human Rights Quarterly*, Vol. 32, No. 1(2010), pp. 1~20.

7 다음 책의 옮긴이 해설을 참조할 것. 폴 슈메이커, 『진보와 보수의 12가지 이념: 다원적 공공정치를 위한 철학』.

8 안경환, 『법과 사회와 인권』(돌베개, 2009).

9 다원적 공공정치 철학에 관해서는 다음을 참조할 것. 폴 슈메이커, 『진보와 보수의 12가지 이념: 다원적 공공정치를 위한 철학』, 제1장.

10 Conor Gearty, "Coming Out: Human rights provide the best platform for progressive politics in our post-political age"(2010), Retrieved August 14, 2011, from http://therightsfuture.com/wp-content/uploads/2010/10/The_Rights_Future_T1_Coming_Out.pdf

11 Robin V. Sears, "The left: From hope to sneers in only 25 years," *Policy Options*, March-April(2005), pp. 19~26.

12 Leon Aron, "Everything you think you know about the collapse of the Soviet Union is wrong," *Foreign Policy*, July/August(2011).

13 Sears, "The left: From hope to sneers in only 25 years."

14 막스 베버, 『소명으로서의 정치』, 최장집 엮음. 박상훈 옮김(후마니타스, 2011).

15 임홍빈, 『인권의 이념과 아시아가치론』(아연출판부, 2003), 190쪽.

참고문헌

강원택. 2005.『한국의 정치개혁과 민주주의』. 인간사랑.

게일린, 윌러드(Willard Gaylin). 2009.『증오: 테러리스트의 탄생』. 신동근 옮김. 황금가지.

고문 등 정치폭력 피해자를 돕는 모임. 2004.『고문: 인권의 무덤』. 한겨레출판사.

고병헌. 2006.『평화교육사상』. 학지사.

교황 요한바오로 2세. 1983.『가정공동체(Familiaris Consortio)』. 오경환 옮김. 한국천주교중앙협의회.

국제사면위원회 한국연락위원회 엮음. 1989.『사형제도의 이론과 실제』. 까치.

권성현·김순천·진재연 엮음. 2008.『우리의 소박한 꿈을 응원해 줘: 이랜드 노동자 이야기』. 후마니타스.

권재원. 2008.『학교에서의 청소년 인권』. 한국학술정보.

권혁범. 2006.『여성주의, 남자를 살리다』. 또 하나의 문화.

_____. 2009.『민족주의는 죄악인가』. 생각의 나무.

김건석. 2001.「간성(Intersex)-I」. 2001년도 대한비뇨기과학회 추계 전공의 연수교육.

김남두 편역. 1993.『재산권 사상의 흐름』. 천지.

김도균. 2008.『권리의 문법: 도덕적 권리·인권·법적 권리 』. 박영사.

김민아. 2010.『인권은 대학 가서 누리라고요?: 우리가 꼭 알아야 할 청소년 인권 이야기』. 끌레마.

김비환·유홍림·김범수·홍원표·곽준혁. 2010.『인권의 정치사상: 현대 인권 담론의 쟁점과 전망』. 이학사.

김연수. 2008.『여행할 권리』. 창비.

김용옥. 2008.『논어한글역주 III』. 통나무.

김인회. 2008.「법조윤리, 무엇을 어떻게 교육할 것인가(1)」. ≪법학연구≫, 제11권 2호, 223~248쪽.

김중섭 엮음. 2002.『한국 어린이·청소년의 인권: 진주지역 사례연구』. 오름.

김진묵. 2011.『흑인잔혹사』. 한양대출판부.
김진숙. 2007.『소금꽃나무』. 후마니타스.
김태기 외. 2011.『페어 소사이어티: 기회가 균등한 사회』. 한국경제신문사.
김호석. 2002.『누가 표현의 자유를 억압하는가』. 도서출판 한울.
김희수·서보학·오창익·하태훈. 2011.『검찰공화국, 대한민국』. 삼인.
노용구. 2001.『여가학』. 대경북스.
니켈, 제임스(James Nickel). 2010.『인권의 좌표』. 조국 옮김. 명인문화사.
더글라스, 프레더릭(Frederick Douglass). 2003.『노예의 노래: 흑인 노예해방운동가 프레더릭 더글라스의 증언』. 안유회 옮김. 모티브.
동즐로, 자크. 2005.『사회보장의 발명』. 주형일 옮김. 동문선.
뒤낭, 앙리(Jean-Henri Dunant). 1987.『솔페리노의 회상』. 대한적십자사 교육원.
드워킨, 로널드(Ronald Dworkin). 2008.『생명의 지배영역: 낙태, 안락사, 그리고 개인의 자유』. 박경신·김지미 옮김. 이화여자대학교 생명의료법연구소.
라파르그, 폴(Paul Lafargue). 1997.『게으를 수 있는 권리』. 조형준 옮김. 새물결.
로크, 존(John Locke). 1689/1996.『통치론: 시민정부의 참된 기원, 범위 및 그 목적에 관한 시론』. 강정인·문지영 옮김. 까치.
루이스, 앤서니(Anthony Lewis). 2010.『우리가 싫어하는 생각을 위한 자유: 미국 수정헌법 1조의 역사』. 박지웅·이지은 옮김. 간장.
류은숙. 2009.『인권을 외치다』. 푸른숲.
만델라, 넬슨(Nelson Mandela). 2006.『만델라 자서전: 자유를 향한 머나먼 길』. 김대중 옮김. 두레.
머튼, 토마스(Thomas Merton). 2006.『머튼의 평화론: 전쟁과 평화에 관한 토마스 머튼의 예언적 유고』. 조효제 옮김. 분도출판사.
메이에, 장(Jean Meyer). 1998.『흑인노예와 노예상인: 인류 최초의 인종차별』. 지현 옮김. 시공사.
박경태. 2007.『인권과 소수자 이야기: 우리가 되지 못하는 사람들』. 책세상.
______. 2009.『인종주의』. 책세상.
박노자. 2006.『당신들의 대한민국. 2』. 한겨레출판사.
박원순. 1992.『국가보안법연구』. 역사비평사.
박찬운. 2009.『국제범죄와 보편적 관할권』. 도서출판 한울.
백카리아, 체사레(Cesare Bonesana Marchese di Beccaria). 2010.『체사레 백카리아의 범죄와 형벌』. 한인섭 신역. 박영사.
베리, 존 B.(John B. Bury). 2005.『사상의 자유의 역사』. 박홍규 옮김. 바오.
베버, 막스(Max Weber). 2011.『소명으로서의 정치』. 최장집 엮음. 박상훈 옮김. 후마니타스.

베일스, 케빈(Kevin Bales). 2003.『일회용 사람들: 글로벌 경제시대의 새로운 노예제』. 편동원 옮김. 이소출판사.
벤하비브, 세일라(Seyla Benhabib). 2008.『타자의 권리: 외국인, 거류민, 그리고 시민』. 이상훈 옮김. 철학과현실.
보울스·에드워즈·루스벨트(Samuel Bowles, Richard Edwards and Frank Roosvelt). 2009.『자본주의 이해하기』. 최정규·최민식·이강국 옮김. 후마니타스.
서경식. 2006.『난민과 국민 사이: 재일조선인 서경식의 사유와 성찰』. 임성모·이규수 역. 돌베개.
_____. 2006.『디아스포라 기행: 추방당한 자의 시선』. 김혜신 옮김. 돌베개.
서준식. 2002.『서준식 옥중서한: 1971-1988』. 야간비행.
『성 꾸란: 의미의 한국어 번역』. 이슬람력 1417년. 최영길 옮김. 메디나: 파하드 국장 성 꾸란 출판청.
센, 아마티아(Armatya Sen). 2001.『자유로서의 발전』. 박우희 옮김. 세종연구원.
손낙구. 2008.『부동산 계급사회』. 후마니타스.
손태규. 2011.『왜 언론자유, 자유언론인가』. 기파랑.
쇼지, 야마다(山田昭次). 2011.『해적판 스캔들: 저작권과 해적판의 문화사』. 송태욱 옮김. 사계절출판사.
슈메이커, 폴(Paul Schmaker). 2010.『진보와 보수의 12가지 이념: 다원적 공공정치를 위한 철학』. 조효제 옮김. 후마니타스.
스콧, 조앤 W(Joan W. Scott). 2006.『페미니즘 위대한 역설』. 공임순·이화진·최영석 옮김. 앨피.
『신약성경』. 2005. 한국천주교중앙협의회.
신영복. 1998.『감옥으로부터의 사색: 신영복 옥중서간』. 돌베개.
신필균. 2011.『복지국가 스웨덴』. 후마니타스.
아렌트, 한나(Hannah Arendt). 2006.『예루살렘의 아이히만』. 김선욱 옮김. 한길사.
안경환. 2009.『법과 사회와 인권』. 돌베개.
안경환·장복희 엮음. 2002.『양심적 병역거부』. 사람생각.
안경환·한인섭. 2005.『배심제와 시민의 사법참여』. 집문당.
안드레아센·마크스(Bard A. Andreassen and Stephen P. Marks),『인권을 생각하는 개발지침서』, 양영미·김신 옮김(후마니타스, 2010).
안상운. 2011.『명예훼손이란 무엇인가』. 살림.
안하이어·칼도어·글라시우스(Helmut Anheier, Mary Kaldor and Marlies Glasius). 2004.『지구시민사회: 개념과 현실』. 조효제·진영종 옮김. 아르케.
앤더슨, 테리 H.(Terry H. Anderson). 2006.『차별철폐 정책의 기원과 발자취』. 염철현 옮김.

도서출판 한울.
에셀, 스테판(Stéphane Hessel). 2011. 『분노하라』. 임희근 옮김. 돌베개.
오도엽. 2008. 『지겹도록 고마운 사람들아: 이소선 — 여든의 기억』. 후마니타스.
울프, 나오미(Naomi Wolf). 2008. 『미국의 종말』. 김민웅 옮김. 프레시안북.
월러스틴, 이매뉴얼(Immanuel Wallerstein). 2008. 『유럽적 보편주의: 권력의 레토릭』. 김재오 옮김. 창비.
유네스코한국위원회 편역. 1995. 『인권이란 무엇인가: 유네스코와 세계인권선언의 발전과 역사』. 오름.
유석성. 2004. 『사형과 인간의 존엄』. 한들출판사.
유엔인권센터 엮음. 2005. 『소수집단의 권리』. 국가인권위원회 국제협력담당관실.
이갑용. 2009. 『길은 복잡하지 않다: 골리앗 전사 이갑용의 노동운동 이야기』. 철수와 영희.
이경자. 2011. 8. 3. “부적합한 인물의 부적절한 문제제기”. ≪한겨레≫, 30면.
이샤이, 미셸린(Micheline Ishay). 2005. 『세계인권사상사』. 조효제 옮김. 도서출판 길.
이승호 외. 1998. 『한국 감옥의 현실: 감옥 인권실태 조사보고서』. 사람생각.
이영환. 2006. 「인권과 사회복지」. 김동춘·한홍구·조효제 엮음. 『편견을 넘어 평등으로: 인권을 위한 강의』. 창비.
이용교. 2004. 『청소년 인권과 인권교육』. 인간과 복지.
이재승. 2010. 『국가범죄: 한국 현대사를 관통하는 국가폭력과 그 법적 청산의 기록』. 앨피.
이준일. 2007. 『차별금지법』. 고려대학교출판부.
이진우. 2009. 『프라이버시의 철학: 자유의 토대로서의 개인주의』. 돌베개.
이호근 엮음. 2011. 『비정규 노동과 복지: 노동시장 양극화와 복지전략』. 인간과 복지.
이희훈. 2009. 『집회의 자유와 집시법』. 경인문화사.
인권교육센터 ‘들’. 2008. 『인권교육 날다! 인권교육 길잡~2』. 사람생각.
임홍빈. 2003. 『인권의 이념과 아시아가치론』. 아연출판부.
장은주. 2007. 『‘생존’에서 ‘존엄’으로: 비판이론의 민주주의 이론적 전개와 우리 현실』. 나남.
_____. 2010. 『인권의 철학: 자유주의를 넘어 동서양이분법을 넘어』. 새물결.
장호순. 2005. 『언론의 자유와 책임』. 도서출판 한울.
정원오. 2011. 『복지국가』. 책세상.
정인섭 편역. 2008. 『국제인권조약집』(증보판). 경인문화사.
정인섭·황필규 엮음. 2011. 『난민의 개념과 인정 절차』. 경인문화사.
정진성. 2004. 『일본군 성노예제: 일본군 위안부 문제의 실상과 그 해결을 위한 운동』. 서울대학교출판부.
정천석. 2010. 『국제결혼 이주여성, 한국사회에 적응하는가』. 한국학술정보.
정희진. 2002. 『저는 오늘 꽃을 받았어요: 가정폭력과 여성인권』. 또 하나의 문화.

조국. 2001.『양심과 사상의 자유를 위하여』. 책세상.
조영래. 2005.『전태일 평전』. 신판. 사단법인 전태일기념사업회.
조영선. 2011.『학교의 풍경』. 교양인.
조지형·미래한국재단 엮음. 2010.『사법부의 독립과 권력분립』. 미래한국재단.
조효제 편역. 1992.『앰네스티 정책편람』. 국제앰네스티 한국지부.
_____. 2000.『NGO의 시대』. 창작과비평사.
조효제. 2000a.「참여의 예술, 변혁의 과학: 지속가능한 NGO운동의 모색」.
_____. 2000b.「인권의 정치학: 피노체트 사건을 중심으로」. ≪인권과 평화≫, 제1권 1호, 1~33쪽.
_____. 2007.『인권의 문법』. 후마니타스.
_____. 2008a.『인권의 풍경』. 교양인.
_____. 2008b.「인권경영의 모색: 쟁점과 비판」. ≪아세아연구≫, 제51권 3호, 128~160쪽.
_____. 2011. 5. 21. "인권 핵심으로 떠오른 '혁명권'". ≪한겨레≫, 17면.
_____. 2011. 8. 13. "복지를 '권리'로 본 세계인권선언". ≪한겨레≫, 14면.
_____. 2011.「인권의 새로운 이해: 사회과학적 접근」. 전국사회학대학원 학술대회 초청강연문(2011. 2. 25).
조희연. 2011.「한국적 '급진민주주의론'의 개념적·이론적 재구축을 위한 일 연구: 자본주의와 사회적 차별질서를 넘어서는 '민주주의적 변혁주의' 탐색」. ≪급진민주주의 리뷰 데모스≫, 제1호, 21~112쪽.
존스턴·스미스(Robert K. Johnston and J. Walker Smith). 2004.『휴식의 기술』. 윤미연 옮김. 황금비늘.
주거권운동네트워크 엮음. 2010.『집은 인권이다: 이상한 나라의 집 이야기』. 이후.
주경철. 2008. 3. 1. "바야돌리드 논쟁: 유럽의 고민 '인디오는 노예인가, 인간인가'". ≪한겨레≫, 21면.
차병직. 2003.『인권의 역사적 맥락과 오늘의 의미』. 지산.
차병직·윤재왕·윤지영. 2010.『안녕 헌법: 대한시민 으뜸교양 헌법 톺아보기』. 지안출판사.
처치·영(Marilyn Church and Lou Young). 2006.『세기의 재판: 그림으로 보는 30대 악명 높은 재판』. 최재경 옮김. 다연출판사.
천운영. 2011.『생강』. 창비.
천주교인권위원회 엮음. 2001.『사법살인: 1975년 4월의 학살』. 학민사.
최병규. 2003.『인간 배아복제의 법적·윤리적 문제점과 그 해결방안』. 집문당.
카리에르, 장 클로드(Jean-Claude Carrière). 2007.『바야돌리드 논쟁』. 이세욱 옮김. 샘터.
카터, 에이프릴(April Carter). 2007.『직접행동: 21세기 민주주의, 거인과 싸우다』. 조효제 옮김. 교양인.

칸, 아이린(Irene Khan). 2009.『들리지 않는 진실: 빈곤과 인권』. 우진하 옮김. 바오밥.
커쇼, 이언(Ian Kershaw). 2010.『히틀러 2: 몰락 1936~1945』. 이희재 옮김. 교양인.
크로포토킨, 표트르 알렉세예비치(Pyotr Alekseevich Kropotkin). 2005.『만물은 서로 돕는다: 크로포트킨의 상호부조론』. 김영범 옮김. 르네상스.
타지박시·체노이(Shahrbanou Tadjbakhsh and Anuradha Chenoy). 2010.『인간안보: 개념과 함의』. 박균열 외 옮김. 철학과 현실.
탤벗, 윌리엄 J.(William J. Talbott). 2011.『인권의 발견』. 은우근 옮김. 한길사.
터로, 스콧(Scott Turow). 1992.『무죄추정』. 최승자 옮김. 대흥.
_____. 2004.『극단의 형벌: 사형의 비인간성에 대한 인간적 성찰 』. 정영목 옮김. 교양인.
퍼거슨, 니얼(Niall Ferguson). 2010.『증오의 세기: 20세기는 왜 피로 물들었는가』. 이현주 옮김. 민음사.
푸코, 미셸(Michel Foucault). 2003.『감시와 처벌: 감옥의 역사』. 오생근 옮김. 나남.
프랑크, 안네(Anne Frank). 2002.『안네의 일기』. 박지현 옮김. 인화.
프레드먼, 샌드라(Sandra Fredman). 2009.『인권의 대전환: 인권공화국을 위한 법과 국가의 역할』. 조효제 옮김. 교양인.
하위징아, 요한(Johan Huizinga). 2010.『호모 루덴스: 놀이하는 인간』. 이종인 옮김. 연암서가.
하이엇, 마이클(Michael Hyatt). 2006.『프라이버시 침해: 디지털 시대에 당신을 어떻게 보호할 것인가』. 한선형 옮김. 해나무.
하종강. 2008.『아직 희망을 버릴 때가 아니다』. 한겨레출판사.
≪한겨레≫. 2011. 4. 21. "이기심보다 정의가 큰 역할… 주류 경제학 틀렸다".
한국여성의전화연합 엮음. 1999.『한국 여성인권운동사』. 도서출판 한울.
한국이슬람학회. 2002.『끝나지 않은 전쟁』. 청아출판사.
한국인권단체협의회 엮음. 1996.『탈냉전 신국제질서와 인권』. 한국인권단체협의회.
한국전쟁전후 민간인학살 진상규명 범국민위원회. 2004.『다 죽여라, 다 쓸어버려라: 한국전쟁전후 민간인 학살에 관한 짧은 기록』. 한국전쟁전후 민간인학살 진상규명 범국민위원회.
한상범. 1991.『인권: 민중의 자유와 권리』. 교육과학사.
한인섭 엮음. 2007.『재심·시효·인권: 국가기관의 인권침해에 대한 법적 구제방안』. 경인문화사.
한인섭. 2006.『형법과 사회통제』. 박영사.
한일민족문제학회 엮음. 2003.『재일조선인 그들은 누구인가』. 삼인.
헌트, 린(Lynn Hunt). 2009.『인권의 발명』. 전진성 옮김. 돌베개.
헬드, 데이비드(David Held) 외. 2002.『전 지구적 변환』. 조효제 옮김. 창작과비평사.
호네트, 악셀(Axel Honneth). 2011.『인정투쟁: 사회적 갈등의 도덕적 형식론』. 문성훈·이현재 옮김. 사월의책.
홍기. 2001.『누미 누나』. 바오로딸.
홍성수. 2011. 8. 3. "성기 사진 하나 감당 못하는 사회인가?". ≪한겨레≫, 30면.
홍성우·한인섭. 2011.『인권변론 한 시대: 홍성우변호사의 증언』. 경인문화사.
홍세화. 2006.『나는 빠리의 택시운전사』. 개정판. 창작과비평.
힐리어, 바바라(Barbara Hillier). 2000.『페미니즘과 장애우』. 장애우권익문제연구소 정책실 옮김. 정애우권익문제연구소.
힐베르크, 라울(Raul Hilberg). 2008.『홀로코스트, 유럽유대인의 파괴』. 김학이 옮김. 개마고원.

Abel-Smith, Brian. 1992. "The Beverage Report: Its Origins and Outcomes." *International Social Security Review*, Vol. 45, Iss. 1-2, pp. 5~16.
Alan M. Dershowitz. 2004. *Rights from Wrongs: A Secular Theory of the Origin of Rights*. New York: Basic Books.
Alkire, Sabina. 2003. "A conceptual Framework for Human Security." Working Paper 2. Oxford: Centre for Research on Inequality, Human Security and Ethnicity, CRISE.
Amnesty International. "Enforced disappearances." Retrieved July 31, 2011, from http://www.amnesty.org/en/enforced-disappearances
_____. 2003. *Combating Torture: A Manual for Action*. London: Amnesty International Publications.
_____. 2008a. *Policing the Candlelight Protests in South Korea*. ASA25/008/2008. London: Amnesty International Publications.
_____. 2008b. *Security and Human Rights: Counter-terrorism and the United Nations*. London: Amnesty International Publications.
Arendt, Hannah. 1951/1973. *The Origins of Totalitarianism*. New York: Harcourt Brace Jovanovich.
_____. 1964. *Eichmann in Jerusalem: A Report on the Banality of Evil*. New York: Penguin Classics.
Aron, Leon. 2011. "Everything you think you know about the collapse of the Soviet Union is wrong." *Foreign Policy*, July/August.
BBC World Service. "Article 8: Right for all to effective remedy by competent tribunal." Retrieved July 31, 2011, from http://www.bbc.co.uk/worldservice/people/features/ihavearightto/four_b/casestudy_art08.shtml
_____. "Article 15: Right to nationality." Retrieved August, 2, 2011, from http://www.bbc.co.

uk/worldservice/people/features/ihavearightto/four_b/casestudy_art15.shtml

Benjamin, Mark. 2010. 3. 9. "Waterboarding for dummies: Internal CIA documents reveal a meticulous protocol that was far more brutal than Dick Cheney's 'dunk in the water'." *Salon*.

Bentham, Jeremy. 1843. "Anarchical fallacies: Being an examination of the Declaration of Rights issued during the French Revolution." in Jeremy Waldron(ed.). 1987. *'Nonsense upon Stilts': Bentham, Burke and Marx on the Rights of Man* (pp. 46~69). London: Methuen.

Bernstorff, Jochen von. 2008. "The changing fortunes of the Universal Declaration of Human Rights: Genesis and symbolic dimensions of the turn to rights in international law." *European Journal of International Law*, Vol. 19, No. 5, pp. 903~924.

Biswas, K. 2011. "Eyes to the far right." *New Internationalist*, Iss. 443, pp. 14~20.

Botha, Henk. 2009. "Human dignity in comparative perspective." *Stellenbosch Law Review*, vol. 2, pp. 171~220.

Brems, Eva. 1997. "Enemies or Allies?: Feminism and Cultural Relativism as Dissident Voices in Human Rights Discourse." *Human Rights Quarterly*, Vol. 19, No. 1, pp. 136~164.

Buergenthal, Thomas, Dinar Shelton and David P. Stewart. 2002. *International Human Rights in a Nutshell*, 4th ed. St. Paul, MN: West Publishing.

Bull, Hedley. 1977. *The Anarchical Society*. Basingstoke: Macmillan.

Bury, J. B. 1920/2010. *The Idea of Progress: An Inquiry into Its Origin and Growth*. Fairford: The Echo Library.

Carter, April. 2001. *The Political Theory of Global Citizenship*. London: Routledge.

Cassin, Réne. 1947. "The 'Cassin Draft': Suggestion submitted by the representative of France for articles of the International Declaration of Human Rights." in M. A. Glendon. 2001. *A World Made New: Eleanor Roosevelt and the Universal Declaration of Human Rights* (pp. 275~280). New York: Random House.

Cho, Hyo-Je. 2006. "Human rights as a qualifier and a catalyst for Korea's democracy." in Hsin-Huang Michael Hsiao(ed.). *Asian New Democracies: The Philippines, South Korea and Taiwan Compared* (pp. 179~204). Taipei: Taiwan Foundation for Democracy Foundation.

Christian Solidarity Worldwide. 2008. "No Place to Call Home: Experiences of Apostates from Islam, Failures of the International Community." Retrieved August 3, 2011, from http://docs-eu.livesiteadmin.com/46f162cb-fcac-4198-bfa3-9b94cfaa8668/csw-briefing-apostasy-april-2008.pdf

CIA. 2004. 12. 30. "Background paper on CIA's combined use of interrogation techniques." Retrieved July 29, 2011, from http://www.aclu.org/torturefoia/released/082409/olcremand/2004olc97.pdf

Clapham, Andrew. 2006. *Human Rights Obligations of Non-State Actors*. Oxford: Oxford University Press.

Cohen, Robin and Paul Kennedy. 2007. *Global Sociology*, 2nd ed. New York: New York University Press.

Confessore, Nicholas and Michael Barbaro. 2011. 6. 24. "New York allows same-sex marriage, largest state to pass law." *The New York Times*.

Council for a Community of Democracies. 2010. "A diplomat's handbook for democracy development support," 2nd ed. Retrieved July 22, 2011, from http://www.diplomatshandbook.org/pdf/Diplomats_Handbook.pdf

Council of Europe. 2009. "The Right to a Nationality." Retrieved August 2, 2011, from http://www.coe.int/t/dghl/standardsetting/nationality/nationality_enA3.pdf

Daes, Erica-Irene. 1990. "Freedom of the individual under law: An analysis of article 29 of the Universal Declaration of Human Rights." Geneva: UN Centre for Human Rights.

Dembour, Marie-Bénédicte. 2010. "What are human rights?: Four schools of thought." *Human Rights Quarterly*, Vol. 32, No. 1, pp. 1~20.

Donnelly, Jack. 2003. *Universal Human Rights in Theory and Practice*, 2nd ed. Ithaca, NY: Cornell University Press.

Duchrow, Ulrich. 2005. "Capitalism and human rights." In: Rhona K.M. Smith and Christien van den Anker(eds). *The Essentials of Human Rights* (pp. 33~36). London: Hodder Arnold.

Dudouet, Veronique and Howard Clark. 2009. *Nonviolent Civic Action in Support of Human Rights and Democracy*. Brussels: European Parliament.

EU Commission. 2006. "Green Paper on the Presumption of Innocence." Retrieved August 1, 2011, from http://eur-lex.europa.eu/smartapi/cgi/sga_doc?smartapi!celexplus!prod!DocNumber&lg=en&type_doc=COMfinal&an_doc=2006&nu_doc=174

Falk, Richard A. 2000. *Human Rights Horizons: The Pursuit of Justice in a Globalizing World*. London: Routledge.

Findlater, Janet E., Cheryllee Finney and Hermina Kramp. 2004. *The Michigan Law Enforcement Response to Domestic Violence: Officer Manual*, 3rd ed. Lansing: Michigan Commission on Law Enforcement Standards.

Forefront. 2005. "'Continuing the Struggle': Human Rights Defenders in Exile." New York:

Forefront.

Forum 18. 2001. "Freedom of religion: a report with special emphasis on the right to choose religion and registration systems." Oslo: Forum 18. Retrieved August 3, 2011, from http://www.forum18.org/PDF/freedomofreligion.pdf

Franck, Thomas M. 1992. "The emerging right to democratic governance." *The American Journal of International Law* 86(1): 46-91.

Gearty, Conor. 2010. "Coming Out: Human rights provide the best platform for progressive politics in our post-political age." Retrieved August 14, 2011, from http://therightsfuture.com/wp-content/uploads/2010/10/The_Rights_Future_T1_Coming_Out.pdf

Giles, Geoffrey J. 1985. "Educational policy in Nazis Germany." *The Review of Education*, Vol. 11, No. 2, pp. 91~96.

Gilligan, James. 2011. *Why Some Politicians are More Dangerous Than Others*. Cambridge: Polity.

Glendon, Mary Ann. 1991. *Rights Talk: The Impoverishment of Political Discourse*. New York: Free Press.

_____. 2000. "John P. Humphrey and the drafting of the Universal Declaration of Human Rights." *Journal of the History of International Law*, Vol. 2, No. 2, pp. 250~260.

_____. 2001. *A World Made New: Eleanor Roosevelt and the Universal Declaration of Human Rights*. New York: Random House.

Halsall, Paul. 1997. "Modern History Sourcebook: Louis Blanc: The Organisation of Labour, 1840." Retrieved August 5, 2011, http://www.fordham.edu/halsall/mod/1840blanc.asp

Henkin, Louis and Albert J. Rosenthal(eds). 1990. *Constitutionalism and Rights: The Influence of the Unites States Constitution Abroad*. New York: Columbia University Press.

Henley and Partners. "International Visa Restrictions." Retrieved August 2, 2011, from http://www.henleyglobal.com/citizenship/visa-restrictions/

Hewitt, Tom. 2000. "Half a century of development." in T. Allen and A. Thomas(eds). *Poverty and Development into the 21st Century* (pp. 289~308). Oxford: Oxford University Press.

Hobbins, A. J. 1989. "René Cassin and the daughter of time: The first draft of the Universal Declaration of Human Rights." *Fontanus*, Vol. 2, pp. 7~26.

Humphrey, John. 1947. "The 'Humphrey Draft': A Daft Outline of the International Bill of Human Rights(Prepared by the Division of Human Rights of the Secretariat)." in M. A. Glendon. 2001. *A World Made New: Eleanor Roosevelt and the Universal Declaration of Human Rights* (pp. 271~274). New York: Random House.

Huntington, Samuel P. 1993. "The clash of civilizations?" *Foreign Affairs*, Vol. 72, No. 3, pp. 22~49.

Ignatieff, Michael. 1995. "On civil society: Why Easter Europe's revolutions could succeed." *Foreign Affairs*, Vol. 74, No. 2, pp. 128~136.

Interagency Working Group. 2007. "Nazis war crimes & Japanese Imperial Government records: Final report to the United States Congress." Retrieved July 29, 2011, from http://www.loc.gov/rr/frd/Military_Law/pdf/NaziWarCrimes_Japanese-Records.pdf

Kaleck, Wolfgang. 2009. "From Pinochet to Rumsfeld: Universal jurisdiction in Europe 1998~2008." *Michigan Journal of International Law*, Vol. 30, No. 3, pp. 927~980.

Kelly, Paul. 2005. *Liberalism*. Cambridge: Polity.

Kim, Dong-Choon. 2010. "The long road toward truth and reconciliation: Unwavering attempts to achieve justice in South Korea." *Critical Asian Studies*, Vol. 42, No. 4, pp. 525~552.

Kochenov, Dimitry. 2012(Forthcoming). "The right to leave any country." in Sir Richard Plender(ed.). *International Migration Law*. The Hague: Martinus Nijhoff. Retrieved August 2, 2011, from http://papers.ssrn.com/sol3/papers.cfm?abstract_id=1847769.

Lafargue, Paul. 1883. "The Right to be Lazy." Retrieved August 5, 2011, from http://www.marxists.org/archive/afargue/1883/lazy/index.htm

Lauren, Paul Gordon. 1998. *The Evolution of International Human Rights: Visions Seen*. Philadelphia: University of Pennsylvania Press.

Lawson, Edward. 1996. *Encyclopedia of Human Rights*, 2nd ed. Washington D.C.: Taylor & Francis.

Lawson, George. 2008. "A realistic utopia? Nancy Fraser, cosmopolitanism and the making of a just world order." *Political Studies*, Vol. 56, No. 4, pp. 881~906.

Lenin, V. I. 1917. "Imperialism, the highest stage of capitalism: A popular outline." Retrieved July 26, 2011, from http://magister.msk.ru/library/lenin/lenin02e.htm

Lesnie, Vanessa. 2000. *What is a Fair Trial?: A Basic Guide to Legal Standards and Practice*. New York: Lawyers Committee for Human Rights.

Luetchford, Mark and Peter Burns. 2003. *Waging the War on Want: 50 Years of Campaigning Against World Poverty*. London: War on Want.

Marshall, T. H. and Tom Bottomore. 1992. *Citizenship and Social Class*. London: Pluto.

McCrudden, Christopher. 2008. "Human dignity and judicial interpretation of human rights." *The European Journal of International Law*, Vol. 19, No. 4, pp. 655~724.

Miliband, Ralph. 1977. *Marxism and Politics*. Oxford: Oxford University Press.

Mills, C. Wright. 1956. *The Power Elite*. New York: Oxford University Press.

Milton, John. 1644/1918. *Areopagitica*. With a Commentary by Sir Richard C. Jebb. Cambridge: Cambridge University Press.

Morsink, Johannes. 1993. "World War Two and the Universal Declaration." *Human Rights Quarterly*, Vol. 15, No. 2, pp. 357~405.

_____. 1999. *The Universal Declaration of Human Rights: Drafting, Origins and Intent*. Philadelphia: University of Pennsylvania Press.

Nowak, Manfred and Julia Kozma. 2009. *A World Court of Human Rights*. Vienna: University of Vienna.

Osberg, Lars. 2001. "Needs and wants: What is social progress and how should it be measured?" *The Review of Social Progress and Economic Performance*, Vol. 2, pp. 23~41.

Parsons, Craig. 2007. *How to Map Arguments in Political Science*. Oxford: Oxford University Press.

Pennington, Kenneth. 1999. "Innocent until proven guilty: The origins of a legal maxim." Retrieved August 1, 2011, from http://classes.maxwell.syr.edu/his381/InnocentuntilGuilty.htm

Plattner, Marc F. 1998. "Liberalism and democracy: Can't have one without the other." *Foreign Affairs*, Vol. 77, No. 2, pp. 171~180.

Pogge, Thomas. 2002. *World Poverty and Human Rights: Cosmopolitan Responsibilities and Reforms*. Cambridge: Polity.

Pollyea, Ryan. 2009. "Mancow Waterboarded, Admits It's Torture." NBC Chicago, May 22, 2009. Retrieved August 9, 2011, from http://www.nbcchicago.com/news/local/Mancow-Takes-on-Water boarding-and-Loses.html#ixzz1drRXHQxC

Poole, Hilary(ed). 1999. *Human Rights: The Essential Reference*. Phoenix: The Oryx Press.

Privacy International. 2007. "Privacy and Human Rights 2006: An International Survey of Privacy Laws and Developments." Retrieved August 1, 2011, from https://www.privacyinternational.org/phr

Read, Anthony and David Fisher. 1992. *The Fall of Berlin*. New York: W. W. Norton.

Rees, Lawrence. 2005. *Auschwitz: The Nazis & The 'Final Solution'*. London: BBC Books.

Refugee Council. "Background information on refugees and asylum seekers." Retrieved August 21, 2011, from http://www.refugeecouncil.org.au/docs/news&events/RW_Background_Information.pdf

Reinbold, Jenna. 2011. "Political myth and the sacred center of human rights: The Universal Declaration and the narrative of 'inherent human dignity'." *Human Rights Review*, Vol.

12, No. 2, pp. 147~171.

Rousseau, Jean Jacques. 1762. "The Social Contract or Principles of Political Right." translated by G. D. H. Cole. Retrieved July 26, 2011, from http://www.constitution.org/jjr/socon.htm

Rowley, Hazel. 2010. *Franklin and Eleanor: An Extraordinary Marriage*. New York: Farrar, Straus and Giroux.

Sears, Robin V. 2005. "The left: From hope to sneers in only 25 years." *Policy Options*, March-April, pp. 19~26.

Simpson, Gerry. 2000. "The situation in the international legal theory front: The power of rules and the rule of power." *European Journal of International Law*, Vol. 11, No. 2, pp. 439~464.

Skovajsa, Marek. 2008. "Independent and broader civil society in East-Central European democratizations." *Taiwan Journal of Democracy*, Vol. 4, No. 2, pp. 47~73.

Smith, Bryant. 1928. "Legal personality." *Yale Law Journal*, Vol. 37, No. 3, pp. 283~299.

Sub-Commission on the Promotion and Protection of Human Rights. 2000. "The Right to seek and enjoy asylum"(Sub-Commission on Human Rights resolution 2000/20). Retrieved August 2, 2011, from http://www.unhcr.org/refworld/pdfid/ 3dda65824.pdf

Świebocka, Teresa, Henryk Świebocki and Adam Bujak(photo). 2007. *Auschwitz: The Residence of Death*, 6th ed. translated by William Brand. Krakow-Oswiecim: Auschwitz-Birkenau State Museum.

Timmins, Nicholas. 2001. *The Five Giants: A Biography of the Welfare State*, Revised ed. New York: Harper Collins.

U.S. Department of State. 2011. 4. 8. "2010 Human Rights Report: Singapore," Retrieved August 1, 2011, from http://www.state.gov/g/drl/rls/hrrpt/2010/eap/154401.htm

UN. 1997. "The Universal Declaration of Human Rights: A Magna Carta for All Humanity." Department of Public Information Press Kit. Retrieved September 24, 2011, from http://www.un.org/rights/50/carta.htm

UN Committee on Economic, Social and Cultural Rights. 2006. "The right to effective remedies: Review of Canada's Fourth and Fifth Periodic Reports under the ICESCR." Retrieved July 31, 2011, from http://www2.ohchr.org/english/bodies/cescr/docs/info-ngos/CCPI.pdf

UN Educational, Scientific and Cultural Organization. 1974. "Recommendation Concerning Education for International Understanding, Co-operation and Peace and Education Relating to Human Rights and Fundamental Freedoms." UNESCO. Retrieved August

7, 2011, from http://www.unesco.org/education/nfsunesco/pdf/Peace_e.pdf

UN High Commissioner for Refugees. 2009. "Guidance Note on Refugee Claims relating to Female Genital Mutilation." Retrieved August 1, 2011, from http://www.unhcr.org/refworld/docid/4a0c28492.html

_____. 2011. 6. 29. "Q&A: Reaching out to refugees persecuted for sexual orientation, gender identity." Retrieved August 2, 2011, from http://www.unhcr.org/4e0adced9.html

UN Human Rights Committee. 1996. "General Comment No. 25: The right to participate in public affairs, voting rights and the right of equal a to public service(Art. 25)." Retrieved August 3, 2011, from http://www.unhchr.ch/tbs/doc.nsf/(Symbol)/d0b7f023e8d6d9898025651e004bc0eb?Opendocument

Understanding Global Issucs. 1999. *What Next for the UN?: The Challenges of Global Disorder*. The Runnings, Cheltenham: UGI.

USA Visa and Immigration Resources. "Asylum and refugee law." Retrieved August 21, 2011, from http://usavisa.tv/asylum_and_refugee.asp

Van Asbeck and Baron F. M.(ed.) 1949. *The Universal Declaration of Human Rights and Its Predecessors(1679~1948)*. Leiden: E. J. Brill.

Veblen, Thorstein. 1899/2003. "The Theory of the Leisure Class." A Penn State Electronic Classics Series Publication. Retrieved August 24, 2011, from http://www2.hn.psu.edu/faculty/jmanis/veblen/Theory-Leisure-Class.pdf

Ville de Montréal. 2005. 6. 20. "Montréal Charter of Rights and Responsibilies." Retrieved August 13, 2011, from http://ville.montreal.qc.ca/pls/portal/docs/page/librairie_fr/documents/charte_droits_en.pdf

Vyshinsky, Andrei Y. 1948. *The Law of the Soviet State*. translated by Hugh W. Babb. New York: The Macmillan Company.

Waltz, Susan E. 2001. "Universalizing human rights: The role of small states in the construction of the Universal Declaration of Human Rights." *Human Rights Quarterly*, Vol. 23, No. 1, pp. 44~72.

_____. 2002. "Reclaiming and rebuilding the history of the Universal Declaration of Human Rights." *Third World Quarterly*, Vol. 23, No. 3, pp. 437~448.

Waters, Malcolm. 1996. "Human rights and the universalization of interests: Towards a social constructionist approach." *Sociology*, Vol. 30, No. 3, pp. 593~600.

Weadock, Briana. 2004. "Disciplining marriage: Gender, power and resistance." American Sociological Association. Retrieved August 2, 2011, from http://www.allacademic.com/meta/p110303_index.html

Wellman, Carl. 1998. "The Universal Declaration: Ambiguous or amphibious?" *American Philosophical Association Newsletters*, Vol. 97, No. 2.

Wilde, Ralph. 1999. "An analysis of the Universal Declaration of Human Rights." in H. Poole(ed.). *Human Rights: The Essential Reference* (pp. 73~116). Phoenix: The Oryx Press.

Williams, Fiona. 1989. *Social Policy: A Critical Introduction: Issues of Race, Gender and Class*. Cambridge: Polity.

Williams, Patricia J. 2011. 5. 24. "L'affaire DSK: Presumption of innocence lost." *The Nation*. Retrieved August 1, 2011, from http://www.thenation.com/blog/160895/laffaire-dsk-presumption-innocence-lost

Woodard, Colin. 2011. 8. 9. "The history of torture: Why we can't give it up." *HistoryNet*. Retrieved August 24, 2011, from http://www.historynet.com/the-history-of-torture%E2%80%94why-we-cant-give-it-up.htm/1

Zakaria, Fareed. 1997. "The rise of illiberal democracy." *Foreign Affairs*, Vol. 76, No. 6, pp. 22~43.

Zamora, Angelica. 2011. 4. 7. "Right of the displaced population in Colombia to an effective remedy." *The Human Rights Brief*. Retrieved July 30, 2011, from http://hrbrief.org/2011/04/right-of-the-displaced-population-in-colombia-to-an-effective-remedy/

찾아보기

인명

지은이 **조효제**

옥스퍼드대학교에서 비교사회학 석사, 런던정경대학교(LSE)에서 사회정책학 박사학위를 취득하고, 하버드대학교 인권펠로, 베를린자유대학교 DAAD-STAR 초빙교수, 국가인권위원회 설립준비기획단 위원, 법무부 정책위원, 국제앰네스티 한국지부 인권자문위원, 광주인권헌장 기초위원 등을 지냈다. 현재 성공회대학교 사회과학부 교수로 재직 중이다. 지은 책으로 『인권의 문법』, 『인권의 풍경』, *Human Rights and Civic Activism in Korea*, 옮긴 책으로 『세계인권사상사』, 『인권의 대전환』, 『직접행동』, 『진보와 보수의 12가지 이념』, 『잔인한 국가 외면하는 대중』 등이 있다.

청년지성 총서 2
한울 아카데미 1398

인권을 찾아서
신세대를 위한 세계인권선언

지은이 | 조효제
펴낸이 | 김종수
펴낸곳 | 한울엠플러스(주)
편집 | 최규선

초판 1쇄 발행 | 2011년 11월 10일
초판 4쇄 발행 | 2018년 10월 15일

주소 | 10881 경기도 파주시 파주출판도시 광인사길 153 한울시소빌딩 3층
전화 | 031-955-0655
팩스 | 031-955-0656
홈페이지 | www.hanulmplus.co.kr
등록번호 | 제406-2015-000143호

Printed in Korea.
ISBN 978-89-460-6139-2 03300

* 책값은 겉표지에 표시되어 있습니다.